Roy Eugene Davis

DIE MACHT
DER SEELE
als Erlebte Wirklichkeit

Verlag CSA — Rosemarie Schneider
D-6380 Bad Homburg

Titel der englischen Ausgabe: „This is Reality"
ISBN 87707-013-X
Übertragung ins Deutsche von Annemarie Leypold

Erstauflage 1970 durch den Baum-Verlag

Druck: H. Chr. Sommer GmbH & Co. KG, D-5420 Lahnstein

ISBN 3-922 779-03-4

INHALT

VORWORT

Mit der Übersetzung des Buches „Erlebte Wirklichkeit" (englischer Titel „This is Reality") von Roy Eugene Davis wird nun auch dem deutschsprachigen Raum eine Welt erschlossen, die jedem Leser eine Unmenge von Anregungen gibt, sich selbst nach allen Richtungen hin zu entfalten. Dem Verfasser geht es um nichts anderes, als um *eine Durchbildung des ganzen Menschen auf der Grundlage eigener Erfahrungen.*

Es gehört zu den fundamentalen Erkenntnissen der modernen Psychotherapie, daß der Weg zur Heilung über die eigene Einsicht, das heißt, über die Innenschau oder Selbsterfahrung führt. In sich selbst vermag der Mensch aber nicht nur seine krankhaften Schwächen als Ursachen seiner Leiden zu erfahren, sondern vor allem — und darauf kommt es dem Verfasser an — die grenzenlosen Fähigkeiten und Kräfte, die latent in jedem ruhen. Dabei ist das Buch so angelegt, daß es den Leser, der bereit ist, selbst etwas für seine Entfaltung zu tun, *Schritt für Schritt* vorwärts geleitet, bis er auf dem Wege der Innenerfahrung die Realität seines Seins, die Quelle aller seiner Fähigkeiten, selbst erlebt und damit auch erschließt. Es handelt sich also nicht um einen mehr oder weniger unsicheren Wegweiser, wie so manche andere Werke dieser Art, sondern um einen Leitfaden und ein Arbeitsbuch, auf das der wirklich Interessierte immer wieder zurückgreifen wird.

Es mag gut sein, einleitend darauf hinzuweisen, (was natürlich im Buch selbst auch immer wieder deutlich zum Ausdruck kommt,) daß hier nicht der Versuch gemacht wird, dem zur Einkehr in sich selbst bereiten Menschen die gegenständliche Welt als unwirklich hinzustellen. Im Gegenteil, der Leser lernt erkennen, daß der Innenweg kein Selbstzweck sein kann. Denn Weltflucht führt niemals zur Meisterung des Lebens und der Welt. Diese erreichen wir nur, wenn wir den engen

Zusammenhang des inneren und äußeren Lebens erfahren, und dies nicht als eine mehr oder weniger glaubhafte Theorie, sondern — und das ist eben das Bedeutsame an dem Buch — durch *bewußte* und nicht etwa mediale Eigenerfahrung, zu der uns der Verfasser durch genaue Angaben des Weges in allen seinen Einzelabschnitten hingeleitet.

Mit der Eigenerfahrung erlebt der Mensch dann auch sein eigenes Sein sicher eingebettet in das große, umfassende Sein, und dies wird zum eigentlich Entscheidenden und Sinngebenden seiner weiteren Existenz. Denn nun wird er sich bemühen, all sein Tun in jedem Augenblick in die erschaute Gesamtwirklichkeit, in die wohltätige Ordnung aller Dinge einzufügen, und zwar nicht, indem er sich ihr in dumpfem Gehorsam beugt, sondern aus seinem sicheren Wissen heraus in Freiheit und Freiwilligkeit. Er fühlt sich einem Ganzen verantwortlich, an dem er sich schöpferisch mitzuwirken berufen fühlt, und in dem er doch wie in einem Unerschütterlichen ruht.

So vermag das Buch den aufmerksamen Leser zu echter Einkehr und zu des Lebens Tiefen zu führen, woraus ihm die Kraft und Fähigkeit erwächst, das Leben in rechter Weise zu bewältigen.

Der Leser sollte nicht versäumen, sich auch die Worterklärungen im Anhang anzusehen. Die Begriffe der Psychologie, und mit ihr haben wir es hier zu tun, sind noch sehr schwankend, denn die Psychologie ist noch eine junge Wissenschaft. Zum Verständnis des Buches aber müssen wir die Worte so verstehen, wie sie hier gemeint sind.

Wenn wir das Wort „Atom" übernommen haben, so deshalb, weil es auch im Englischen unverändert wiedergegeben ist. Mit Sicherheit aber ist damit die kleinste, nicht mehr teilbare Einheit einer feststellbaren Wirksamkeit bezeichnet, und diese nennen wir heute Energiequant. Bis vor kurzem hielt man das, was heute als Atom gilt, für unteilbar. Da aber „Atom" als Wort „unteilbar" bedeutet, wäre es am Ende weniger verwirrend gewesen, wenn man diese Bezeichnung dem *wirklich* Unteilbaren vorbehalten hätte, selbst auf die Gefahr hin, daß das vermeintlich Unteilbare im Laufe weiterer Forschungen immer wieder als doch teilbar festgestellt wird. Wir haben hier jedenfalls mit dem Verfasser am Wort Atom in der Auffassung von „unteilbar" festgehalten.

Möge das Buch vielen Lesern zu einem ständigen Begleiter und Ratgeber werden.

Reutlingen, Winter 1969.   A. Leypold

EINLEITUNG

Mit diesem Buch gebe ich eine Erläuterung der wenig bekannten aber maßgeblichen Aphorismen des Patanjali. Seine einfachen Ausführungen auf wenigen Seiten, vor einigen Jahrhunderten niedergeschrieben, gelten den meisten philosophischen Richtungen als wegweisend für das Erreichen der Selbstverwirklichung. Durch ausführliche Erklärungen der kurzen, im Inhalt höchst konzentrierten Aphorismen des Patanjali habe ich in der vorliegenden Arbeit das Material bedeutend erweitert. Auch habe ich dem Ganzen einen V. Teil hinzugefügt, in dem ich die verschiedenen Techniken der Meditation und Konzentration beschreibe. In unserer mehr und mehr vorurteilsfreien Zeit mag dies manchem Lernbegierigen eine große Hilfe sein.

Patanjalis Werk ist immer wieder veröffentlicht worden, doch hat die in diesem Buch gegebene Darstellung den Vorzug einer wohl bisher noch nicht erreichten Ausführlichkeit, da dem Text Wesentliches hinzugefügt werden konnte. Vor allem aber ist es darum von Bedeutung, weil die Menschheit einen Punkt größerer Bewußtseinsentfaltung erreicht hat und ich glaube, die feineren Wahrheiten können heute leichter begriffen werden. Manche mögen über meine Freimütigkeit erstaunt sein, mit der ich Dinge offen ausspreche, die bisher geheim gehalten wurden. Ich halte jedoch die Zeit für gekommen, dieses Wissen einem größeren Kreise zugänglich zu machen. Während wir gerade ein dunkles Zeitalter hinter uns gebracht haben, in dem einem damaligen Bewußtseinszustand entsprechende Methoden angewandt wurden, leben wir heute in einem aufsteigenden Zyklus, und so ist es an der Zeit, Unwissenheit und Aberglauben zu überwinden.

Was in diesem Buch geboten wird, sind höchst direkte und genau formulierte Anleitungen zur Erlangung von Bewußtseins-Erleuchtung. Alles ist so geordnet, daß der Übende den Ausführungen zu folgen vermag und versteht, was sich Schritt für Schritt ergibt. Wir beginnen damit zu lernen, was Konzentration ist und wie sie ausgeübt werden kann. Von da aus gehen wir weiter zur Befreiung des Gemütes (siehe Worterklärungen) und zur Erkenntnis der Seelennatur. Auf diesem Wege wird unsere innere Kraft geweckt, und was wir Persönlichkeit nennen, erfährt in Anpassung an den höheren Sinn des Lebens eine Umformung und Wandlung. Tatsächlich handelt es sich bei unserem ganzen Bemühen um eine Arbeit *von innen nach außen*. Der Erfolg dieser Arbeit ist die grundlegende Voraussetzung dafür, daß die innere Macht erwacht und unbehindert ihren Weg nehmen kann. Dadurch wachsen wir von selbst über alle Schwierigkeiten hinaus, und unser Tun wird sich immer zum Besten Aller auswirken. Unser kleines Ich nimmt ab und unser Überselbst tritt auf den Plan.

In der vorliegenden Arbeit habe ich mich bemüht, meine Ausführungen in möglichst treffender, einfacher Ausdrucksweise vorzutragen, frei von Theorien und überflüssigem Beiwerk, wie man es oft in solchen Werken findet. Im Anfang mag es ein wenig unbequem sein, hier mit einer unpersönlichen, grenzenlosen Macht konfrontiert zu werden und zu bemerken, daß am Ende jeder Begriff von der Wirklichkeit der Erscheinungswelt revidiert werden muß, wenn wir zu vollkommener Erkenntnis kommen wollen. Wer aber bereit ist, persönliche Vorstellungen und Meinungen aufzugeben, um die Macht selbst sich offenbaren *zu lassen*, der wird finden, daß es sich hier in der Tat um eine höchst persönliche Angelegenheit handelt, wenn auch in einer ihm bisher unbekannt gebliebenen Art.

Wir müssen also begreifen, daß wir es hier mit der Wirklichkeit zu tun haben. Nicht mit einer Wirklichkeit im Sinne von Tatsachen, die auf Sinneswahrnehmungen beruhen, wie wir sie als menschliche Wesen kennen, sondern mit der Wirklichkeit, die zu allem wurde. Wir erfahren, daß die Dinge nicht von der Wirklichkeit (Bewußtsein) getrennt existieren, sondern in Erscheinung getretene Wirklichkeit, also in Erscheinung getretenes Bewußtsein sind. Es gibt Bewußtsein — und zu Materie verdichtetes Bewußtsein. Wenn wir dies auch nur ein wenig verstehen, wird uns klar, daß die alte Auffassung, dieser Welt entfliehen zu müssen um Ewiges zu verwirklichen, für uns nicht mehr richtig sein kann. Vielmehr begreifen wir, daß wir dies am besten erreichen, indem wir bleiben wo wir sind und erkennen, daß das Ewige sich heute wie immer im *Jetzt* offenbart. Nichts geschieht, nur wir haben einen

Auftrieb erfahren und sind zu einer Erkenntnis gekommen, die uns plötzlich *das* finden läßt, was wir durch viele Inkarnationen (Wiederverkörperungen) hindurch suchten.

Im Laufe der Meditationsübungen werden wir ein Erwachen erleben, durch das wir die Fehler erkennen, die wir bisher machten. Das Ganze ist eher eine Angelegenheit des Gewahrwerdens als der Entwicklung zum Wahrheitsbewußtsein. Allerdings bleiben viele, auch wenn sie es gut meinen und sich ehrlich abmühen, immer noch ihren verstandes- und gefühlsmäßigen Denkmodellen verhaftet, weil sie den Fehler machen, sich einen bestimmten Begriff zurechtzulegen, anstatt die Wahrheit selbst anzunehmen. Wie viele Tausende von Menschen versuchen, den *Gott in sich* zu finden — und versagen, weil die Macht nicht innen, sondern allüberall und immer gegenwärtig ist. Die Materie ist aus der ewigen, immer wechselnden Substanz gebildet. Daher ist Gott oder die ewige Macht tatsächlich der Körper, ist das Gemüt, ist die Energie, ist alles und jedes, ist formlos und doch Form.

Wenn wir trotzdem besonders das Üben der Stille empfehlen, so nicht darum, weil das innere Leben in irgendeiner Weise wirklicher wäre als das äußere, sondern weil das Üben der Stille den Menschen befähigt, den rastlosen Atem zu beruhigen, die unablässige Gemütstätigkeit zum Schweigen zu bringen, den Körper zu entspannen und sich freizuhalten von den Ablenkungen der Umwelt, um in dieser Gelöstheit zum Bewußtsein dessen zu kommen, was Leben wirklich ist.

All dies bleibt allerdings unnützes Gerede, solange uns das tägliche Üben nicht zu einer persönlichen Lebensgewohnheit geworden ist. Gerade darum, und damit jeder zu jeder Zeit darauf zurückgreifen kann, habe ich viel Zeit auf die Zusammenstellung dieses Buches verwendet.

Hier und da habe ich im Text auf bestimmte Worte und Sätze hingewiesen. Dabei ist mir natürlich bewußt, daß jedem andere Abschnitte des Buches so erscheinen, als wären sie gerade für ihn geschrieben worden. Später, nach Erschließung neuer Bewußtseinsgebiete, scheinen wiederum andere Dinge von besonderer Wichtigkeit zu sein. Ich würde darum vorschlagen, das Buch zuerst einmal ganz durchzulesen, um einen Begriff davon zu bekommen, und dann von neuem zu beginnen, um es langsam durchzuarbeiten, indem man sich auf jeden Abschnitt — besonders jener Teile, die uns am meisten ansprechen — konzentriert und sich schließlich durch Kontemplation den Inhalt ganz zu eigen macht. Für manche wird das Buch — so wie es vorliegt — ausreichen.

Anderen mag es erscheinen, als könnte dies oder jenes Thema ausführlicher behandelt sein.

Es ist unmöglich, alle Fragen in diesem oder irgendeinem anderen Buch beantwortet zu finden, da sich die wirkliche Antwort immer vom eigenen Innern her offenbart. Dem Lernwilligen aber werden die hier gebotenen Gedanken und Techniken die Möglichkeit geben, durch Kontemplation das Wesen kosmischen Lebens zu ergründen und dabei ein Öffnen des inneren Sinnes zu erfahren. Durch einfache kontemplative Versenkung in jeden Abschnitt des Buches in der gegebenen Reihenfolge oder entsprechend der eigenen inneren Führung wird sich der Horizont unseres Bewußtseins ständig erweitern. Denn wir lernen am besten, indem wir über Behauptungen nicht nur oberflächlich nachdenken, sondern sie zum Gegenstand unserer Kontemplation machen und nie das Endziel aus dem Auge verlieren: die Wahrheit selbst hervortreten zu lassen, die als Erkenntnis und erhellendes Erleben einer Verwirklichung in unserem Bewußtsein emportaucht.

Mit dem Erreichen unserer eigenen Verwirklichung werden wir zum bewußten Meister, zum lebendigen Mittler des Machtstromes auf unserem Plan. Dann werden wir die unendliche Schönheit und wunderbare Ordnung im ewig gegenwärtigen Schauspiel von Licht und Schatten erkennen.

Roy Eugene Davis

1. September 1961

ERLÄUTERUNGEN ZUR KONZENTRATION

1. Konzentration

Ein viel gebrauchtes und selten richtig verstandenes Wort ist Konzentration. Allzu oft wird damit die Vorstellung einer Anwendung von Willenskraft und Anstrengung verbunden, um etwas Bestimmtes zu erreichen. *Konzentration bedeutet nichts anderes als Ausrichtung der Aufmerksamkeit auf einen Punkt,* und solange es uns gelingt, den Strom der Aufmerksamkeit gleichmäßig zu erhalten und wir keiner Ablenkung erlauben, dazwischenzutreten, erfordert Konzentration keinerlei Anstrengung.

Unsere Tüchtigkeit in der Lebensmeisterung hängt in hohem Maße von unserer Konzentrationsfähigkeit ab. Wer sich zu konzentrieren versteht, vollbringt in wenigen Stunden mehr als ein Durchschnittsmensch in vielen Tagen oder Wochen. Darum kann ein mit Enthusiasmus nach Erkenntnis strebender Mensch durch sicher gelenkte Aufmerksamkeit die Zeit seiner Entfaltung verkürzen und schon in diesem Leben Erleuchtung finden, anstatt den mühsamen Weg durch etliche Leben zu nehmen. Wer die Kunst der Konzentration beherrscht, hat das Rätsel der Selbstbefreiung gelöst.

2. Beherrschte Konzentration führt zu innerer Ruhe und verhindert die Bildung von Denkmodellen

Wenn es auch vollkommen richtig ist, Denkmodelle zu entwickeln, um den Strom der ewig sich regenden Lebenskraft in die Formbildung zu lenken und so das Leben zu gestalten, es zu beherrschen und unseren Wünschen entsprechend einzurichten, — in der Meditation müssen wir das Aufkommen von Denkmodellen verhindern, da sie uns bei unseren Übungen nur stören. *Wir geben aber unsere Gewohnheit, Denkmodelle zu formen, nicht deshalb auf, um durch Vergegenwärtigung eines eigenen Bildes vom Unendlichen zu einem inneren Erlebnis zu kommen, sondern damit unser Erkennen frei bleibt von Gedankenassoziationen und Trugschlüssen.*

3. Vollendung in der Ausübung der Konzentration befähigt zur Erfahrung der absoluten Wirklichkeit

Da unsere Identifikation mit Ideen und unsere Verwirklichung von Ideen in uns ein Gefühl des Getrenntseins von der Wirklichkeit hervorrufen, leuchtet ein, daß ein Ausschalten der Gedanken und vollkommene Identifikation mit unserer wirklichen Natur zur Erkenntnis unserer eigenen Selbstbewußtheit führen muß und zum Begreifen dessen, daß diese nichts anderes ist als allgegenwärtige Bewußtheit. Die rastlose Gedankentätigkeit des Individuums ist es, die seine Umwelt schöpferisch gestaltet. Doch da der Mensch das Geschaffene irrtümlicherweise als das Verursachende ansieht und nicht erkennt, daß alles in Erscheinung Getretene nur Auswirkung ist, *macht er sich eine falsche Vorstellung vom Leben, er verfällt einer Täuschung, weil er mit falschen Voraussetzungen rechnet.* Mit unrichtigen Angaben können wir immer nur zu einer falschen Beurteilung einer Sachlage kommen, selbst wenn unsere Beweisführung noch so korrekt ist. Genauso ist die Einbildung, nichts zu sein als eine hilflose Kreatur, ein Mißverständnis des Menschen seiner selbst, aus dem sich alle seine Schwierigkeiten ergeben. Dies Mißverständnis aufzuklären ist der Zweck dieses Buches.

4. Im gewöhnlichen Bewußtseinszustand geht der Mensch ganz in seinen Gedankenschöpfungen auf

Genau genommen ist alles, was der Mensch wahrnimmt, ein Produkt seiner Vorstellung. Wie sich seine persönliche Welt nach seiner gedanklichen Haltung gestaltet, so formt sich unsere größere Welt nach der allgemein herrschenden Einstellung. In Wirklichkeit bringt der Mensch allerdings nichts selbst hervor, er faßt es nur ins Auge; auch hat er die

Fähigkeit, eine bereits erschaffene Form nach Belieben aus einer Dimension in eine andere zu bringen. Wenn z. B. ein Heiliger oder Weiser etwas zu erschaffen scheint, so ist der wirkliche Vorgang der, daß er die Idee des Dinges aus dem Ideenreich hervorholt und sie veranlaßt, in dieser Dimension in Erscheinung zu treten. Dadurch werden Teile dichter Substanz unserer Dimension in Bewegung gesetzt, um sich um das Gedankenmodell herum zu formieren. Während es also den Anschein hat, als ob etwas aus dem Nichts geschaffen worden sei, müssen wir begreifen, daß die Idee — wenn auch auf unserer Ebene nicht wahrnehmbar — schon existierte, und daß sie nur zum Ausdruck gebracht werden mußte. Dies scheint eine besondere Macht vorauszusetzen; in Wirklichkeit aber handelt es sich dabei nur um die Fähigkeit, durch Wissen um das Gesetz von einer Möglichkeit Gebrauch zu machen. Wenn der Durchschnittsmensch so etwas nicht fertigbringt, so darum, weil er zu überzeugt ist von der Wirklichkeit und Unumstößlichkeit unserer Dimension und nicht erkennt, daß in Wahrheit alles im Fluß ist und leicht von einem schöpferischen Gemüt geformt werden kann.

Die ganze Reihe der Probleme des Menschen, seine Schwierigkeiten und Mängel, seine seelischen Leiden, das Schwinden der Energie und sein schließlicher irdischer Tod entstehen aus seinem falschen Selbstverständnis.

5. Um das Mißverständnis des Menschen seiner selbst in seinen Ursachen zu ergründen, müssen wir die fünferlei Arten innerer Tätigkeit, die sich entweder zwanghaft oder bewußt gelenkt vollziehen, näher betrachten

Wollen wir die inneren Tätigkeiten begreifen, so müssen wir den Vorgang, durch den die Substanz vom Individuum und durch die geistige Kollektiv-Einstellung geformt wird, näher betrachten. In den folgenden fünf Abschnitten finden wir darüber Genaueres.

Die fünf Arten innerer Tätigkeit treten als direkte oder intuitive Wahrnehmung, als Mangel an Unterscheidungsvermögen, als Täuschung, Schlaf und Gedächtnis in Erscheinung.

Zu Wissen kommen wir am besten, *indem wir einfach wissen.* Wer daran gewöhnt ist, sich Wissen von außen her anzueignen, oder wer stolz ist auf sein angesammeltes Wissen von Tatsachen und Dingen, das wiederum von anderen auf ähnliche Weise erworben wurde, — für den mag das Gesagte unbegreiflich erscheinen. Aber es ist so: wir erreichen Wissen am besten *durch Wissen.* Denn zu wissen ist eine Fähigkeit der Seele als einer Einheit des Bewußtseins. Die Seele braucht nichts zu lernen, obgleich sie Bedingtheiten auf sich nehmen muß, um sich in bestimmte Verhältnisse hineinzufinden. Haben wir aber das Bedürfnis, uns aus allen Abhängigkeiten zu lösen, so können wir dies durch Meditation und reine Konzentration erreichen. Alle Demonstrationen der Macht der Seele und die durch sie hervorgerufenen Phänomene wie Hellsichtigkeit, Hellhörigkeit, Vorschau, In-Erscheinungtreten einer oder mehrerer Körper, zeugen — in verschiedenen Graden — von der Fähigkeit der Seele. Wir kommen in unseren Erläuterungen später noch einmal darauf zurück.

MANGEL AN UNTERSCHEIDUNGSVERMÖGEN

Wie schon früher erwähnt — müssen wir, wenn wir mit falschen Angaben operieren, zu falschen Schlußfolgerungen kommen, gehen wir bei unseren Erwägungen auch noch so scharfsinnig vor. Halten wir diese Welt der Gestaltungen für die einzige Wirklichkeit und gehen bei allen unseren Unternehmungen und Vorhaben von dieser Voraussetzung aus, dann fehlt uns das rechte Unterscheidungsvermögen. Wir sehen nicht die eine Macht hinter der Form. Es gibt nur eine Macht, und diese eine Macht nimmt Form an auf allen Ebenen, indem sie sich als Substanz manifestiert. Sprechen wir darum von einem Schöpfer und der Schöpfung, so ist dies eine ungenaue Aussage. Es gibt nur den *Schöpfer,* der zugleich die Schöpfung ist. Alles, was das Gemüt des Menschen wahrzunehmen vermag — und alle Wahrnehmungen, deren er sich bewußt werden kann, sind Teile und Bestandteile von diesem *einen Bewußtsein.* Die Auffassung vom Sondersein ist es, die uns die Dinge falsch sehen läßt und zu leidvollen Erfahrungen führt.

Täuschung

Selbsttäuschung ist eine der anziehendsten Ablenkungen, mit der sich ein strebender Mensch befassen kann. Der Weg zu wirklicher und letzter Erkenntnis erscheint so weit (wiederum ein Zeichen von Mangel an Unterscheidungsvermögen), daß manche Menschen — um die ihnen eintönig erscheinenden täglichen Bemühungen zu beleben — sich ein Bild davon entwerfen, wie die Ebene reinen Gewahrseins wohl sein könnte, und so erleben sie Wunscherfüllungen. Da ihr Verlangen nach dem Erleben der Wirklichkeit außerordentlich stark ist, halten sie das Erfahrene eine Zeit lang für die Wirklichkeit. Bald aber schwindet diese Gewißheit, und ein trostloses Gefühl der Enttäuschung bemächtigt sich ihrer. Hier sollten wir ehrlich sein mit uns selbst. Ich habe noch keinen Menschen gefunden, der sich selbst etwas vormacht und in der Tiefe seiner Seele auch tatsächlich glaubt, was er zu sein vorgibt. In stillen Augenblicken tritt immer die nüchterne Wirklichkeit zutage. Sich selbst betrügende Menschen erkennt man gut an ihrem Bemühen, sich zu verstellen und groß zu tun. Leider aber genügt ihr nur äußeres Gebaren nicht, um wirklich das darzustellen, was dem von ihnen vorgegebenen Bewußtseinsgrad entspricht. Wir sollten uns vor Selbsttäuschungen hüten, und dies wird uns am besten gelingen, wenn wir uns an Menschen oder Lehrer halten, die sich selbst verwirklichen konnten, und ihren Rat ernstlich in Erwägung ziehen.

Schlaf

In gewissem Sinne *schläft* jeder, der sich durch einen Körper auf dieser oder einer anderen Ebene betätigt, weil er in ihm weniger bewußt lebt als er könnte. Will der Mensch durch einen Körper wirksam werden, so muß er gewisse Begrenzungen auf sich nehmen. Diese Beschränkungen sind selbst auferlegt und werden beim Verlassen des Körpers wieder aufgegeben. Der gewöhnliche Schlafvorgang ist weitgehend eine Angewohnheit des Körpers. Im Schlaf findet der Mensch eine Gelegenheit, sich von den Angelegenheiten dieser Welt zurückzuziehen, und das erfrischt ihn. Begreift er aber den Vorgang des Schlafes, so vermag er durch ihn zu erkennen, wer er wirklich ist. Es gibt viele Übungen, die uns darauf vorbereiten, den Schlafvorgang als Tor zu unbegrenzten Ausdrucksmöglichkeiten zu benutzen. Der Durchschnittsmensch schläft, um eine Weile lang der harten Wirklichkeit entfliehen zu können.

Durch geeignete Übungen in Meditation und reiner Konzentration aber kann er lernen, sich den Schlaf ganz abzugewöhnen. *Wenn ihm dies gelingt, hat er den Tod überwunden.*

GEDÄCHTNIS

Solange ein Mensch sich darum bemüht, eine gewisse Sicherheit im Erinnern von Vorfällen oder Erfahrungen dieses oder früherer Leben zu erlangen, gibt er sich noch Täuschungen hin. Denn alles, was er zurückrufen kann, sind nur *Bilder*, die er bei seiner Wanderung durch die verschiedenen Stufen des Noch-nicht-unterscheiden-Könnens in sich aufnahm. Wir brauchen keine Bestätigung dafür, daß wir existiert haben; denn die Tatsache, daß wir jetzt existieren, ist Beweis genug dafür. Was wir brauchen, ist die Verwirklichung unserer wahren Natur als bedingungslose Bewußtheit. Es ist leicht, irgendeine erlebte Situation zurückzurufen, denn das *Bild* liegt auf irgendeiner Ebene unseres Seins — eben weil es als Erfahrung in unser Leben trat — aufbewahrt. Wir vermögen uns aufs genaueste an alles zurückzuerinnern, wenn wir es wirklich wollen. Oftmals versagt unser Gedächnis nur deshalb, weil wir nicht gerne die Verantwortung für früheres Tun übernehmen, — oder weil wir das mit der Erinnerung verbundene Gefühl des Leides fürchten. Einen wirklichen Sinn hat unsere Erinnerung nur dann, wenn wir uns durch die zurückliegenden Jahre und Inkarnationen halb-traumhafter Erfahrungen auf unsere wahre Natur besinnen. Wir müssen nicht zu irgendeiner hohen Bewußtseinsstufe *emporsteigen*, wir müssen uns nur unserer gegenwärtigen hohen Bewußtseinsbeschaffenheit bewußt werden bzw. uns ihrer erinnern.

6. *Durch ständiges Üben und vollkommenes Begreifen dessen, was es heißt, nicht verhaftet zu sein, vermögen wir unsere geistige Haltung und Einstellung selbst zu steuern*

Um richtig üben zu können, müssen wir ausreichend unterwiesen werden und genügend über das Gemüt und die Wechselwirkungen der Kräfte und Energien wissen. Jedem Menschen mit durchschnittlichen Fähigkeiten und dem ernsthaften Wunsch, zur Verwirklichung des reinen Bewußtseins zu kommen, wird durch die in diesem Leitfaden gegebenen Anleitungen diese Möglichkeit gegeben.

Nicht-Verhaftung bedeutet nicht, daß wir diese oder irgendeine andere Welt aufgeben müßten, vielmehr verlieren wir jedes Verhaftetsein von selbst, wenn wir wirklich begreifen, wie das eine Bewußtsein in und durch alle Formen wirksam ist — als Form — und als Aktivität. Nicht-Verhaftung bedeutet, den engen Horizont erweitern und alles aus kosmischer Sicht sehen, es bedeutet Befreiung in weitere Bereiche der Ausdrucksmöglichkeit.

7. *Es ist von außerordentlicher Bedeutung zu wissen, was Konzentration ist und sich darin zu üben, denn nur dadurch kommen wir zu innerer und äußerer Sicherheit*

Die Macht der Gewohnheit läßt unsere Aufmerksamkeit ständig umherschweifen. Wer aber mit Ausdauer übt, wird sie immer wieder zurückziehen und seine Bewußtheit erweitern können. Es ist die Notwendigkeit dieses ständigen Zurückrufens, das im Anfänger ein Gefühl der Anstrengung hervorruft. Eine wirkliche Anstrengung aber, der Bedenken und Besorgnis anhaftet, vereitelt jedes Weiterkommen. Im allgemeinen wird man beobachten können, daß im Stadium vorgeschrittener Meditation die Atmung sehr langsam wird und die Körpertätigkeit faktisch zum Stillstand kommt, weil die Aufmerksamkeit von der äußeren Welt abgezogen ist. Umgekehrt kann man durch bewußte Lenkung der Körper- und Atemtätigkeit innere Gelassenheit herbeiführen. Ein ganzes System von Übungen — als Yoga bekannt — wurde entwickelt, das diesem Bedürfnis entgegenkommt, und die in diesem Buch gegebenen Anleitungen lassen sich, wie jeder selbst herausfinden wird, mit den Yoga-Übungen und allen ähnlichen Methoden vereinbaren, weil hier wie dort mit natürlichen, wissenschaftlich feststellbaren Vorgängen und Zusammenhängen gearbeitet wird.

8. *Unerschütterliche Überzeugung von der Ausführbarkeit unserer Absicht, das Ziel zu erreichen, ist Grundvoraussetzung*

Viele, die sich wirklich ernsthaft bemühen und die Anleitungen aufs genaueste beobachten, sind im Innersten doch nicht davon überzeugt, daß sie etwas erreichen werden. Eine solche innere Unsicherheit muß unbedingt überwunden werden; denn auf unserem Wege müssen wir zuerst die psychologischen Voraussetzungen erfüllen, und *unsere Überzeugung ist das Tor, durch das wir gehen.* Dabei handelt es sich keineswegs darum, illusionäre Erlebnisse von Wunscherfüllungen herbeizuführen. Hier geht es darum, von unserer Fähigkeit zu reiner Erfahrung überzeugt zu sein. Wenn wir die Lebenserfahrungen von Menschen lesen, die bereits einen höheren Bewußtseinsgrad erreichten, so fühlen wir uns dadurch in deren geistige Verfassung und Bewußtseinsstufe ein, und dies mag uns weiterhelfen.

9. Der Weg zu Befreiung und Beherrschung führt über Nichtverhaftung an Dinge und Erscheinungen dieser Welt, die nach außen verlegte Bilder der Gemütstätigkeit sind

Nichtverhaftung erreichen wir nicht, indem wir uns vom Leben zurückziehen, sondern auch Anerkenntnis des einen Bewußtseins, das alles durchdringt und erfüllt. Mit der Verwirklichung des einen Bewußtseins fallen alle zwanghaften Wünsche von uns ab, weil wir dadurch plötzlich begreifen, daß alles hier und jetzt da ist, daß nichts errungen werden muß oder verloren gehen kann, sondern alles nur angenommen werden muß. Mit dieser Erkenntnis sind wir in den Bereich der vierten Dimension eingetreten, in der die Unvergänglichkeit der Dinge sichtbar wird.

10. Vollkommene Aneignung der Eigenschaft der Nichtverhaftung läßt uns das Leben auf allen Ebenen begreifen

Sobald wir nicht mehr nach Wissen herumjagen und stattdessen lernen, in der Erkenntnis zu ruhen, daß alles hier und jetzt da ist — und wir es nur wahrnehmen müssen, wachsen wir über den Gedanken hinaus, uns entfalten, lernen und wachsen zu müssen, und kommen zum Verständnis unserer wahren Natur, die schon vollkommen, frei und allwissend ist.

11. Vollkommene Konzentration und Meditation führt uns zur Verwirklichung des reinen Bewußtseins bzw. des Überbewußtseins

Wenn wir das Grundgesetz begriffen haben, daß der Mensch sich mit dem Gegenstand seiner Konzentration identifiziert, dann wird uns klar, daß wir nicht zu Überbewußtsein kommen können, solange wir uns auf weltliche Dinge konzentrieren. Eine derartige Konzentration bzw. Ausrichtung unserer Aufmerksamkeit verbindet uns nur noch stärker mit den Dingen und Eigenschaften dieser Welt. Nur vollkommene Konzentration (bzw. stetiges Fließen der Aufmerksamkeit) auf den überbewußten (bedingungslosen) Zustand wird uns zur vollen Bewußtheit auf der überbewußten Ebene führen.

12. Ein hoher Grad von Überbewußtsein wird erreicht, wenn alle Gemütstätigkeit zum Stillstand gebracht worden ist. Obgleich zwar in diesen ersten Stadien schon ein Aufhören der nach außen gerichteten Gemütstätigkeit erreicht wurde, so bleibt doch noch die Aktivität der inneren Eindrücke bestehen

Ist die Gemütstätigkeit zum Stillstand gebracht worden, so erreichen wir einen der ersten Stadien des Samadhi bzw. des überbewußten Gewahrseins. Viele meinen, man müßte denken, um sich bewußt zu sein. Dies ist aber ein Irrtum. Das reine Gewahrsein bedarf keiner gedanklichen Aktivität. Auf dieser Ebene reiner Bewußtheit weiß man, weil man einfach weiß. Hier offenbart sich alles selbst. Wenn man den Willen aufbringt, lange Zeit der Meditation zu widmen, sie zu vertiefen und die rastlose Körpertätigkeit zur Ruhe kommen zu lassen, kann dadurch die Gemütstätigkeit zum Stillstand gebracht werden. Sobald die Ruhelosigkeit des Körpers durch gründliche Entspannung überwunden ist, legt sich auch die Gemütstätigkeit, und wenn es uns dann gelingt — in der Meditation tiefer gehend—, den Schlaf zu vermeiden und zu klarer Innensicht zu kommen, ist die Abhängigkeit vom Gemüt überwunden und der Weg für überbewußte Wahrnehmung frei. Dennoch findet zu dieser Zeit auf den feineren Ebenen Gemütstätigkeit statt, die aber durch tiefergehende Übungen aufgelöst werden kann.

13. Wird dieser Grad von Überbewußtsein erreicht, ehe der Mensch zu
vollkommener Nichtverhaftung vorgeschritten ist, dann vermag er
in dieser Welt in hervorragender Weise wirksam zu werden; doch
kommt er über diese Bewußtseinsstufe nicht hinaus

Im Anfangsstadium des Überbewußtseins hat der Mensch zwar schon
Abstand von der Welt genommen, aber er ist sich seiner wahren Natur
doch noch nicht völlig bewußt, denn in der Stille seiner Übungen war
ihm nur ein flüchtiger Einblick zuteil geworden. Er ist immer noch von
der Wirklichkeit der physischen Ebene überzeugt (weil er noch keine
klare Einsicht bzw. noch kein völliges Begreifen des einen allgegenwärtigen Lebens erlangen konnte), und muß sich darum damit begnü-
gen, auf dem irdischen Plan tätig zu sein. Immerhin haben sich seine
Fähigkeiten dadurch, daß er von einer höheren Bewußtseinsebene aus
arbeitet, außergewöhnlich entwickelt, und es wird ihm möglich sein,
manche Probleme zu durchschauen, die einem gewöhnlichen Menschen
noch zu schaffen machen. Auf dieser Stufe der Entfaltung ist es von
großer Bedeutung, auf reine Motive bedacht zu bleiben.

14. Auch durch Vertrauen, Energie, Erinnerung, Konzentration und
Unterscheidung kann die Ebene vollkommenen Überbewußtseins
erreicht werden

In einem vorhergehenden Abschnitt führten wir aus, wie wir durch
Ausschaltung der Gemütstätigkeit zur Wahrnehmung des Überbewußtseins kommen können. Diese Ausschaltung geschieht im Laufe
eines Vorganges, während dem wir sie zur Ruhe kommen lassen und
unsere Aufmerksamkeit ins Zentrum des Bewußtseins richten. Es gibt
aber noch andere Möglichkeiten, und jeder sollte den Weg gehen, der
ihm am meisten zusagt. Wir werden hier jeden Weg erläutern, der zur
Verwirklichung des Samadhi bzw. des vollkommenen Überbewußtseins führt.

VERTRAUEN
Vertrauen haben bedeutet, vollkommen davon überzeugt zu sein, daß
die gewünschte Bewußtseinsbeschaffenheit bereits in uns da ist — und
wir uns nur darauf konzentrieren und an sie glauben müssen, um sie in

uns offenbar werden zu lassen. Vertrauen ist Bekenntnis zur Wirklichkeit und Ablehnung aller gegenteiligen Gedanken.

ENERGIE

Sind wir energisch, so beseitigen wir alle Hindernisse, die uns auf dem Wege der Selbstverwirklichung zurückhalten könnten und treiben unsere Entfaltung voran. Es bedarf ständigen Übens, den Fluß der Aufmerksamkeit immer in der rechten Richtung zu halten. Wer aber übt, macht schnelle Fortschritte im Vergleich zu anderen, die ihre Zeit vergeuden, indem sie ihre Aufmerksamkeit zerteilen und in die verschiedensten Richtungen wandern lassen.

ERINNERUNG

Wie schon früher erwähnt, können wir die Ummauerung unseres Gedächtnisses durchstoßen und uns des bedingungslosen Zustandes wiederum bewußt werden, wenn wir uns nicht im Irrgarten unserer Rückerinnerungen an Erfahrungen dieses und früherer Leben verlieren.

KONZENTRATION

Auch hierüber haben wir schon in vorherigen Abschnitten dieses Buches ausführlich gehört.

UNTERSCHEIDUNG

Wie uns Mangel an Unterscheidungsvermögen in Abhängigkeit hält, so führt uns Unterscheidung bzw. die Fähigkeit, in all und jeder Situation Vollkommenheit zu erkennen, zur Verwirklichung vollkommenen Überbewußtseins.

15. Wer sich eifrig bemüht, macht rasche Fortschritte auf dem Wege zur Selbstverwirklichung

Um unser Interesse und unsere Begeisterung wach zu erhalten, sollten wir es uns zur Gewohnheit werden lassen, uns ständig an den wirklichen Zweck unseres Lebens zu erinnern. Auch wenn es so scheint, als hätten wir vielerlei Verantwortungen und Verpflichtungen, so handeln wir doch weise, wenn wir unser Augenmerk zu allen Zeiten auf unser Ziel richten.

16. *Die Länge der Zeit, die wir zur Erlangung des vollkommenen Überbewußtseins brauchen, hängt davon ab, ob wir mäßig, mittelmäßig oder fleißig und gründlich üben*

Manche Menschen fragen immer wieder: „Wie lange werde ich brauchen, um es zu erreichen?" Dies hängt natürlich von der Zeit und der schöpferischen Kraft unseres Bemühens ab, die wir bereit sind, dafür anzuwenden. Wer nur wenig übt, bei dem wird die geistige Entfaltung kaum oder doch nur langsame Fortschritte machen. Wer mit mehr Enthusiasmus übt, kommt natürlich schneller voran, weil er mehr Zeit daran wendet, nach den Prinzipien zu leben. Den schnellsten Fortschritt machen Menschen, die fleißig und gründlich üben, — jedoch nicht unter zwanghaftem Antrieb, der immer ein Zeichen von tiefgefühltem Mangel und von Leere ist. Ein starkes Empfinden von „Ich habe es schon erreicht…" — verbunden mit ein bißchen Geduld, bis es Wirklichkeit wird, gibt ein gutes Gleichgewicht.

17. *Vollkommenes Überbewußtsein wird auch durch Identifikation mit der letzten Wirklichkeit bzw. dem Absoluten erreicht*

Mit einer dynamischen Verwirklichung des vollkommenen Seinszustandes hier und jetzt haben wir etwas erreicht, das nicht mehr verloren werden kann. Bei dieser Verwirklichung werden alle Begriffe, Meinungen, und sogar feinere Gemütseindrücke, überhaupt alles, was der Selbstverwirklichung im Wege steht, ausgelöscht. Manche täuschen sich in dem Glauben, sie hätten es schon erreicht. Man erkennt solche Menschen daran, daß sie nicht von der vorgetäuschten Bewußtseinsebene aus zu wirken vermögen und stattdessen Entschuldigungen vorbringen, warum sie es nicht können. Wir sehen hier wieder den großen Wert einer nahen Verbindung zu aufrichtigen, uneigennützigen Menschen, die sich auskennen und den Irrtum aufklären können.

18. Vollkommenes Überbewußtsein (Identifikation mit dem Absolu-
ten) bezeichnet eine Stufe der Bewußtheit, auf der wir unberührt
bleiben von Unglück, von der Fesselung durch Ursache und Wir-
kung — und von zwanghaften Wünschen

Wer in der Verwirklichung des Unendlichen verankert ist, kann kein
Unglück mehr empfinden, weil er über den Dualitätsgedanken hinausgewachsen ist und in voller Bewußtheit lebt, ohne Schwankungen des
Bewußtseins zu erfahren. In diesem Grade von Bewußtheit, im vollen
Begreifen dessen, was Leben wirklich ist, kann es nichts Zwanghaftes
und keine Abhängigkeit vom Kausalitätsgesetz (Ursache und Wirkung) mehr geben. *Mit der Verwirklichung von Vollkommenheit erreichen wir zugleich Befreiung und Erlösung.*

*19. In diesem Meister-Bewußtsein (vollendetes Überbewußtsein) offen-
bart sich das vollkommene Sein, während im individualisierten
oder Seelen-Bewußtsein zwar auch diese Vollkommenheit da ist,
aber nicht vollständig in Erscheinung tritt*

Oft sehen wir Aspekte des Unendlichen durch Menschen in Erscheinung treten, die nach Erweiterung ihres Bewußtseins streben. Wer aber
in vollendeter Verwirklichung ruht, dessen Individualität hat sich in
der Unendlichkeit des Lebens aufgelöst.

*20. Dies über alle Veränderlichkeit des Zeitlichen erhabene Meister-
bewußtsein ist und war zu allen Zeiten der einzige Lehrer*

Dem Uneingeweihten mag es erscheinen, als gäbe es verschiedene Grade
von Lehrern, Meistern oder Weisen. In Wirklichkeit aber gibt es nur
einen Lehrer, denn es gibt nur ein Leben. Lehrer, Meister und Weise
sind Offenbarungen des Lebens und dienen als Kontaktpunkte, durch
die Macht hindurchfließen und auf verschiedenen Ebenen zum Ausdruck kommen kann. Der richtige Lehrer wird immer dort zur rechten
Zeit zur Stelle sein, wo ein Kontakt für den Lernenden nötig wird.
Das Leben sorgt für sich selbst, und in dieser Gewißheit braucht der
Lernende nur immer höhere und höhere Stufen auf der Leiter seiner

Entfaltung ins Auge zu fassen, — er weiß, daß ihn bei jedem Schritt die Erfahrung erwartet, deren er bedarf.

21. *Als erste deutliche Manifestation des Bewußtseins auf der dreidimensionalen Ebene nehmen wir die Atomschwingung wahr. Wenn wir vermögen, diese Schwingung intuitiv zu hören, so ist der erste bewußte Kontakt mit anderen Dimensionen hergestellt*

Wenn diese Welt auch aus vielen Schwingungen gebildet ist, die allem zugrundeliegende Schwingung ist die der Atome. In der Stille können wir diese Vibration wahrnehmen (siehe Arbeitsanleitungen „Einstimmung auf den kosmischen Ton"), und identifizieren wir uns mit ihr, so wird unsere Aufmerksamkeit vom Körper weg auf die Atome im Körper und um ihn herum gelenkt. Damit beginnen wir, unser Bewußtsein über den Körper hinaus zu erweitern und erkennen, daß wir den Körper nicht verlassen, sondern uns nur unseres größeren Körpers bewußt werden; denn offenbartes Bewußtsein ist Materie, — da gibt es nicht zweierlei. Durch diese Erkenntnis erfahren wir zugleich eine Einstimmung auf die Schwingungsebene aller Substanz, so daß wir niemals mehr der Täuschung verfallen können, wir seien allein auf dieser Welt und vom Leben getrennt. Wir haben eine geistige Taufe erlebt und vermögen nun die feineren Elektrizitäten und Kräfte der Natur wahrzunehmen. Unser inneres Auge beginnt sich zu öffnen und wir sehen verschiedenes Licht. Das Licht der Atomschwingungen erscheint uns golden.

22. *Durch Meditation über diese Atomschwingung (AUM) können wir uns des Unendlichen bewußt werden*

In der Einweihung werden uns verschiedene Arbeitsmöglichkeiten aufgezeigt. Eine davon ist das Lauschen auf den kosmischen Tonstrom bzw. auf die Atomschwingung*). Das Lauschen auf den Ton während der Meditation gibt unserer Aufmerksamkeit einen festen Punkt und das Gemüt wird von den Ablenkungen der Außenwelt ferngehalten.

---

*) Diese Atomschwingung wird auch Heiliger Geist, Heilige Schwingung, Aum, Om und Das Wort genannt.

Folgen wir (mit Aufmerksamkeit) diesem Ton, so werden die Wahrnehmungen klarer und klarer, bis unser Bewußtsein durch die Hüllen der Gemütstätigkeit emporgehoben wird, durch Licht, Gefühle und feinere Regungen, um zuletzt in der Erkenntnis reinen Gewahrseins zu ruhen.

23. *Regelmäßiges Üben mit dem kosmischen Ton führt zu vollkommener Selbstverwirklichung*

Wie wir einem Fluß aufwärts folgen, um zu seiner Quelle zu kommen, so können wir durch ständig auf den kosmischen Ton gelenkte Aufmerksamkeit zum Ursprung gelangen, zum reinen, bedingungsfreien Bewußtsein.

24. *Unter anderen sind es folgende Mängel, die uns auf unserem Wege zu vollkommener Verwirklichung hinderlich sind: schlechte körperliche Verfassung, geistige Trägheit, Zweifel, ungenügende Begeisterungsfähigkeit, Gleichgültigkeit, Festklammern an die Geschehnisse dieser Welt, falsche Vorstellungen, Mangel an Konzentrationsvermögen und das Unvermögen, den schon erreichten Zustand reiner Konzentration festzuhalten*

SCHLECHTE KÖRPERLICHE VERFASSUNG
Die meisten Menschen empfinden ihren Körper als Hindernis, wenn er nicht ordentlich intakt ist, obgleich es immer Menschen gab, die aus ihrem Körper heraustreten und zu reinem Gewahrsein gelangen konnten. Identifizieren wir uns mit einem von körperlichen oder geistigen Schwächen und Krankheiten belasteten Körper, so sind wir kein geeigneter Mittler für den Durchstrom schöpferischer Macht. Darum sollten wir es uns angelegen sein lassen, ihn in guter Verfassung zu erhalten. Dabei mag uns evtl. eine gründliche Reinigung des Körpers von innen heraus dienlich sein, vielleicht auch ein Wechsel in der Ernährungsform, körperliche Bewegung und Übungen zur Reinigung des Nervensystems. (All dies kann uns helfen, unseren Körper gesund zu erhalten.) Manche Menschen meinen, sie brauchten sich überhaupt nicht um ihren Körper zu kümmern, und dies geht eine ganze Weile lang gut, — bis ein Mo-

ment körperlicher oder geistiger Übermüdung eintritt und ihnen ihre materielle Einstellung und negative Haltung zum Verhängnis wird. Viel besser ist es, wir tun auch etwas für unsere Gesundheit während unserer Bewußtseinsentfaltung.

GEISTIGE TRÄGHEIT

Man kann beobachten, daß Menschen mit guten Geistesgaben und scharfer Beobachtung am schnellsten zur Selbstverwirklichung kommen. Nicht die Länge der Lernzeit, sondern der Fortschritt im Bewußtwerden ist hier maßgebend. Vor allem ist es die Unmöglichkeit oder der Mangel an Bereitwilligkeit, zum Üben zu kommen, was dem Fortschritt mancher hochbegabter Menschen im Wege steht. Auf jeden Fall ist es von großem Wert, klar denken und das Gemüt immer besser beherrschen zu lernen. Wenn wir auch eines Tages die Gemütstätigkeit ganz überwinden, so ist dies doch ein Schritt auf unserem Weg. Je aufmerksamer das Gemüt, umso wahrscheinlicher werden wir schnelle Fortschritte machen.

ZWEIFEL

Mangel an Vertrauen bzw. die Unfähigkeit, Vollkommenheit zu erkennen noch bevor sie in Erscheinung tritt, zeugt von Zweifel. Vollkommen richtig ist es, daran zu zweifeln, daß irgendeine Stufe die letzte ist, denn sie ist es nicht. Aber wichtig ist es, niemals den Blick für die Unbegrenztheit der Möglichkeiten zu verlieren. Zweifel in dieser Hinsicht führt zu negativer Gemütsverfassung und dadurch zu einem getrübten Auffassungsvermögen, wodurch die Verwirklichung reinen Bewußtseins unmöglich gemacht wird.

UNGENÜGENDE BEGEISTERUNGSFÄHIGKEIT

Begeisterung ist notwendig, damit die Aufmerksamkeit während der Meditation in einem Punkt festgehalten werden kann. Wird sie das nicht, so zerstreuen sich die Gedanken, und damit kann nichts erreicht werden. Fehlt es uns am nötigen Eifer, sollten wir uns nach Menschen umsehen, die auf diesem Wege schon weiter fortgeschritten sind und persönlichen oder schriftlichen Kontakt mit ihnen suchen, auch können wir uns in der Stille geistig mit ihnen in Verbindung setzen.

GLEICHGÜLTIGKEIT

Gleichgültigkeit bzw. Teilnahmslosigkeit ist immer ein Zeichen von Trägheit. Schwer liegt dann die Welt auf unseren Schultern, und das Ziel ist so ferngerückt, daß sich irgendeine Bemühung überhaupt nicht mehr zu lohnen scheint. Wir können aus einem solchen Zustand auf die gleiche Weise herausfinden, wie aus dem Mangel an Eifer und Begeisterung.

FESTKLAMMERN AN DIE GESCHEHNISSE DER WELT

Solange sich das Gemüt allzu fest an irdische Dinge klammert, ist es uns unmöglich, uns aus dieser Bindung zu befreien und das Bewußtsein zu erweitern. Wir müssen dann lernen uns loszumachen, das eine Leben *als* Schöpfung zu erkennen und uns auf diese Weise aus der Abhängigkeit von Dingen und Gestaltungen zu lösen. Dies bedeutet nicht, daß wir der Welt entsagen und uns zurückziehen müssen, es bedeutet nur, daß wir alles sehen wie es wirklich ist.

FALSCHE VORSTELLUNGEN

Wer einen Teil der Schöpfung, auf welcher Ebene es auch sei, als Allerletztes und Endgültiges ansieht, gibt sich falschen Vorstellungen hin. Glauben wir nur an die dreidimensionale Welt, so setzen wir uns enge Grenzen; und auch, wenn wir uns auf die psychische oder geistige Ebene festlegen, oder selbst auf die Ebene noch feinerer Wirksamkeiten, so sehen wir gerade nur das, wohin unser Blick gerichtet ist. Eine solche Begrenzung mag uns auf der Ebene, auf der wir nach Ausdruck suchen, Sicherheit geben, sie wird aber zum Hindernis, wenn der innere Wunsch nach Ausweitung der Grenzen erwacht und wir es nicht fertigbringen, sie zu überschreiten.

MANGEL AN KONZENTRATIONSVERMÖGEN

Es ist recht hinderlich, wenn es einem Menschen trotz seiner Bemühungen nicht gelingt, klare Einblicke nach innen zu gewinnen. Oftmals liegt es daran, daß unsere Aufmerksamkeit noch teilweise in anderen Bereichen festgehalten wird, wie früher schon erwähnt. Zuweilen hegen wir auch einen verborgenen Widerstand, einen alten Standpunkt aufzugeben und einen neuen, ungewohnten einzunehmen, obgleich wir intuitiv fühlen mögen, daß es zu unserem Vorteil wäre.

UNVERMÖGEN, DEN SCHON ERREICHTEN ZUSTAND REINER KONZENTRATION
festzuhalten

Solange nicht alle soeben angeführten Hindernisse aus dem Wege geräumt sind, kann trotz einem eventuellen Durchbruch das klare Bewußtsein nicht aufrecht erhalten bleiben. Aber wenn es auch wieder vergeht, so bleibt doch als Nachwirkung des Erlebten, und wäre es auch noch so flüchtig gewesen, immer ein Zuwachs an Kraft, Licht und Inspiration. Üben wir dann geduldig weiter, bis alle Mängel beseitigt und keine Ablenkungen mehr möglich sind, dann wird es uns mit der Zeit auch gelingen, den Zustand reiner Konzentration festzuhalten. Im nächsten Abschnitt hören wir darüber noch weiter.

25. Oft treten mit dem Unvermögen, die vollkommene Konzentration aufrecht zu erhalten, Leid und seelische Niedergeschlagenheit, unkontrollierte Bewegungen des Körpers und Fehlleitungen der Lebenskraft auf

Mißverstehen der grundlegenden Prinzipien des Lebens verursacht Leid. Auch uns umtreibende Wunschbilder, Erinnerungen und seelische Erschütterungen können Kummer hervorrufen. Der Mensch ist unglücklich, solange er unter dem Zwang eines Wunsches steht, für den er keine Möglichkeit einer Erfüllung sieht, — oder wenn er ständig neue Wünsche heraufbeschwört, nur um nicht glücklich sein zu müssen. Kummer bereiten uns auch Erinnerungen an eine schwere Vergangenheit. (Siehe Anleitung, wie man sich von Erinnerungen befreit oder sie korrigiert.) Leid erfahren wir, wenn wir uns beeinflussen lassen und unbedacht reagieren. Dies alles hat wiederum seine Ursache in einer falschen Vorstellung vom Leben. Sind wir in der Verwirklichung unserer wahren Natur fest verwurzelt, brauchen wir keine triebhaften Wünsche mehr zu haben, wir brauchen nicht mehr der Vergangenheit nachzutrauern oder ohne Beherrschung auf alles mögliche, das sich in der Welt begibt, zu reagieren.

Seelische Niedergeschlagenheit

Da der Lernende immer noch Fehlschläge erlebt und es ihm auch noch an vollkommener Einsicht mangelt, empfindet er oft Niedergeschlagenheit, besonders bei ihn bewegenden Erinnerungen an Schuld, die Bedauern und Scham in ihm hervorrufen.

Unkontrollierte Bewegungen des Körpers

Verwirrung und das Bemühen, sich selbst zu finden, sind die Hauptgründe für die Ruhelosigkeit des Körpers. Der Mensch wirbelt dann in einer ständigen Betriebsamkeit umeinander und stürzt sich von einer Abwechslung in die andere. Eine weitere Ursache für unkontrollierte Bewegungen des Körpers ist die in Gang gebrachte Tätigkeit der inneren Lebenskräfte. Wenn in tiefer Meditation die Lebenskraft erwacht und sich durch das Nervensystem ergießt, so stellen sich ihr in den Spannungen und Energieblöcken Hindernisse in den Weg, und der Körper kommt zum Erzittern. Man sollte diese Erscheinung jedoch nicht dramatisieren, sondern einfach versuchen, besser zu entspannen. Sowie uns dies gelingt, hören die unkontrollierten Bewegungen auf. Es gibt Menschen, die sich in tiefer Meditation rhythmisch bewegen oder tanzen, wenn sie kein Bedürfnis nach Entspannung mehr verspüren. Ein solcher Durchbruch der Lebenskraft wirkt reinigend. Man spricht dann vom kosmischen Feuer, das mit seiner Glut Körper und Gemüt läutert und zu einer Regeneration des Körpers führt.

Fehlleitung der Lebenskraft

Der Strom der Lebenskraft hängt aufs engste mit der Gemüts- und Atemtätigkeit zusammen. Bei ruhelosem Gemüt rast die Lebenskraft durch den Körper und vergrößert die Verwirrung. Um dies zu vermeiden, kann man Übungen zur Beherrschung der Lebenskraft ausführen, die uns zugleich eine bessere Selbstbeherrschung vermitteln. Selbstbeherrschung erreichen wir nicht durch gewaltsame Bezwingung des Körpers und seiner Tätigkeiten, sondern durch ruhiges Verweilen auf dem Höhepunkt der Verwirklichung, unbewegt von allem, das unsere Aufmerksamkeit ablenken möchte.

26. Sobald wir nirgends mehr verhaftet sind, kommt unsere Gemütstätigkeit zur Ruhe

Nicht verhaftet zu sein bedeutet nicht, die Welt zu fliehen. Vielmehr erreichen wir es, wenn wir immer wieder daran denken, daß die eine Macht in der Welt und als Welt wirksam ist. Wenn wir diese Haltung des Nicht-verhaftet-Seins vollkommen erreicht haben, schwindet jeder Gedanke an Dualität, und es gibt für uns weder Vergnügen noch Leid, weder Glück noch Unglück.

27. In tiefer Kontemplation hören wir auf zu atmen, denn alle Energien sind vom Körper ab- und hinaufgelenkt in die Kopfzentren

Diese Tatsache sollte uns keine Furcht einflößen; denn es handelt sich dabei um eine natürliche Begleiterscheinung tiefer Meditation. Das tätige Gemüt identifiziert sich immer irgendwie mit dem Körper. Ein ruheloses Gemüt und ein rastloser Atem verhindern die vollkommene Verwirklichung. Allerdings ist es sinnlos, durch Anhalten des Atems das Gemüt zur Ruhe bringen zu wollen, wenn es auch Methoden gibt, die Lebenskraft durch Atemübungen zu beherrschen. (Siehe Anleitungen.)

28. Durch bestimmte psycho-physische Übungen vermag man die Körpertätigkeit zum Stillstand zu bringen und klarste Bewußtheit zu erreichen

Zum Wichtigsten und Bedeutsamsten, was je zum Fortschritt der Menschheit beigetragen werden konnte, gehören eine Reihe von Übungen, durch die der Mensch vermag, bewußten Anteil an seiner Selbstentfaltung zu nehmen. Eine solche bewußte Anteilnahme wird durch Einsicht in die Gesetze der Zusammenarbeit von Körper und Gemüt als einer zusammengehörigen Ganzheit möglich, und durch das Wissen darum, wie man sich willentlich von dieser Körper-Gemütseinheit zu lösen vermag. Keine Philosophie oder Diskussion der Welt kann die wirkliche Erfahrung, die durch Übungen erreicht werden kann, ersetzen.

29. Wie durch Stillegung der Gemütstätigkeit, so kann reine Bewußtheit auch durch Konzentration auf das innere Licht erreicht werden

Wenn wir in der Meditation unsere Aufmerksamkeit nach innen (in das Zentrum der Stirn und Gehirnmitte) lenken und die Gedanken zur Ruhe kommen, sehen wir das weiße Licht aufleuchten. Zu Beginn mag es verschiedene Farben und Tönungen annehmen, aber nach und nach wird es weiß werden. Indem wir unsere gesammelte Aufmerksamkeit auf dies Licht richten, ziehen wir sie von den Sinneswahrnehmungen ab und befinden uns bald in tiefer Konzentration, einem Zustand intensiver Bewußtheit unter vollkommener Kontrolle, der nichts zu tun hat mit der üblichen Autosuggestion oder einem unterbewußten Trance-Zustand, in dem der Eigenwille verloren geht.

30. Dieser Zustand kann auch erreicht werden, wenn wir das uns im Schlaf zufallende Wissen zum Gegenstand unserer Kontemplation machen

Es heißt, durch Analyse des Schlafzustandes könne man zum Verständnis alles Lebens gelangen. Im Schlaf erfahren wir tatsächlich eine grundlegende Veränderung unseres Bewußtseins, und wenn wir diesen Vorgang begreifen, dann öffnen sich uns viele Türen. Auf verschiedene Weise lassen sich die Vorgänge während des Schlafes erforschen: wir können den Übergang vom Wachen zum Schlafen und wiederum vom Schlafen zum Wachen beobachten; wir können uns darin üben, im Traumzustand bewußt tätig zu sein. d. h. wir bleiben uns unseres Träumens bewußt und geben genau acht auf das, was vor sich geht (siehe Arbeitsanleitungen). Durch Schlaferlebnisse können wir auch Eingang in andere Dimensionen finden, und wir können sie zur Loslösung vom Körper benutzen. Weiter läßt sich durch Vergleich des Schlaftraumes mit dem Wachtraum (dem normalen Bewußtsein) die Unwirklichkeit dieser Welt erkennen. Und mit dieser Erkenntnis wächst uns die Fähigkeit zu, die Substanz dieser Welt nach unserem Willen zu gestalten. Denn unsere so stabil erscheinende Welt befindet sich genauso im Fluß, wie uns der Traum fließend erscheint, und wie es uns nicht schwer fallen dürfte anzunehmen, daß sich die Substanz der Traumwelt formen läßt, können wir auch diese Welt gestalten, sobald wir das Wesen der Materie durchschauen.

*31. In der ersten Zeit können wir über jeden Begriff meditieren, der
der Wirklichkeit nahe zu kommen scheint*

Viele Menschen vermögen das Absolute nicht ohne weiteres zu erfassen. Darum ist es ganz in der Ordnung, wenn wir mit etwas beginnen, das wir zu begreifen vermögen, zugleich aber im Auge behalten, daß kein Begriff an das Absolute selbst heranreichen kann, sondern nur als Kontaktpunkt dient. Zu Anfang sehen wir viele eine persönliche Gottheit oder einen Menschen, der die Wahrheit zu verwirklichen scheint, zum Gegenstand ihrer Kontemplation erwählen. Mit der Zeit wird die Meditation erlesener, bis jedes Bedürfnis nach Form und Persönlichkeit erlischt und die Meditation zu einer Beziehung von Geist zu Geist (Seele zu Wirklichkeit) wird. Um den verschiedenen Bewußtseinsstufen der Menschen gerecht zu werden, haben wir verschiedene Methoden, die uns der letzten Wirklichkeit näherbringen.

*32. Wer den Höhenweg der Meditation geht, dessen Gemüt wird von
allen Behinderungen befreit. Der Strom seiner Aufmerksamkeit
wird nach und nach von der Welt der Atome zum Unendlichen gelenkt*

Sobald die Aufmerksamkeit von der Welt der Erscheinungen zurückgezogen wird, öffnet sich unserem Blick die innere Welt. Die Atomschwingung, das innere Licht und die feineren Tätigkeiten der Lebenskräfte werden zum Gegenstand unserer Kontemplation. Doch ein Mensch mit starkem Willen weicht nicht von seinem Wege ab, sondern strebt weiter voran, bis er alle Schleier der Illusion durchschritten hat und es erreicht, in der Verwirklichung des Absoluten zu ruhen. Gerade wie in unserer Welt so geraten auch in der astralen und geistigen Welt manche in Sackgassen und verlieren zeitweilig den Weg. Zielstrebigkeit wird uns immer vor solchen Dingen bewahren. Wir brauchen niemals auch nur irgendetwas zu befürchten, denn sobald wir zielstrebig sind und uns unbedingtes Vertrauen erfüllt, das Ziel auch zu erreichen, stellt sich von selbst alles richtig.

33. Durch rechte Meditation gelangt die Seele zu kosmischem Gewahr-sein und ruht dann im Bewußtsein der Allgegenwart. Dies ist ein ganz natürlicher Vorgang

Gute Absichten allein genügen nicht, um zu kosmischem Bewußtsein zu gelangen. Sobald das Gemüt aber von allen irrigen Auffassungen ab-läßt und stattdessen eine mehr und mehr umgreifende Wachheit ent-wickelt, stellt sich kosmisches Bewußtsein von selber ein. Jede gelun-gene Meditation führt zum Erleben des Einsseins. Das Gemüt nimmt die Natur des in kontemplativer Versenkung Erschauten an, und wenn es in der Tiefe des Schweigens vollkommen leer und ruhig geworden ist, wird es zum Spiegel der Vollkommenheit. Wir sprechen dann von Erleuchtung. Ein bloßes Aufflackern der Erleuchtung genügt aber noch nicht. Wir müssen das Erleben immer wieder herbeiführen, damit alle Spuren von Unwissenheit und Eigenbewußtsein ausgelöscht werden. Dies erste Erleben wird in Sanskrit SabiKalpa Samadhi genannt — und bezeichnet jenen Grad der Verwirklichung des Absoluten, der noch von einem Hauch des Staunens und feiner Gemütstätigkeit über-schattet wird.

34. Diese erste Stufe erhöhten Bewußtseins entgleitet uns immer wie-der, aber wir haben nun den Beweis, daß unsere Entfaltung Fort-schritte macht

Wenn wir die absolute Wirklichkeit vielleicht auch nur für einen kur-zen Augenblick erleben durften, so wurde dadurch doch jeder Zweifel für immer beseitigt. Wir dürfen aber nicht dem Irrtum verfallen und meinen, wir hätten nun unser Ziel erreicht. Es ist ein größerer Durch-bruch; aber durch unsere Gemütstätigkeit auf den feineren Ebenen und unsere noch nicht abgelegte Gewohnheit, als eigenbewußte Persönlich-keit zu handeln, entgleitet uns der vollkommene Einblick immer wie-der, und wir neigen dazu, die uns aus dem Erleben zuwachsende neue Kraft zum Ausbau diesseitiger Fähigkeiten zu benutzen. Geschieht dies aus reinem Beweggrund, so ist es nur wünschenswert; sind aber unsere Motive nicht einwandfrei, so werden wir durch unser Verhalten nur unglücklicher und legen uns weitere Fesseln an. *Wir leiden dann nicht darum, weil der despotische Wille einer allgegenwärtigen Gottheit uns* dazu bestimmt hat, sondern weil unsere durch neue Energien gesteigerte Aktivität größere Leistungen hervorbringt, die großartig sein können, wenn unsere Tatkraft in die richtigen Bahnen geleitet wird, die aber Verheerendes anrichtet, wenn wir sie falsch verwenden (d. h. wenn wir sie um der Machtausübung willen brauchen oder aus anderen Motiven, die gegen das universale Gesetz verstoßen). Je klarer unser Wahrnehmungsvermögen, umso notwendiger bedürfen wir der Führung. Dies heißt nicht, daß wir uns in dieser oder einer anderen Welt von irgendjemand abhängig machen müßten, vielmehr nehmen wir Führung an, wenn wir lernen, unser Bewußtsein zu öffnen, um den universalen Lebensstrom mit einem Minimum an Widerstand hindurchfließen zu lassen, so daß uns dieser Strom geradezu mitreißt, unsere Bestimmung zu erfüllen.

35. Mit dem Verschwinden der letzten Spuren von Gemütstätigkeit kommen wir zu vollkommenem kosmischen Bewußtsein

Je mehr wir üben, umso besser wird es uns gelingen, uns nicht mehr mit den feineren Gemütstätigkeiten zu identifizieren, wir werden unsere Wunschmodelle überwinden und unseren Körper nicht mehr als Orientierungspunkt benötigen. Schließlich verweilen wir in reiner Bewußtheit. Sobald die Gemütstätigkeit zur Ruhe gekommen ist, lösen wir uns auch von unserer Vergangenheit. Und wie es den Begriff der Vergangenheit nicht mehr für uns gibt, so haben wir auch keinen Gedanken mehr an die Zukunft. Stattdessen weitet sich unsere Bewußtheit aus und umschließt Vergangenes und Zukünftiges. Wir haben die Verwirklichung des Einsseins erreicht. Die Vergangenheit, die Zukunft, das Gefühl des Getrenntseins, Dualität — alles ist in das immer-gegenwärtige Sein eingegangen. Dies ist ganz gewiß kein Zustand der Leere, sondern ein Erleben grenzenloser Erfüllung. Das Gefühl des Befangenseins in uns selbst ist vollkommen vergangen.

36. Mit dem kosmischen Bewußtsein kommen wir mühelos zur Erkenntnis aller Ebenen und aller Dinge

Haben wir alles in unsere Bewußtheit eingeschlossen, so bleibt uns nichts mehr unbekannt. Zwar kann es sein, daß uns nicht alles Wissen ständig gegenwärtig ist, aber wohin wir auch unsere Aufmerksamkeit lenken, da vermögen wir zu wissen. Dabei handelt es sich nicht um eine Fähigkeit des Denkens, sondern des Wissens. Suchen wir Antwort auf eine Frage oder die Lösung eines Problems, so brauchen wir nur die uns bekannten Fakten vor das Auge unseres Gemütes zu bringen, uns entspannen — und nun beobachten, ohne zu denken. Und während wir dies tun, wird sich uns die Wahrheit selbst enthüllen. Dies ist ein rein schöpferischer Vorgang, der sich unabhängig von unseren Erinnerungen an vergangene Erfahrungen vollzieht. Mit dem kosmischen Bewußtsein erreichen wir Allwissenheit, nichts bleibt unserem Bewußtsein verborgen. Ein intensives Gefühl von Seligkeit und Lebensfreude begleitet dies Erleben.

37. Reine Meditation führt schließlich zur Verwirklichung des Absoluten bzw. des nicht-offenbaren Bewußtseins

Solange wir Licht sehen, Töne hören und irgendetwas von unserer eigenen Natur Getrenntes wahrnehmen, haben wir noch nicht die vollkommene Verwirklichung erreicht. Ruhen wir einmal im Sein, dann sind wir über alle Gefühle und selbst über Begeisterung und Freude hinausgewachsen. Darum muß ein Festklammern an die in der Meditation erreichten Stufen eine vollkommene Verwirklichung verhindern, — und daher der Rat, auf alles durch Meditation Erreichte zu verzichten. Wollen wir zu höherem Bewußtsein gelangen, so müssen wir die Gewichte abwerfen, die uns zurückhalten möchten, — und unsere Auffassungen und Meinungen, unsere Neigungen, Abneigungen und persönlichen Wünsche sind solche Gewichte.

38. Selbst die Bemühung, uns zu konzentrieren, zeugt von unserer Neigung zu Täuschungen

Wenn auch mit Erreichen des vollkommenen Bewußtseinszustandes die Meditationsübungen tatsächlich wegfallen, so dürfen wir daraus doch nicht schließen, daß Meditation überhaupt unnötig sei. Nur eine Vollendung unseres Werkes gibt uns das Recht, unser Handwerkszeug aus der Hand zu legen. Tun wir es nach halb getaner Arbeit, erliegen wir leicht einer Selbsttäuschung. In der Regel werden die in diesem Buche gegebenen Übungen zur Klärung des Gemütes und zu hohen Graden der Verwirklichung führen. Erst wenn wir diese erreicht haben, können wir mit den Übungen aufhören, denn nun ruhen wir in dem gewonnenen Bewußtseinszustand. Es sind nicht die Übungen selbst, die den Zustand erzeugen und die Entfaltung bewirken; sie können lediglich zur Entwirrung des Gemütes beitragen. Wir sind schon vollkommen, und dies erkennen wir, wenn wir begreifen wer wir sind — und zum rechten Verständnis kommen. Wir müssen nur unsere Meinung, ein körperhaft begrenztes Dasein zu führen, ablegen und erkennen, daß wir Bewußtsein und frei sind. Wer in der Verwirklichung des nicht-offenbaren Bewußtseins verweilt weiß, daß es kein Hinüberwechseln von einer in andere Bewußtseinsebenen gibt. Er lebt — und bewegt sich frei durch Raum und Zeit. Er erleidet weder Tod noch Verlust an Bewußtsein, selbst wenn er die Dimensionen wechselt und von Körper zu Körper wandert. Schon mit den ersten Stadien von Samadhi bzw. kosmischer Wahrnehmung beginnt eine Auslöschung anderer Wünsche und Bestrebungen, und die höheren oder reineren Grade führen zu einer vollkommenen Wiedergeburt und Verfeinerung von Körper und Gemüt auf allen Ebenen.

ANWENDUNG DER KONZENTRATION

1. Selbstdisziplin, Forschen und zunehmendes Vertrauen in das Un-ermeßlich-Unsichtbare führen zu bewußter Einswerdung mit dem Absoluten

Da Gemütstätigkeit ihrem Wesen nach der Verwirklichung der Wahrheit hinderlich ist, sollten wir Selbstdisziplin üben, um dem Strom unserer Aufmerksamkeit die rechte Richtung zu geben. Mit Selbstdisziplin ist nicht Selbstbestrafung gemeint, sondern lediglich eine bewußte Beherrschung unserer ruhelosen Wünsche und Gefühlsnatur, um einige Ordnung in unser Gemüt zu bringen.

Dann sollten wir uns der Erforschung der Prinzipien des Lebens widmen, ohne uns in Theorien zu verlieren oder auf unfruchtbare Auseinandersetzungen einzulassen. Solche Dinge lenken uns von unserem wirklichen Ziel nur ab. Gewiß ist gegen ein gesundes, den Intellekt schärfendes Forschen nichts einzuwenden; aber wenn wir zu viel Gewicht auf die oft oberflächlichen Meinungen vieler Menschen legen, so wird dadurch nur unsere Entfaltung zu mehr Bewußtwerdung verzögert. Erfüllt uns ein echtes Verlangen nach Bewußtseinsentfaltung, so finden wir Bücher, Lehrer, Lehren und Gelegenheiten, die unserem Bedürfnis entgegenkommen und uns weiterhelfen. Wenn es uns wirklich ernst ist mit unserem Wunsch, die Lebensvorgänge besser zu begreifen und mehr Vertrauen in das Unermeßlich-Unsichtbare zu gewinnen, kommen wir eigentlich immer auch mit einem zuverlässigen geistigen Lehrer in Verbindung, der in den östlichen Lehren Guru oder Erwecker genannt wird. Zwar vermittelt dieser auch Wissen, doch betrachtet er es als seine Hauptaufgabe, uns zur Verwirklichung unserer eigenen wahren Natur zu erwecken und uns zu ermuntern, unser Bemühen fortzusetzen. Ohne eine solche Erweckung können wir evtl.

jahrelang studieren und unser Wissen vervollkommnen, ohne daß wirkliche innere Aktivität in uns aufbricht, wie dies durch Einweihung und Erweckung geschieht. Es geht dabei um mehr als um eine bloße Gemütsumstimmung oder eine neue Denkungsart; durch Einweihung kommen wir zu einer vollkommenen Umwandlung unseres Bewußtseins.

Wenn der geistige Lehrer im allgemeinen auch ein Mensch sein wird, so vollbringt er doch sein Werk immer als reines Instrument der unpersönlichen Wirksamkeit des Geistes. Ein wirklicher Lehrer ist wie ein offenes Tor, durch das sich der Strom des Geistes in das Leben derer ergießt, die das Licht suchen. Niemals wird er versuchen, seine Schüler zu beherrschen oder für eigene Zwecke zu brauchen; sein einziges Bemühen gilt ihrer Entfaltung. Wir haben nur einen geistigen Lehrer, aber viele andere, die uns behilflich sind, Wissen für ein vernünftiges Leben in der Gesellschaft zu erwerben.*)

Wenn wir dazu neigen, uns mit uns ähnlich gearteten Menschen zusammenzuschließen, so liegt dies in der Natur des Bewußtseins und in der Beschaffenheit des Bewußtseins, das in verschiedenen Individuen in Erscheinung tritt. Daher kommt es, daß wir uns zuweilen zu einer bestimmten Lehre oder einer Linie von Lehrern hingezogen fühlen, während wir zu anderen, auf die wir nicht eingestimmt sind, keinerlei Neigung verspüren, obgleich wir vielleicht die Großartigkeit der Lehre oder das hohe Bewußtseinsniveau absolut anerkennen. Wir haben eben eine andere Wellenlänge. Darum sollten wir auch von niemandem erwarten, daß er die gleichen Interessen haben und genau unseren Standpunkt einnehmen müßte wie wir.

Sehr oft vergöttern Schüler ihren geistigen Lehrer und fühlen sich selbst unendlich gering im Vergleich zu ihm. Sie meinen es zwar gut, doch bedeutet diese Verehrung der Erscheinungsform ein Hindernis für die Entfaltung des Bewußtseins. Wir sollten im Lehrer das geistige Licht erkennen, das uns durch ihn zuströmt, aber es nicht personifizieren. In keiner Weise möchte ich die Schüler wegen ihrer zutage tretenden Abhängigkeit tadeln, weiß ich doch, daß ein wirklicher geistiger

---

*) Mein Lehrmeister ist Paramhansa Yogananda, und durch ihn bin ich in lebendig-kraftvollem Kontakt mit Swami Yukteswar, Lahiri Mahasaya und dem Meister Babaji. Solange ich auf dieser oder einer anderen Ebene im Körper verweile und im Einklang bleibe mit der Linie dieser Meister, geht ein deutlicher Machtstrom von ihnen aus und durch mich hindurch in mein Werk und meine Lehren.

Lehrer alles tun wird, das Gemüt des Schülers von Unwissenheit und Aberglauben zu befreien. Tut er dies nicht, so — fürchte ich — hat er selbst in seinem eigenen Bewußtsein noch einiges richtigzustellen.

2. Schließlich führen uns unsere Konzentrationsübungen zum Erleben vollkommenen Überbewußtseins, das alle leidbringenden Hindernisse immer mehr abbaut

Wir dürfen unsere Übungen nicht als Selbstzweck ansehen; sie sollen uns lediglich zum Erleben des Überbewußtseins verhelfen. Haben wir genügend oft den überbewußten Zustand erfahren, so werden schließlich die krankhaften Vorstellungen und psychologischen Hemmungen in unserem Unterbewußtsein ausgelöscht. Es sind die krankhaften Vorstellungen, die uns Leiden verursachen, nachdem sie das Unterbewußtsein beeindrucken und in ihm Wurzel fassen konnten.

Diese Eindrücke auf der feineren Ebene treten schließlich auf der materiellen Ebene in Erscheinung, darum wäre es das Gegebene und es wäre auch leichter, ihr Inerscheinungtreten zu verhindern, solange sie sich noch auf der feineren Ebene befinden. Einer der Gründe für das Schwinden der Eindrücke durch Meditation liegt darin, daß während der Meditation die Energien aus dem Körper in die oberen Nervenfasern steigen und die Eindrücke durch die dortige Belebung der Lebenskraft ausgelöscht werden.

3. Als leidbringende Hindernisse erweisen sich auch Unwissenheit, Egoismus, Verhaftetsein, Abneigung und Festklammern an die Lebensform

Mit diesen fünf Arten innerer Haltung, die einer irrigen Lebensauffassung entspringen, bleiben wir auf die Schattenwelt eingestellt, und so kommt es, daß die Verwirrung nicht von uns weichen will. Am schnellsten können wir eine solche unglückliche Verfassung durch die Einsicht überwinden, daß es in Wirklichkeit für derartige Haltungen keinerlei Gründe gibt, und daß diese tatsächlich nur in unserer falschen Auffassung existieren. Auffassungen aber lassen sich ändern. Es erfordert ein wenig Nachdenken, aber es ist möglich. Nacheinander werden wir uns mit jeder einzelnen der verschiedenen Haltungen beschäftigen.

Unwissenheit

Wenn wir etwas nicht zu verstehen und zu begreifen vermögen, sprechen wir von Unwissenheit. Es handelt sich dabei um etwas ganz anderes als um die Intelligenz oder die soziale Stellung des Menschen. Fehlt einem Menschen das Verstehen in einem bestimmten Wissensbereich, dann ist er in Bezug auf diesen unwissend, kann aber auf anderen Gebieten evtl. über hervorragende Kenntnisse verfügen. Genialität auf einem bestimmten Gebiet gibt noch keinem Menschen das Recht, von Selbstverwirklichung zu sprechen. Es mag sein, daß ihm das Licht der Wahrheit in einer oder mehrfacher Hinsicht aufgegangen ist, doch gleicht dies einem Scheinwerferlicht in der Dunkelheit, das sie hie und da durchbricht, aber eben nur einen Teil der totalen Finsternis erhellt. Weiß ein Mensch nicht um seine wirkliche Natur, so verharrt er in dem Glauben, seine Sinne würden ihm alles sagen, was es zu wissen gibt, und er hält sich für einen Körper von Fleisch und Blut, der in der Gegenwart des Zeitenlaufes im Raume irgendwo lebt. Eine solche Auffassung kann unserer Entfaltung natürlich nur hinderlich sein.

Egoismus

Egoismus ist das Gefühl des Getrenntseins von der Quelle des Lebens. Egoismus läßt den Menschen Einsamkeit und Ohnmacht empfinden, wenn er die Unermeßlichkeit des Universums betrachtet und daneben seine eigene Nichtigkeit. Ein Mensch kann einen äußerst bescheidenen Eindruck machen, er legt vielleicht auf Anerkennung überhaupt keinen Wert und besteht nicht einmal auf seinem Recht, und er ist dabei doch egoistisch, solange er den Gedanken an ein ihn von allen übrigen Lebensformen trennendes Sondersein nicht aufgegeben hat. *Wirkliche Demut liegt in der Anerkenntnis des einen Lebens, das in allen Dingen, durch und als alle Dinge in Erscheinung tritt.* Wenn wir uns beugen und dienern vor einer eingebildeten Gottheit oder einer hochstehenden Persönlichkeit, so zeugt das nicht von Demut, sondern von Verblendung.

Verhaftetsein

Unser Hängen an Dingen ist ein Zeichen dafür, daß wir die Wahrheit des einen Lebens, das sich in unendlicher Vielfalt offenbart, noch nicht richtig begriffen haben. Sobald wir das eine Leben in allem erkennen und uns ständig bewußt bleiben, daß uns alles zuteil wird, dessen wir bedürfen, gibt es keinen Grund mehr für uns, übermäßig an irgendeinem Menschen oder Gegenstand zu hängen. Natürlich haben wir alle unsere menschlichen Beziehungen und unsere gefühlsmäßigen Bindungen. Aber während wir uns dessen bewußt sind, können wir zugleich auch die unpersönliche Natur des Lebens im Auge behalten. Nichtverhaftung bedeutet nicht Achtlosigkeit gegenüber den Dingen dieser Welt, sondern meint nur *ein Begreifen dessen, daß es Bewußtsein ist, das zu den Dingen der Welt wurde.* Ein Mensch dieser Bewußtseinsstufe muß sich keineswegs von der Welt zurückziehen, höchstens für Zeitspannen der Meditation und Kraftschöpfung. Wer der Welt entfliehen möchte, beweist damit nur seinen Glauben an die Macht der Dinge, und seine Meinung, daß sie eine eigene Wirklichkeit neben der Quelle verkörpern.

Abneigung

Die Haltung der Abneigung äußert sich in übertriebenem Widerstreben und Widerwillen gegenüber allen Dingen dieser oder einer anderen Welt. Ein solcher Widerstand gegen alles und jedes, wie es auch sei, ist bezeichnend für einen Menschen, der das Universum in lauter Einzelteile auseinandergefallen sieht. Wenn es auch Dinge geben mag, denen wir in unserem Leben nicht gerne begegnen, und wenn wir auch Bewußtseinsstufen und menschliche Verhaltensweisen beobachten, die wir evtl. nicht schätzen oder sogar ablehnen, so sollten wir uns doch immer dessen bewußt bleiben, daß alles Geschaffene hervortretendes Bewußtsein ist, und jedes seinen ihm eigenen Platz in der Ordnung der Dinge einnimmt. Uns vom Gefühl der Abneigung zu befreien, gehört zu den wichtigsten Voraussetzungen für die Verwirklichung kosmischen Bewußtseins.

Festklammern an die Lebensform

Zugegeben, wir brauchen unsere Lebensform — unseren Körper — als Kontaktmöglichkeit mit dieser Ebene. Wir können uns der Tatsache nicht verschließen, daß Menschen durch ihre Körper auf dieser Ebene wirksam werden. Doch sollten wir uns nicht so fest an die Form klammern, daß wir meinen, das Ewige könne allein durch Körper zum Ausdruck kommen, noch sollten wir beim Dahinschwinden der Form, wenn die Aufgabe der Seele erfüllt ist, einen Verlust empfinden.

Wir müssen von der Auffassung loskommen, der Geist sei an die Form gebunden und erkennen, daß er frei ist und nach Belieben mit oder ohne Form wirksam werden kann. Klammern wir uns an unseren Körper, wenn er offensichtlich seinen Dienst beendet hat, so kommt es zu dem armseligen Schauspiel, daß wir in vergeblichem Bemühen darum besorgt sind, ihn zu erhalten. Hängen wir an der Gestalt eines anderen Menschen, erfahren wir Kummer beim Dahinschwinden seiner Erscheinungsform, und manche suchen monate- und jahrelang vergeblich durch Medien oder in der Stille eigener Meditation nach dem Verlorenen.

Wir alle begegnen natürlich Menschen, mit denen wir Gefühle und Interessen teilen. Wenn diese oder jene Seele die Dimensionen wechselt, so muß dies nicht bedeuten, daß sich damit auch das Bewußtsein von dieser Dimension ablöst. Aus den in diesem Buch enthaltenen Arbeitsanleitungen können wir ersehen, wie wir uns auf die Seele auf einer anderen Ebene einzustellen und sie mit unserem inneren Auge zu erblicken vermögen.*)

10. Die feineren Eindrücke müssen auf ihre Ursachen zurückgeführt und aufgelöst werden

Da die oben erwähnten Haltungen des Menschen dem Gemütsbereich entstammen und durch feinere Eindrücke hervorgerufen werden, lassen sie sich am leichtesten dadurch überwinden, daß wir sie auf ihre Ursachen zurückführen und diese beseitigen. Eigenschaften von außen her bekämpfen zu wollen, wäre ein langer Umweg. Manche Menschen wenden Jahre daran, ihr Gemüt und ihren Charakter zu erforschen, um Frieden zu finden. Andere bemühen sich mit viel Zeit- und Kraftaufwand, ihren Charakter umzuformen, ohne zu wissen, daß wir Gemüt und Charakter am schnellsten und sichersten begreifen und verwandeln, indem wir unser Augenmerk auf die Bewußtseinsschicht der feineren Eindrücke richten, und hier mit unserer Arbeit ansetzen, denn hier liegt die Ursache für die Gemüts- und Charaktereigenart. In tiefer Meditation erreichen wir tatsächlich jene Bewußtseinsschicht und neh-

---

*) Obige Erläuterungen erklären den Inhalt der Aphorismen 3–9.

men die feinen geistigen Eindrücke wahr, die Ursache unseres zutage tretenden Charakters und Verhaltens sind.

11. In tiefer, schweigender Meditation werden die gröberen Auswirkungen der zarten Eindrücke erkannt und in ihrer Wurzel vernichtet

Das Ziel der Meditation und mystischen Erfahrung ist das Erreichen bewußten Gewahrseins letzter Wirklichkeit. Im Laufe dieser Entfaltung ergeben sich vielerlei bedeutsame Nebenwirkungen, deren eine darin besteht, daß die feinen Eindrücke, jene Ursache von Vorstellungen und Auffassungen, die uns in Unwissenheit und Leid erhalten, ausgelöscht werden.

Solche Nebenwirkungen finden wir auf allen Ebenen. Z.B. führt das Erleben von Erleuchtung gleichzeitig zum Erkennen unserer Begrenzungen und zur Befreiung von ihnen. Die Erneuerung unseres Gemütes — hervorgerufen durch das Erleben der Erleuchtung — verwandelt unseren Charakter und unser Verhalten von Grund aus. Diese Umwandlung wird durch das Einströmen von Licht und Kraft in unseren Körper, unser Gemüt und schließlich in alle unsere Angelegenheiten bewirkt. Dann ist da die Erfahrung einer machtvollen Belebung der schlafenden Lebenskraft, die erwacht und auf allen Ebenen durch den Körper gelenkt wird. Die Wirkung ist läuternd; denn viele feine Eindrücke werden dadurch hinweggewischt, und bisher schlafende Partien des Körpers erfahren eine kraftvolle Belebung. Eine natürliche Tendenz läßt das reine Bewußtsein und das grobe, offenbare (Körper-) Bewußtsein einander auf der höchstmöglichen Ebene begegnen. *Auf diese Weise erfahren Körper und Gemütskraft eine außerordentliche Verfeinerung.* Das Verlangen der Seele nach Ausdruck drängt vorwärts und eröffnet im Körper, dem oberen Rückgrat und in den Gehirnzentren neue Bereiche des Bewußtseins, — und geschieht dies während einer längeren Zeit, so entsteht ein höherer Typ von Organismus, durch den die Seele ungehindert oder doch fast ohne Behinderung zum Ausdruck gelangen kann.

12. Der Wunschkörper beherbergt sämtliche Reaktionsbilder, die jetzt oder sonst irgendwann und irgendwo in Erscheinung treten

Wir können gewiß sein, daß die Reaktionsbilder — so lange sie existieren — entweder jetzt oder in der Zukunft eines Tages in Erscheinung treten. Alle Wünsche müssen entweder erfüllt oder ausgelöscht werden, oder sie werden durch Meditationsübungen beseitigt. Sie können auch Veränderungen erfahren durch kluges Bemühen im Schweigen. Wollen wir frei werden, so müssen Wünsche und seelische Hemmungen, die uns in dieser Welt hin- und herzerren, verschwinden.

13.—14. Die auf der feineren Ebene existierenden Bilder führen zu vergnüglichen und leidvollen Erfahrungen — und zu Inkarnationen in Körpern verschiedener Typen

Die nach Ausgleich strebenden Wunsch- und Reaktionsbilder bringen dem Menschen lust- und leidvolle Erfahrungen, je nachdem ob sie in den Rahmen bewußten Lebens hineinpassen oder nicht. Auch bestimmen sie den Typ des Körpers, den die Seele in Zukunft bewohnen wird, indem entweder der jetzige oder der bei einer weiteren Inkarnation neu gebildete Körper eine Veränderung erfährt. Die jetzt gemachten Erfahrungen hängen eng mit den existierenden feinen Bildern zusammen, und der Körper, in dem wir jetzt leben, ist ihr genaues Abbild. Es gibt drei Arten von Reaktionsbildern:

Latente Bilder
Dies sind die als seelische Eindrücke empfangenen tief in uns eingegrabenen Bilder, die wir entweder unbewußt in uns aufgenommen oder absichtlich vergessen haben. Sie ruhen untätig in uns und erwarten irgendeine passende Situation, die sie aufstöbert und in Erscheinung treten läßt.

Aktive Bilder
Es sind jene Bilder, die jetzt in uns zur Auswirkung kommen.

NEUE REAKTIONSBILDER

Das sind Bilder, die wir jetzt durch gegenwärtige Reaktionen gegenüber dem Leben und neu erworbene Wünsche in unseren Wunschkörper einpflanzen. Um diese Bilder in rechter Weise zu handhaben, müssen wir uns ihrer als der Ursache unseres Handelns und Fühlens bewußt werden. Dann können wir sie entweder verändern oder sich auswirken lassen, wie es uns richtig erscheint. Durch Meditation können wir uns auch der latenten Wunschbilder intuitiv bewußt werden und auch diese entweder abändern oder sie auslöschen, wie das Gefühl es uns sagt. *Wollen wir das Entstehen neuer Bilder, die unsere Zukunft gestalten würden, verhüten, müssen wir uns zur Bewußtseinsstufe erheben, auf der wir frei und in Übereinstimmung mit den Gesetzen des Lebens handeln.* Tun wir dies, so kann uns nichts mehr treffen, denn Reaktionsbilder nehmen wir nicht an und triebhafte Wünsche beunruhigen uns nicht mehr. Haben wir es so weit gebracht, werden wir niemals mehr in unerwünschte Erfahrungen hineingezogen werden.

15. Einem Menschen auf der Stufe der Erleuchtung erscheint jede Art körpergebundener Erfahrung schmerzlich im Vergleich zum Befreitsein während der Erleuchtung; denn Identifikation mit den verschiedenen Arten des Bewußtseins führt zu Konsequenzen, Furcht und unterbewußten Eindrücken

Während die Seele — vom nicht eingekörperten Zustand aus gesehen — es vermag, im rechten Bewußtseinszustand einen Körper zu dirigieren und sich aller Vorgänge bewußt zu sein, bleibt doch jegliche Art von Verknüpfung mit einem Körper, sei es auf der kausalen, der astralen oder der physischen Ebene, ein schmerzliches Erleben, weil das Bewußtsein doch immer — wenn auch in geringem Maße — eine Trübung erfährt. Ein erleuchteter Mensch muß sich immer mit geringfügigen Täuschungen abfinden, um einen Körper bewohnen zu können.

Zum Beispiel kommt es durch eine Identifikation mit dem Körper und der Welt, in der er lebt, zu einer Einstimmung auf die Gesetze dieser Ebene und damit zu einem Hineingezogenwerden in bestimmte Umstände. Auch führt der Gedanke an Mißlingen oder Erfüllung zu einer gewissen Besorgnis. Es kommt also zu einer leichten Indentifikation mit den Freude oder Leid bringenden Beweggründen und damit zu einer Tendenz, glückbringende Erfahrungen herbeizusehnen und Leid und Enttäuschungen aus dem Wege zu gehen. Und schließlich entsteht durch Einstimmung auf andere Lebensformen die Neigung, eine Flut von Eindrücken aufzunehmen und ins Unterbewußtsein einzulassen, wodurch die Verwirrung noch größer wird.

16. Das aus dem Aufkommen negativer Bilder entstehende Leid kann vermieden werden

Dies ist eine der am meisten zitierten Aussagen im Zusammenhang mit unserer Lehre mystischer Einswerdung. Löschen wir jene leidverursachenden Bilder aus, ehe sie zur Auswirkung kommen können, so verhüten wir damit kummervolle Erfahrungen. Für furchtsame Gemüter, die meinen, sie hätten für vergangenes eingebildetes oder wirkliches Unrecht zu leiden, mag eine solche Auffassung nicht geeignet sein. Sie ist nur für jene starken Seelen, die sich danach sehnen, das Schlachtfeld der Verwirrungen zu verlassen und in Licht und Macht emporzusteigen. *Die Wahrheit, daß der Mensch nicht für vergangene Fehler leiden muß, ist eines der willkommensten, wenn auch unbegreiflichsten Prinzipien des Lebens.*

Viele der im Unterbewußtsein ruhenden negativen Bilder, die eines Tages zum Vorschein kommen, wenn sie nicht neutralisiert werden, haben nicht in persönlichen Fehlern ihre Ursachen, sondern entstehen lediglich durch Eindrücke, die ins Unterbewußtsein hinabsinken. Diese können während eines emotionalen Auftrittes durch andere in uns hervorgerufen worden sein, oder wir haben die Eindrücke unbewußt in uns aufgenommen. Sie können aber auch von Auffassungen herrühren, die einer bestimmten Klasse oder Rasse eigen sind, oder die in menschlichen Sitten begründet liegen und gedankenlos hingenommen werden.

17. Was uns Leid verursacht, ist die Illusion, in die der Mensch verfällt, wenn die Seele sich mit der Reaktionsebene des Gemütes identifiziert

Dies ist das grundlegende Prinzip, das den Menschen, der es begreift, aus aller Abhängigkeit erlöst. Die Seele meint irrtümlicherweise Körper zu sein, und unterliegt damit während dieses besonderen Abschnittes ihrer Verkörperung in Raum und Zeit, — genau wie der Körper, das Gemüt und die Reaktionsbilder — den Gesetzen des Körpers.

18. *Das Objekt der Wahrnehmung (der Körper) ist aus Lebenselementen und Organen zusammengesetzt, jenen Abwandlungen (Eigenschaften) des Bewußtseins, die Lebenserfahrungen ermöglichen. Das Begreifen der Körpernatur und der Abwandlungen (Eigenschaften) des Bewußtseins macht es der Seele möglich, zu Befreiung zu gelangen*

Hier wird uns in kurzer, prägnanter Formulierung die Natur der erschaffenen Welt, der Grund ihres Seins und die Möglichkeit, sie zu begreifen, dargestellt. Der Körper ist aus der universalen Substanz geschaffen und nach bestimmten Bildern geformt. Damit das Bewußtsein zur Offenbarung gelangen und Antrieb erfahren kann, muß es zu Abwandlungen (Annahme von Eigenschaften) des Bewußtseins kommen. Wir erkennen drei dieser Eigenschaften: die höherführende Eigenschaft, die aktivierende (antreibende) Eigenschaft und die Eigenschaft der Beharrung bzw. Trägheit. Diese drei Eigenschaften können wir in allen Geschöpfen der Natur beobachten. Durch sie wird es dem Bewußtsein möglich, auf sich selbst einzuwirken. Und dies ist es, das den Anschein einer Teilung des Bewußtseins erweckt.

19. *Die drei Eigenschaften (Abwandlungen) des Bewußtseins erscheinen in vier Schichtungen bzw. auf vier Ebenen: auf der Ebene der handgreiflichen Offenbarung, auf der Ebene der nicht-handgreiflichen Offenbarung, auf der Ebene, deren Existenz durch Auswirkungen (und Rückschlüsse) erkennbar wird, und auf der Ebene des Unsichtbaren*

Hier sehen wir ein wenig tiefer hinein in den Vorgang der Offenbarung der Formen, wie sie dem Auge sichtbar werden. Um uns herum erblicken wir die materielle Form, und wir wissen, daß es Bewußtsein ist, das Gestalt annimmt. Dann kommt die dem gewöhnlichen Auge nicht sichtbare, nicht-handgreifliche Offenbarung, die die Sinne, die feineren Energien und die Lebenskräfte umfaßt. Da wir uns der sich offenbarenden Form und der Existenz der Lebenskräfte bewußt zu werden vermögen, schließen wir auf die Existenz einer zugrundeliegenden materiellen Substanz bzw. auf atomare Materie und deren erforderliche Unterteilungen. Und da der gesunde Menschenverstand (verbunden mit intuitiver Einsicht) uns sagt, daß dies alles unmöglich aus sich selbst hervorgegangen sein kann, nehmen wir die Existenz reinen Bewußtseins an, von dem alles ausging und mit dem alles ständig verbunden ist. Dies Unsichtbare ist wirklicher als irgendeine seiner Abwandlungen (Schichtungen), und doch wissen die meisten Menschen unserer Zeit kaum etwas davon.

20. *Die Seele — oder das, was wahrnimmt — ist reines Wissen; aber sie beobachtet die Ideen durch das Medium des Gemütes, das von Eindrücken beeinflußt ist*

In letzter Wirklichkeit ist die Seele das Wissen selbst; denn sie ist eines mit dem reinen Bewußtsein. Aber da sie wahrnehmen möchte, muß sie sich eine von sich selbst ein wenig abgeschiedene Existenz suchen, um dann diese abgeschiedene Existenz durch die Brille des Gemütes zu betrachten. Das Gemüt, eine Individuation des universalen Gemütes, neigt dazu, äußere Eindrücke aufzunehmen und sich von ihnen beeinflussen zu lassen. Wenn die Seele sich darum des Gemütes zur Wahrnehmung bedient, so sind die Wahrnehmungen niemals korrekt, sondern entsprechend den Veränderungen des Gemütes abgewandelt. Betrachten wir die Welt durch eine gefärbte Brille, so wird uns alles in der entsprechenden Farbtönung erscheinen.

21.—22. *Alles, was existiert, ist um der Seele willen da, die es wahrnimmt, — und wenn sie zur Selbstverwirklichung gelangt, hat die objektive Welt für sie aufgehört zu sein*

Solange die Seele die Welt um sich herum wahrnimmt, ist diese ihr Tätigkeitsfeld, und es ist ihre Aufgabe, darin zu wirken und Erfahrungen zu sammeln. Wenn der Mensch durch Befolgen der in diesem Buch dargelegten Prinzipien die Gemütstätigkeit ausschaltet, hört er auf, sich mit der gegenständlichen Schöpfung zu beschäftigen. *Die Stillegung der Gemütstätigkeit und das Auslöschen bewußten Gewahrseins sind zwei verschiedene Dinge.* Üben wir uns im ersteren, so erreichen wir damit zunehmende Bewußtheit und ein Hinauskommen über das Erschaffene, während das Auslöschen der Bewußtheit gerade das Entgegengesetzte bewirkt und in größere Dunkelheit und Abhängigkeit führt. Es ist ein Unterschied, *ob wir zu allem werden — oder zum Nichts.* In diesem Kapitel finden wir eine genaue Beschreibung der Methoden, das bewußte Gewahrwerden zu erweitern, und der letzte Teil des Buches gibt uns die Arbeitsanleitungen für die Ausübung der Meditation, damit wir richtig arbeiten können.

23.—24. Unwissenheit veranlaßt die Seele, sich mit dem Gemüt und mit dem, was durch das Gemüt wahrgenommen wird, zu identifizieren

Darüber wurde in den vorhergehenden Abschnitten bereits gesprochen, und es braucht darum jetzt nicht weiter erörtert zu werden.

25.—26. Sobald die Unwissenheit überwunden wird, hört die falsche Identifikation auf, und damit vollzieht sich von selbst die Befreiung der Seele

Unwissenheit wird überwunden, indem wir sie auf die Ebene der verursachenden Ideen zurückführen und dann ihre Nichtigkeit erkennen.

27. Der Entfaltungsvorgang wird in sieben Stufen eingeteilt

Der mit seinem Körper und der materiellen Welt vollständig indentifizierte Mensch beginnt zu erwachen und fährt in diesem Zu-sich-Kommen durch sieben Stufen hindurch fort, wenn sich auch innerhalb jeder Stufe wiederum graduelle Fortschritte unterscheiden lassen. Zwei oder mehrere Menschen einer bestimmten Stufe miteinander vergleichen zu wollen, hat keinerlei Wert; denn wenn auch ihre Erfahrungen ähnliche sind, so unterscheiden sie sich doch in der Art. Der sich entfaltende Mensch erreicht nacheinander folgende Stufen:

a) Materielles Bewußtsein — oder Bewußtsein dieser Welt. Dies Gewahrsein führt uns zum Glauben an die Wirklichkeit der materiellen Dinge und zur Unterordnung unter die Gesetze des Handelns und Reagierens. Auf dieser Stufe neigt der Mensch auch zur bedenkenlosen Annahme allgemein verbreiteter Auffassungen.

b) Diese Bewußtseinsstufe wird erreicht, wenn der Mensch auf einer feineren Ebene zu erwachen beginnt, der Ebene feinerer Elektrizitäten innerhalb der Materie. Hier fängt er an, sich in der Beherrschung der Lebenskräfte zu üben und lernt, bewußt ihren Strom in den Körper zu lenken. Auch wird er der Wirksamkeit der Lebenskräfte um sich herum gewahr. Im allgemeinen kommt er auf dieser Ebene mit einem geistigen Lehrer in Kontakt, der ihm hilft, die Wahrnehmungsorgane des Fühlens zu erwecken und ihn dadurch zur nächsten Stufe weiterleitet.

c) Da inzwischen die Unwissenheit überwunden wurde, enthüllt sich nun die innere Welt. Es ist die Astralebene, und wer hier wachsam ist, der wird hellsichtig und sieht — je nach Wunsch und Feingefühl — hinein in die Astralwelten. Er sieht die Auren um die physischen Körper. Er wird sich seines eigenen Astral- bzw. Lichtkörpers bewußt und vermag ihn im Dritten Auge, in dem er sich widerspiegelt, zu erblicken. Ein Mensch dieser Bewußtseinsstufe wird ohne Mühe in die astrale Welt eingehen, wenn die Zeit da ist, daß er den Körper verläßt.

d) *Die nächste ist die mittlere Stufe, von der aus sich die Schöpfung niedersenkt und der Offenbarung entgegengeht.* An diesem Punkt beginnen sich die Ideen des universalen Gemütes in der Welt — beginnend auf der Ebene der Energien — zu spiegeln. Diese Stufe, die auch das Tor zum Königreich des Geistes genannt wird, muß jeder Mensch auf dem Wege seiner Entfaltung im Bewußtsein durchschreiten, überspringen kann sie niemand.

e) Die fünfte Stufe ist die Ebene der Gedankenformen, und hier entsteht der Gedanke der Sonderexistenz. Sie liegt jenseits der Ebene der Form und Schöpfung, und keiner, der noch dem Glauben an die Körper verhaftet ist, vermag diese Ebene zu begreifen, höchstens daß er sie als Fiktion hinnimmt. Der von der Seele beim Durchgang durch diese Phase getragene Körper ist höchst lichtvoller Natur, und während die Verwirklichung auf dieser Ebene fortschreitet, verschwindet der Körper mehr und mehr.

f) Die sechste Stufe bleibt jedem unbekannt, der nicht die Identifikation mit Formen und Ideen aufgegeben hat. Es ist die Ebene universalen Ausgleichs und universaler Harmonie. Hier erlebt die Seele heitere Ruhe und Seligkeit.

g) Die letzte Stufe ist Wirklichkeit, ist Sein, das Absolute, jenseits von Schwingung, Licht oder Fühlen.

DIE ACHT STUFEN ZU MYSTISCHER EINSWERDUNG

28. Die Läuterung der verschiedenen Körper und die Überwindung der Unwissenheit sind Vorbedingungen, die erfüllt sein müssen, wenn die auf Erfahrung und Erkenntnis beruhenden Übungen zur mystischen Einswerdung Erfolg haben sollen

Durch regelmäßiges, in rechter Weise vorgenommenes Üben kommt der ernsthaft Bestrebte fortschreitend zu mehr Klarheit, die in der Erleuchtung des Bewußtseins ihren Höhepunkt findet. Konsequentes Üben, Fortschritt in der Läuterung, Unterscheidung und Urteilskraft führen zur Vollkommenheit. Das Üben muß von Gleichmaß und dem wirklichen Wunsch nach Erleben letzter Erfüllung getragen sein. Tatsächlich wird unsere Entfaltung von zwei Seiten her gefördert; einmal müssen wir selbst uns die Zeit nehmen und uns in der rechten Richtung vorwärts bemühen, bis wir einen Kontakt finden, der uns zur Einweihung führt, — zugleich aber wird uns der Weg dadurch erleichtert, daß durch eben diese Bemühung auch die Anziehungskraft vom Zentrum her stärker wird. Durch bewußte Inangriffnahme der Reinigung des Körpers durch richtige Ernährungsweise, exaktes Üben und gute Gewohnheiten wird die Art unserer Wünsche und Erfahrungen verfeinert und dadurch wiederum die Läuterung unserer Gefühlsnatur erleichtert. Verbinden wir dies mit einem bewußten Bemühen, jede negative Gemütshaltung zu vermeiden, so ebnet sich uns der Weg zum Erleben in der Meditation. Da wir nun zu dem Teil unserer Schulung übergehen, der für das praktische Leben von allergrößter Bedeutung ist, wird dies Thema auf den folgenden Seiten noch ausführlicher behandelt.

29. Folgende acht Stufen führen zur Einswerdung: die fünf Enthaltungen, die fünf Verhaltensregeln, korrekte Meditationshaltung, Beherrschung der Lebenskraft, Verinnerlichung der Gemütstätigkeit, Konzentration, Meditation und schließliche Einswerdung.

Über diese acht Stufen sollten wir uns absolut klar werden, denn sie sind der Schlüssel zu einer schnellen Entfaltung. Wir werden sie im einzelnen besprechen.

30.—31. Die fünf Enthaltungen sind: Arglosigkeit, Meiden von Unwahrhaftigkeit, Nicht-Stehlen, Enthaltsamkeit und Nichts-Annehmen. Diese Regeln behalten immer und überall — unabhängig von Meinungen und Zweckmäßigkeitserwägungen — ihre Gültigkeit, denn es handelt sich dabei um universale Prinzipien

ARGLOSIGKEIT

Bei der Erörterung der verschiedenen Handlungsweisen werden wir finden, daß das Gesagte auf allen Gebieten menschlichen Verhaltens Gültigkeit hat. Arglosigkeit wird zur sicheren Charaktereigenschaft, wenn die Angewohnheit, andere verletzen zu müssen, nicht nur unterdrückt, sondern tatsächlich ausgelöscht ist. Wir haben dies noch nicht erreicht, solange wir lediglich denken: „Wenn du mir nicht wehtust, tue ich dir auch nicht weh . . .“ Auch ist es nicht Arglosigkeit, wenn wir uns nur aus Furcht vor Reaktionen zurückhalten. Arglosigkeit wird uns dann zur zweiten Natur, wenn wir erkennen, daß wir ein Teil des Ganzen sind, und daß es darum widersinnig wäre auch nur anzunehmen, daß es irgendein Ding oder einen Menschen geben könnte, der nicht zum Ganzen gehörte und der sich nach uns zu richten hätte. Haben wir einmal diese Haltung angenommen, so werden wir erleben, *daß auch andere uns nicht kränken wollen.* Nur wenn man des Menschen wirkliche Natur und die Ganzheit des Seins noch nicht erkannt hat, kann man ein solches Lamento um die Erhaltung der Lebensform erheben, wie es oftmals geschieht, und das letzten Endes auch Ursache aller Kränkungen und alles Gekränktfühlens ist.

MEIDEN VON UNWAHRHAFTIGKEIT

Vollziehen wir jede unserer Handlungen im Einklang mit dem universalen Prinzip, so sind wir wahrhaftig. Sind wir unwahrhaftig, so kommt dies einem Versuch gleich, einen Teil unseres Bewußtseins vor sich selbst zu verbergen, was natürlich nicht möglich ist. Das innere Geschehen ist dann folgendes: das Gemüt verschließt sich bestimmten Tatsachen und belügt sich selbst. Ein mit Verstellungen erfülltes Gemüt kann nicht zum Erleben der Erleuchtung gelangen. Ein ganz im Wahrheitsbewußtsein lebender Mensch hat die Macht, sein gesprochenes Wort direkt Wirklichkeit werden zu lassen. Sind alle Verwinkelungen aus dem Gemüt verschwunden, so erfüllen sich alle Wünsche, und was auch immer ein solcher Mensch in Erscheinung treten lassen möchte, es wird geschehen. In diesem Zustand der Verwirklichung lernt der Mensch die universale Versorgung begreifen, denn nichts bleibt ihm verborgen, und er kann alles und jedes, auf das er seine Aufmerksamkeit richtet, zum Hervortreten bringen. Der Weise ist frei von der Idee, er müsse für seine Versorgung arbeiten. Würde er dies meinen, so wäre es ein Zeichen seines Sich-Verlassens auf Handeln und Reagieren, und dies wäre mit der Verwirklichung von Wahrheitsbewußtsein nicht in Einklang zu bringen. *Auf dieser Bewußtseinsstufe streckt der Weise einfach seine Hand aus — in dem Wissen, daß sich das Gewünschte schon — bevor er es mit Händen greifen kann — im Prozeß der Materialisation befindet und auf normalem Wege hervortreten wird, sobald der richtige Augenblick zur Inempfangnahme gekommen ist.*

NICHT-STEHLEN

Auf dieser Stufe ist Stehlen der Versuch, sich etwas mit Gewalt oder durch Diebstahl anzueignen, das nach dem Recht des Bewußtseins einem anderen gehört. Da unsere Umgebung eine Widerspiegelung unserer Auffassungen ist, und da das, was uns entsprechend unserer geistigen Einstellung zukommt, in unser Leben in dem Maße eintreten wird, wie wir es ohne irgendeine Gewalt- oder Zwangsanwendung annehmen vermögen, *haben wir nur stillzuhalten und das sich erfüllende Gesetz zu erkennen.* Solange wir im Einklang mit dem Gesetz leben, gibt es keine Ausnahme von dieser Regel. Wenn wir einmal die Bewußtseinsstufe erreicht haben, da wir die Fülle des Bewußtseins ihrem wirklichen Wesen nach begreifen, können wir Reichtum (in den Augen der Welt) hervorbringen; denn wir wissen nun, daß die universale Substanz je nach der Art und Kraft unseres Glaubens Form annimmt.

ENTHALTSAMKEIT

Durch Enthaltsamkeit werden Energien erhalten und in die richtigen Bahnen gelenkt. Enthaltung bedeutet Beherrschung und rechte Verwendung der zur Verfügung stehenden Kräfte. Dies gilt auf jeder Ebene der Tätigkeit. Durch Mißverständnis und ein übermäßiges Wichtignehmen der Zeugungsfunktion beziehen viele Bücher diese Regel allein auf das geschlechtliche Leben. Und da man lange Zeit diese Funktion der niederen Natur des Menschen zuschrieb, mußten manche große Erleuchtete lange Perioden der Unwissenheit auf sich nehmen, weil sie dies Verlangen auf der physischen Ebene zu unterdrücken versuchten. Unterdrückung jeglicher Art von Verlangen führt zu Gleichgewichtsstörungen des Gefühls. Tatsächlich läßt sich Enthaltsamkeit durch beherrschte, richtig gelenkte Aufmerksamkeit erreichen, denn die Lebenskraft folgt der Richtung unserer Aufmerksamkeit.

So kommen wir durch verständige Lenkung unserer Lebenskraft zur Beherrschung und zu körperlichem Wohlgefühl. Es ist keineswegs so, daß sich geistige Erfahrung durch Unterdrückung der Wünsche erreichen läßt. Im einzelnen wird darüber noch im Abschnitt über Askese (Befreiung, 1) gesprochen, doch möchte ich hier darauf hinweisen, daß eine einsichtsvolle Handhabung der Bewegungen der Lebenskraft durch den Körper auf allen Ebenen das Ziel unseres Lebens auf dieser Ebene ist. Nicht das Fließen der Lebenskraft durch die Sinne ist es, was den Menschen vom Geiste zurückhält, *es ist das zwanghafte Verlangen, allein durch die Sinneserfahrung die Erfüllung der Wünsche zu suchen, das dem Menschen Leiden bereitet.* Die Jagd nach Vergnügen durch die Sinne ist wahrhaftig eine Perversion der Sehnsucht der Seele nach Selbstverwirklichung.

Durch eine bestimmte Gedankenschulung werden übrigens Schüler sogar angewiesen, sich ganz ins Leben dieser Welt zu stellen — und sich dabei dessen bewußt zu bleiben, daß in den Lebenskräften der Geist wirksam ist. Bei einer solchen Haltung wird der Mensch nicht etwa eine Dämpfung seines Bewußtseins erfahren, sondern seine Erfahrun-

gen werden ihn zu weiteren Einsichten führen. Die größten Schwierigkeiten in dieser Hinsicht entstehen nicht durch die Sinnesbetätigung
selbst, sondern durch das Gefühl der Schuld, das der Mensch damit
verbindet, und dies zeugt wiederum von Unwissenheit. Was uns hier
im besonderen beschäftigt, ist das Verschwenden der Lebenskraft, die
besser zur Stärkung des Körpers und zur Aufladung der feineren Energien in den Nervenzentren verwandt werden könnte. Die Erschöpfung
der Lebenskräfte macht es für einen Menschen, der weiterkommen
möchte, natürlich schwierig, auch nur seinen gewöhnlichen Tätigkeiten
richtig nachzukommen. Für die meisten Menschen wäre es besser, das
Leben auf dieser Ebene richtig und mit gesundem Menschenverstand zu
erfahren, als ständig von unerfüllten Wünschen beunruhigt zu werden.

NICHTS-ANNEHMEN

Dieser Vorschlag mag manchem nicht ohne weiteres begreiflich erscheinen. Gemeint ist damit Folgendes: wir sollten erkennen, daß alles,
was in unser Leben eintritt, durch unsere geistige Haltung herbeigeführt wird und ihr genau entspricht. Im Grunde wird uns also niemals
etwas geschenkt, wir nehmen nur das an, was uns das Leben bietet.
Mit einem Geschenk im relativen Sinne ist immer die Aufforderung
verbunden: „Sei nett zu mir . . .". Solange wir meinen, ein Mensch
würde uns etwas schenken, personifizieren wir den Vorgang und fühlen uns gerne verpflichtet. Dies ist der Grund, warum wir uns immer
vergegenwärtigen sollten, daß alles Empfangene uns letztlich von
einer Ebene zufließt, auf der unsere eigene Annahmefähigkeit und -be-
reitschaft den Ausschlag und Anstoß gibt. Hier ist das Tor, durch das
alle Lebenserfahrungen auf uns zukommen. Es ist durchaus in der
Ordnung, wenn wir dieser Pforte, durch die das Leben zu uns herein-
strömt, um unsere Wünsche und Sehnsüchte zu erfüllen, gewahr werden und sie benutzen, und wir brauchen uns darum in keiner Weise
irgendjemandem verpflichtet zu fühlen, so wenig wir andere durch
unsere Gaben verpflichten sollten. Möchten wir allerdings etwas besit-
zen, das uns nach dem Recht des Bewußtseins nicht zusteht, und möchten wir andere durch Geschenke von uns abhängig machen, so bewegen
wir uns noch auf der Bewußtseinsstufe der Reaktionen, und diese ist
voller Tücken.
Hat ein Mensch es tatsächlich so weit gebracht, daß er dies vollkom-

men begreift, dann steht er auf einer so hohen Ebene der Erkenntnis, daß er jeden Moment in völliger geistiger Bewußtheit lebt. *Bilder aus vergangenen Leben, die nichts als Erinnerungen sind und im Grunde keinen Wert haben, treten oft vor den inneren Blick des Gemütes.* Die mit diesen Erinnerungen verbundenen positiven und negativen Reaktionsbilder werden dadurch ausgelöscht, und wir haben das Gefühl, als würden große Lasten von Leid und innerem Aufruhr von uns abfallen.

Wenn wir meinen, unsere Meditationsübungen hätten nicht den erwarteten Erfolg, dann sollten wir diesen Abschnitt des Buches nochmals durchgehen, damit wir uns über die schwierigen Punkte wirklich klar werden und damit die Voraussetzung dafür schaffen, daß uns Erleuchtung zuteil werden kann. Vermögen wir die Bedeutung dieser Dinge nicht zu begreifen, so werden wir nur zu teilweiser Bewußtheit gelangen.

32. *Folgende fünf Verhaltensregeln sind zu beachten: Innere und äußere Läuterung, Zufriedenheit, geistige Disziplin, Forschen und ein zu allen Zeiten aufrecht erhaltenes Wissen um die Gegenwart des Unermeßlich-Unsichtbaren*

Die fünf Enthaltungen und ihren Sinn haben wir erläutert. Nun werden wir uns nacheinander den fünf Verhaltensregeln zuwenden. Vorher aber wollen wir uns die Hindernisse nochmals vor Augen führen, die einer mystischen Einswerdung im Wege stehen und untersuchen, wie wir sie zu überwinden vermögen.

33. *Um der Gedanken Herr zu werden, die ein richtiges Üben unmöglich machen, sollten wir uns ernstlich darum bemühen, unsere innere Haltung unter Kontrolle zu nehmen*

Dies bedeutet: wir sollten uns bewußt darum bemühen, negative Gedanken durch förderliche und aufbauende zu ersetzen, und dies geschieht am besten durch ein Zugrundelegen rechter Motive bei all unserem Tun. Das Lesen anregender Schriften und Gemeinschaft mit geistig aufgeschlossenen Menschen wird es uns erleichtern, die rechten Beweggründe zu finden.

34. Die Hindernisse auf dem Wege zu mystischer Einswerdung haben wir genannt (siehe in diesem Teil des Buches Aphorism. 3). Ob sie unter Zwang oder freiwillig herbeigeführt wurden, ob durch Selbstsucht, Ärger oder in Unwissenheit, ob sie in weniger, mittlerer oder stärkerer Intensität auftreten, — sie führen zu größerer Unwissenheit und Unglück. Auch dies sollte ein Grund sein, unsere Absichten und Wünsche besser zu kontrollieren

Sind wir vollkommen oder auch nur teilweise auf vergängliche Dinge eingestellt, so erfüllt uns entsprechend dem Grade unserer Identifikation ein Gefühl des Getrenntseins vom Geist. Jegliche Einstimmung auf eine Nichtwirklichkeit, die wir für Wirklichkeit halten, zeugt von einem Denken, das der Verwirklichung des Wahrheitsbewußtseins direkt entgegen wirkt. Für diese Regel gibt es keine Ausnahme. Aber auch ein gegensätzlicher Gedanke findet seine Auswirkung in dieser Welt, denn auch dies ist ein Gesetz der Gemütstätigkeit, und zwar tritt er genau in dem Maße unserer Einstimmung auf den Gedanken in Erscheinung*).

40. Durch innere und äußere Läuterung erkennt die Seele den Körper als unterschiedlich von sich selbst

Läuterung bedeutet natürlich mehr als nur einen körperlichen Vorgang. Während der gewissenhafte Schüler gut auf seinen Körper achtgibt, ihn ordentlich ernährt und gesund erhält, bemüht er sich gleichzeitig um die Läuterung seiner geistigen und Gefühlsnatur, indem er sich an die Regeln hält, die hier besprochen wurden. Eine solche physische, geistige und gefühlsmäßige Läuterung führt zu einer teilweisen Erleuchtung, durch die sich der Mensch der wahren Natur von Seele und Körper und ihrer Beziehungen zueinander bewußt wird. Im Anfangsstadium der Läuterung vermischt sich die Seele wegen der unterschiedlichen Gesichtspunkte und Schwingungsgrade nicht gerne mit anderen Körpern.

---

*) Die Aphorismen 35–39 sind hier weggelassen, da ihr Inhalt in den Erläuterungen zu den Aphorismen 30–31 besprochen wurde.

erung der höherführenden Tendenz (Eigenschaft) des Be-
ßtseins führt zu heiterer Gelassenheit des Gemütes, zu Konzen-
ßationsfähigkeit und zur Beherrschung der Körperorgane — und
ßereitet auf den Eintritt völliger Erleuchtung vor

Führen wir die innere Läuterung konsequent durch, so werden die abschwächenden und anregenden (aktivierenden) Tendenzen (Eigenschaften) des Bewußtseins zum Verschwinden gebracht, und nur die emporstrebende Tendenz bleibt erhalten. Mit der Läuterung dieser Tendenz wächst uns die Fähigkeit zu, die Wahrheit direkt wahrzunehmen. Zugleich breitet sich durch das Hereinströmen reinen Bewußtseins heitere Gelassenheit in uns aus. Wenn wir es so weit gebracht haben und die letzten Reste der Gemütstätigkeit durch die Wirksamkeit des reinen Bewußtseins aufgelöst sind, tritt unsere natürliche Fähigkeit zutage, unsere Aufmerksamkeit bewußt und scharf ausrichten zu können und uns zu konzentrieren, ohne uns ablenken zu lassen.

Durch die Stärke der Konzentration in unserer Meditation vermögen wir die Lebenskräfte im Körper zu steuern, und durch die Beherrschung der Lebenskräfte gewinnen wir Einfluß auf die Organe unseres Körpers; denn die Funktion der Organe ist vom Strom der Lebenskraft abhängig. Auf diese Weise vermögen wir die Leistungsfähigkeit der Organe zu steigern und bereiten damit den Körper auf den befreienden Schock beim Einstrom kosmischen Bewußtseins vor. Wenn tatsächlich auch Menschen mit gebrechlichen Körpern zur Erleuchtung gelangten, so ist es doch eine viel eindrucksvollere Erfahrung, wenn ein gesunder Körper dies erlebt.

Nur oberflächliches Bemühen um einen guten körperlichen Zustand genügt meistens nicht; dagegen bereitet ein in tiefer Meditation erreichtes Körperbewußtsein — sogar bis hinein in die atomare Struktur — den Körper auf den Krafteinstrom vor. Der Körper des Durchschnittsmenschen ist nicht auf den machtvollen Zustrom von Lebenskraft eingerichtet, der schon die Einweihungsstufen der Erleuchtung begleitet. Darum sind bestimmte Meditationsübungen notwendig, um die Körperverfassung zu verbessern und das Nervensystem zu verfeinern.

42. Zufriedenheit führt zu höchster Glückseligkeit

Zufriedenheit erlangen wir dann, wenn wir uns von Eindrücken freimachen, die uns in unerwünschte Erfahrungen hineinziehen. Dies gelingt uns am besten, wenn unser Gemüt nicht an den Gegenständlichkeiten haftet und wir die wahre Natur der Dinge — wenigstens bis zu einem gewissen Grade — erkennen. Verständnis bringt eine natürliche Zufriedenheit mit sich, die sich durch Meditation noch vertieft, und schließlich in Verbindung mit heiterer Gelassenheit zu Glückseligkeit wird. Verwechseln wir diesen Zustand nicht mit jener vorübergehenden Überschwenglichkeit, die einen Gefühlsausbruch begleitet. Hier handelt es sich um einen Zustand, der dann in Erscheinung tritt, wenn wir den Reaktionsbildern keinen Raum mehr in uns geben und die Seelennatur hervorzutreten beginnt.

43. Geistige Disziplin führt zu bester körperlicher Verfassung und zur Beherrschung der Organe und Sinne

Haben wir den Scheinwerfer unserer Aufmerksamkeit fest in der Hand und unsere gesamte Gemütstätigkeit unter absoluter Kontrolle, so vermag der Übende auch seinen Körper bewußt zu beherrschen. Die Beherrschung unserer Organe erreichen wir durch Beherrschung der Lebenskraft und durch Bewußtheit des Körpers auf allen Ebenen. Der Mensch hat keine Macht über das, was ihm nicht bewußt ist. Der Mensch hat weder Macht über seinen Körper noch über seine Umgebung, wenn er sich seines Körpers und seines erweiterten Körpers, seiner Umgebung, nicht bewußt ist. Kontrolle des Körpers führt zur Kontrolle der Umgebung, und dies nicht durch irgendeinen magischen Vorgang, sondern wegen der einfachen Tatsache, daß der Körper ein kleines Universum ist, und ein Begreifen der Körpernatur auch Einsicht in die Natur des Universums vermittelt.

Demnächst werden wir sehen, was wir für die Beherrschung der Lebenskraft tun können, um uns unserer Körperorgane bewußt zu werden und Einfluß auf sie zu gewinnen.

44. Begreifen wir die Wortsymbole, so erfassen wir auch die dahinterliegenden Inhalte

Dieser Aphorismus lenkt unsere Aufmerksamkeit auf die Wortverwendung für alle möglichen Dinge. Auf jeden Fall wird ein Schüler, dem es mit dem Weiterkommen ernst ist, fleißig forschen, um die Wahrheit zu finden. Da gibt es nun manche, die alles lesen, was ihnen in die Hände kommt, und ihr unaufhörliches Herumstöbern führt sie nur tiefer in ein Netz der Verwirrung, bis sie ihr Bemühen schließlich verärgert aufgeben. Dies kann nicht anders sein; denn sie haben noch nicht gelernt, die Bedeutung hinter den Symbolen zu erfassen und sammeln sie stattdessen in ihrem Unterbewußtsein an. Sie verwechseln die Anhäufung von Wissen mit wirklichem Begreifen und verfehlen so gründlich ihr Ziel. Schlimm wird es, wenn sie dann stolz sind auf ihre Kenntnisse und mit Worten umgehen, deren Sinn sie nicht erfaßt haben.

Das Geheimnis rechten Lernens liegt darin, die Wahrheit hinter dem Symbol herauszufinden. Haben wir es einmal heraus, die Wahrheit in den Schriften zu erkennen, dann finden wir es einfach, die Pforte zu diesem Wunderland zu öffnen, die den weniger auffassungsfähigen Gemütern verschlossen bleibt. Durch Übung werden wir lernen, Wahrheit von Theorie und Tatsachen von Meinungen zu unterscheiden. Forschen hilft uns vorwärts, denn es feuert uns an, zum Erkennen und Verwirklichen unserer wahren Natur zu gelangen. Jenes Wühlen in allem Erreichbaren aber, das uns in ein Labyrinth geistiger Probleme hineinzerrt, lenkt uns vom eigentlichen Zweck des Forschens nur ab.

Da wir auf dieser Ebene der Worte bedürfen, können sie niemals die volle Wahrheit wiedergeben. Doch enthalten die Schriften jener Großen, die zur Selbstverwirklichung fanden, einen Teil ihrer machtvollen Überzeugungskraft, und dies fühlen wir, wenn wir sie lesen. Darum ist es gut, entweder solche Schriften selbst oder über diese Großen zu lesen. Die diesen Werken eigene Schwingung vermag uns auf eine ähnliche Bewußtseinsstufe zu erheben.

Beten wir oder üben wir uns in Bejahungen irgendwelcher Art, so sollten wir immer versuchen, die hinter den Worten liegende Bedeutung zu erfassen, dann wird der Erfolg nicht ausbleiben. Auf diese Weise entsprechen wir dem hier wirksam werdenden wissenschaftlich nachweislichen Gesetz. Gebete zu irgendeiner Persönlichkeit oder zu der Vorstellung von einer Gottheit kann es für vorgeschrittene Schüler nicht mehr geben. Es ist nichts da, an das man sich im Gebet wenden könnte, denn in uns, in uns selbst liegt alles, wenn wir unser Bewußtsein ausweiten und zur Verwirklichung bringen.

Wer wirklich weiterkommen will, bedient sich keiner Worte oder Gebete, um irgendetwas zu erreichen oder die Kräfte der Natur zu lenken, außer bei einer speziellen inneren Führung. Solche Methoden sind für Zauberer und Okkultisten, die sich mit den niederen Tendenzen des Bewußtseins identifizieren. Unsere Aufgabe liegt darin, hinter das Symbol zu sehen und zur Verwirklichung der Wahrheit zu kommen, dann enthüllt sich uns alles.

45. Wenn wir alle Wünsche aufgeben und das Licht des reinen Bewußtseins zum Gegenstand unserer Kontemplation machen, werden wir eines mit dem Licht

Lassen wir alle Wünsche nach Dingen oder Geschehnissen der Erscheinungswelt hinter uns und meditieren über das Licht reinen Bewußtseins, uns mit ihm identifizierend, so werden wir eines mit ihm. Im Sanskrit heißt diese Einswerdung *Samadhi*, und diese Benennung ist sehr bezeichnend. Das Gesetz erfüllt sich selbst. *Die Seele wird zu dem, womit sie sich identifiziert; wenn sie es also vermag, ihre Verhaftung an die Dinge aufzugeben und sich mit ihrer eigenen wahren Natur zu identifizieren, so erlebt sie Erfüllung.* Dies Licht, worauf sie sich konzentriert, ist nicht astrales Licht, sondern das Licht reinen Bewußtseins. Da das nicht-offenbare Bewußtsein in Wirklichkeit kein Licht hat, ist die eigentliche Stufe des Lichtes die der Erleuchtung.

Das Licht kann in einem solchen Maße erfahren werden, daß alle Bewußtheit des Körpers aufhört. Damit ist die Einweihungsstufe des Samadhi oder der mystischen Einswerdung erreicht. Da aber die Gemütseindrücke auf der feineren Ebene noch nicht ausgelöscht sind, identifiziert sich die Seele wiederum mit Gemüt und Körper. Durch regelmäßiges Üben des Ruhens im Licht werden die feinen Eindrücke nach und nach ausgemerzt, bis das Erleben des Lichtes zu einer ständigen Erfahrung wird, das sogar dann nicht vergeht, wenn das Bewußtsein auf den Körper gerichtet ist. Dann scheint es uns, als sei der Körper nur ein Hervortreten des Seelenbewußtseins, was er auch tatsächlich ist, und damit kommen wir zu einem ununterbrochenen Erleben vollkommenen Überbewußtseins. Auf dieser Stufe erreichen wir ein Leben in Freiheit; denn wir handeln nach innerem Impuls und im Einklang mit dem natürlichen Gesetz.

46. Die rechte Meditationshaltung haben wir dann eingenommen, wenn wir sie als sicher und angenehm empfinden

Nun kommen wir zur praktischen Ausübung der Meditation. Als erstes bemühen wir uns um eine richtige Haltung, die bequem sein muß, damit wir unseren Körper während der Meditation vergessen können. Am besten nehmen wir sitzend eine aufrechte Haltung ein. Manche Menschen meinen, sie könnten im Liegen meditieren; doch meistens kommen wir dann in Schwierigkeiten, weil wir im Liegen zu schlafen pflegen, und so neigen wir durch eine unbewußte Gedankenassoziation tatsächlich dazu, einzuschlafen anstatt zu meditieren. Bei Rückenverletzungen, die noch nicht behoben wurden, kann natürlich eine Ausnahme gemacht werden.

Ein ruhiger Platz in heiterer Atmosphäre wäre zum Meditieren immer gut. Wir fühlen dann unser Gemüt von vornherein erhoben und finden leichter die rechte innere Einstellung. Am besten nehmen wir einen Stuhl, der dem Körper Halt gibt und doch dem Rückgrat ermöglicht, sich frei — ohne Anlehnung — aufzurichten. Jeder übermäßige Druck am Körper ist zu vermeiden, damit uns kein Gedanke an den Körper mehr stört.

Im Orient finden die Schüler meistens einen Sitz mit gekreuzten Beinen bequemer als auf dem Stuhl, und auch bei uns mögen einige, die sich darin geübt haben, diesen Sitz vorziehen. Das Wichtigste ist auf jeden Fall, eine Haltung zu finden, die auch bei einer längeren Meditationszeit angenehm bleibt.

47. Durch Herabmindern der natürlichen Tendenz zur Ruhelosigkeit und durch Meditation über das Unendliche wird die Haltung sicher und angenehm

Haben wir einen passenden Platz für unsere Meditation gefunden und schicken uns an, uns zu entspannen, so verringert sich dadurch die natürliche Tendenz zur Ruhelosigkeit. Auch werden wir finden, wie durch die Meditation über die Natur des Unendlichen unsere Aufmerksamkeit vom Körper abgezogen und unsere Haltung schon nach kurzer Zeit von selbst sicher und bequem wird. Immer wieder sollten wir uns vergegenwärtigen, wie wichtig die Meditation über das Unendliche ist. Manche Schüler meditieren zu Anfang über den Körper, und je mehr sie dies tun, umsomehr spannt er sich. Durch Meditation von der Form zur Formlosigkeit, das ist das Ziel.

48. Haben wir die rechte Haltung gefunden, so wird unsere Meditation nicht mehr von Dualitätsgedanken gestört

Da von unserer Identifikation mit dem Körper die meisten dualistischen Gedanken herrühren, kann es nicht anders sein, wir müssen davon loskommen, sobald wir die richtige Meditationshaltung gefunden haben und unsere Aufmerksamkeit von der Form (dem Körper) abziehen und auf die Formlosigkeit (das Unendliche) hinlenken. Jeder Dualitätsgedanke ist für unsere Meditation ein Hindernis.

49. Haben wir die rechte Meditationshaltung gefunden, kommen wir zum nächsten Schritt: wir lernen, die Bewegung der Lebenskräfte im Körper zu beherrschen

Hier haben wir es mit dem Teil des Buches zu tun, der am meisten mißverstanden wird. Wir bemühen uns um das Verstehen und die Regulierung des Lebenskraftstromes im Körper. Dabei geht es nicht um den Versuch, durch rhythmisches Atmen und Anhalten des Atems die Körperkräfte zu lenken. Tatsächlich bewirkt die durch den Körper fließende Lebenskraft unter anderem auch die Tätigkeit der Ein- und Ausatmung, und dieser Zusammenhang bietet sich als gute Gelegenheit an, den Berührungspunkt zu benutzen und die Lebenskräfte zu beeinflussen. Doch interessiert uns hier weniger die Regulierung des Atems als vielmehr die Beherrschung der Lebenskräfte.

Im Sanskrit hat man für diese Lebenskraft das Wort *Prana*, das kosmische Energie um uns und natürlich auch in uns bedeutet. Da alle Formen in diesem Meer von Energie sozusagen schweben und von ihm abhängig sind, ist klar, daß uns ein Begreifen dieser Energie und die Fähigkeit ihrer Beherrschung zur Herrschaft über die Naturkräfte führen muß. Daß dies wirklich so ist, beweist das Leben jener, die um diese Zusammenhänge wußten und es vermochten, sich ihrer zu bedienen.

Entsprechend dem freien oder gehemmten Fluß dieser Lebensenergie durch die Zentren des Körpers zeigt er strahlende Gesundheit oder Mattigkeit und Erschöpfung. Der freie Fluß dieser Energie ist eine Voraussetzung für eine perfekte Funktion des Körpers.

Ein Verstehen der Bewegung der Lebenskraft und ihrer Funktion auf den verschiedenen Ebenen der Tätigkeit führt zur Harmonie in der Verbindung der verschiedenen Körper untereinander. Diese durchdringen einander und dienen der Seele als Werkzeug — gleichzeitig auf der physischen, astralen, ätherischen und geistigen Ebene.

50. Die Lebenskraft in ihren verschiedenen Abwandlungen wirkt sich im Körper sowohl äußerlich wie auch innerlich aus, sie kommt sowohl in Bewegungslosigkeit wie angepaßt an Zeit und Rhythmus, sowohl in langen wie in kurzen Entwicklungen zum Ausdruck

So manche Schriften warnen — natürlich in bester Absicht — vor der bewußten Lenkung der Lebenskraft, weil man dies für gefährlich hält. Ich freue mich, derartige Befürchtungen zerstreuen zu können. Wenn man nichts Genaues über die Dinge weiß, kommt man sehr leicht dazu, sie als gefährlich anzusehen, aber dies ist nur ein Zeichen von Furcht und Mangel an genauer Kenntnis.

Durch rhythmische Atemübungen verbinden sich die feineren Kräfte mit dem physischen Organismus, und man kann auf diese Weise den Körper kräftigen und sogar Erstaunliches vollbringen. Wer sich darin übt, lernt seinen eigenen Körper zu beherrschen und auch Einfluß auf andere Körper zu gewinnen. Von dieser Möglichkeit werden jedoch nur noch nicht voll entfaltete Menschen Gebrauch machen, deren Bewußtsein auf die dämpfenden und aktivierenden Tendenzen eingestimmt ist. Medizinmänner und Wundertäter entwickeln oft eine große Geschicklichkeit in dieser Art von Lebenskraftkontrolle. Wen es aber nach Befreiung verlangt, um von der höchsten Ebene aus wirksam werden zu können, der sollte von solchen Dingen Abstand nehmen.

Die Abwandlung der Lebensenergie zu einer inneren Kraft erreichen wir durch ein genaues Wissen um die Lebenszentren im Körper und durch die Lenkung der Energien durch sie hindurch. Gründliches Üben und das Erwachen der Gefühlsnatur führt zur Verwirklichung der kosmischen Macht, die schlafend im Mittelpunkt jeder materiellen Form liegt, auch im Körper des Menschen. Diese schlafende Kraft, im Sanskrit Kundalini genannt, liegt im Herzen des Atoms seit seiner Erschaffung. Wenn sie intuitiv wahrgenommen wird, beginnt ein Teil davon sich in Bewegung zu setzen und durch den Körper zu fließen, — durch die Lebenszentren und schließlich durch den ganzen Körper, bis dieser auf einen hohen Schwingungsgrad gebracht und durch das machtvolle kosmische Feuer geläutert ist. Werden die später im Buch gegebenen Übungen genau ausgeführt, und haben wir die in den vorhergehenden Abschnitten erörterten Verhaltensregeln wirklich begriffen, so kommen wir zu klarer Einsicht in die Zusammenhänge und erfahren ein volles Einströmen dieser großen Kraft.

Wer diese Kraft in sich erwecken konnte, dem wird es möglich, sie auch in anderen dafür empfänglichen Menschen in Bewegung zu bringen. *Dies geschieht während der Einweihung entweder durch Handauflegen oder lediglich durch Eintritt in das Kraftfeld des Erweckung-Suchenden. Dann überträgt der Initiator sein Bewußtsein und bewirkt dadurch im Schüler ein Erwachen der Lebenskraft.* Darauf folgt eine Unterweisung in der Meditation und in der bewußten Lenkung des Lebenskraftstromes.

Die Abwandlung der Lebenskraft in Bewegungslosigkeit vollbringen wir in der Meditation, wenn die Tätigkeiten zum Stillstand gekommen sind und keine unterbewußten Reaktionsbilder mehr an die Oberfläche dringen. Dieser Zustand ist erreicht, wenn die Lebensströme aus dem Körper in das mittlere Rückenmark zurückgezogen wurden, wo sie eine Einstellung der inneren Aktivität bewirken. Durch diesen Vorgang erlangt der Mensch die Fähigkeit, seine Aufmerksamkeit willentlich von der objektiven Welt abzuziehen und dadurch die Verbindung zwischen sich und der Außenwelt, der Ursache der Eindrücke und Ablenkungen, abzuschneiden. Wer es so weit gebracht hat, daß er die Lebenskraft von den Sinnen und Körperorganen abzuziehen und in das Rückgrat und Gehirn zu lenken vermag, kann seine Aufmerksamkeit nach Belieben nach innen lenken und das Einssein mit dem Licht und Überbewußtsein erfahren.

Die Aufgabe des Wirksamwerdens in der Ordnung von Zeit und Rhythmus fällt den Lebenskräften durch die Offenbarung des Bewußtseins in den Gestaltungen auf den verschiedenen Ebenen zu. Die Schwingung, die Farben des Lichtes, die Dichtegrade der universalen Substanz und auch die Gesetze der Periodizität sind Auswirkungen dieser Art der Lebenskrafttätigkeit; denn die Schöpfung ist in ewiger Bewegung, und die Ausgestaltung von Ideen im universalen Gemüt und das Zurückziehen der Schöpfung geschieht in nie endender Folge. Dies bleibt für unser beschränktes Gemüt, das vergeblich einen Anfang in der Schöpfung zu finden versucht, ein ewiges Geheimnis. Ein Anfang ist dann, wenn an einem bestimmten Punkt im Raum vom Zentrum aus die Bewegung nach außen beginnt, — und ein Ende ist gekommen, wenn alles in den Zustand der Ruhe für den gleichen Zeitraum der Außenbewegung zurückkehrt, um dann von neuem nach außen zu treten. *Der Raum wird geschaffen; dann heften sich Partikel an Punkte der Ausdehnung, — und nun beginnt das Spiel: der große Schleier der Täuschungen wird für das menschliche Gemüt gewoben.* Das Erstaunlichste aber für einen Menschen, der dies kosmische Drama durchschaut, ist seine Einfachheit.

Die Dauer der Entfaltung der Lebenskräfte bestimmt den Grad der Aktivität im menschlichen Körper und der wechselseitigen Beziehungen zwischen ihm und der kosmischen Traumschöpfung, an der er wesentlichen Anteil hat. Die Ströme der Lebenskraft schießen durch den Körper des Menschen in die Zentren der Lebenstätigkeit, und als körperorientierte Seele ist er Teil und Bestandteil dieser grandiosen kosmischen Aktivität.

51. Es gibt noch eine vierte Abwandlung der Lebenskraft, und sie führt über die vorher erwähnten hinaus

Regelmäßiges Üben bringt die Lebenskraft in ein vollkommenes Gleichgewicht und bewirkt eine gleichmäßige Ausrichtung der verschiedenen Körper und ihren Anschluß an die kosmischen Kräfte, die wiederum Abwandlungen der einen kosmischen Macht sind. Vermögen wir diese Macht auszuwerten, so können wir von dieser hohen Ebene aus unsere Wirksamkeit entfalten; denn nun werden wir die automatische Bewegung der Energien, Kraftfelder und magnetischen Ströme als eine Folge unserer Überzeugungen und Entschlüsse auf dieser hohen Ebene erkennen. Da unsere Wahrnehmung zu aller Zeit klar bleibt, sehen wir, was vor sich geht; und da wir nicht mehr an den Erscheinungen haften, lassen wir uns in nichts mehr hineinziehen und von nichts mehr verwirren. Wer mit Energien, Kraftfeldern, Kraftströmen, Suggestionen und dergleichen arbeitet, wird schließlich zum Sklaven der Erscheinungswelt, weil er bei seinem Tun den Weg verliert. Aus diesem Grunde rate ich jedem, auf der Ebene der Erkenntnis zu wirken, anstatt sich mit magnetischen Heilungen und magischen Kräften — eingeschlossen Hypnose — abzugeben. Durch Hypnose kommt niemand zur Selbsterkenntnis. Nur Wunschdenken und der Hang, „nichts unversucht zu lassen", führt uns zu solchen Dingen. Wer hypnotisiert beweist damit, daß es ihm an wirklicher Einsicht in die Natur des Bewußtseins mangelt. Vertretbar ist Hypnose nur als eine Methode, ins Unterbewußtsein einzudringen und dort Hemmungen auszuräumen, um dem Menschen unmittelbare Erleichterung zu verschaffen, nachdem alles andere versagt hat. Hypnose ist ein Mittel für Psychotherapeuten, für einen wirklich Strebenden aber gibt es keinen Grund, sich ihrer zu bedienen. Bei der Hypnose werden gewisse Gehirnzentren und damit der freie Wille ausgeschaltet. Wendet man sie bei einem Menschen wiederholt an, so entsteht eine bleibende Narbe bzw. Beeindruckung, die wie eine Sperre wirkt und in den betreffenden Bewußtseinsbezirken Depressionen verursacht, bis dieser Eindruck ausgelöscht werden kann. Anstatt also Klarheit zu schaffen, unterdrückt Hypnose die Bewußtseinstätigkeit. Menschen, die sich zur wiederholten Herstellung hypnotischer Trancezustände hergeben, kommen mit der Zeit in immer größere Schwierigkeiten, bis sie schließlich ihren Eigenwillen verlieren. Eine Zeit lang mögen sie vielleicht eine Zunahme an Energie und Tatkraft verspüren; doch sind diese Dinge aufgezwungen und entspringen nicht dem freien Ausdruckswillen der Seele.

52. Bewußtes Erkennen der Wahrheit löst die Gemütseindrücke auf, die das Licht des reinen Bewußtseins verhüllen

Begreifen wir die Wirksamkeit der Lebenskraft in unserem Körper und der Schöpfung, und verharren wir ständig in der Erkenntnis der wahren Natur des Bewußtseins, so lösen sich die Wunschbilder und feinen

Gemütseindrücke auf, und damit verschwinden die Ursachen, die in der Seele das täuschende Gefühl des Getrenntseins hervorrufen. Eine Verfeinerung des Körpers ist die natürliche Folge, und schließlich kommt das Licht der Seele in voller Kraft zum Durchbruch.

53. Haben wir dies erreicht, so wird das Gemüt zu vollkommener Konzentration fähig

Wir können uns der Natur der Seele bewußt sein, ohne schon das Gefühl des Sonderseins überwunden zu haben. So ist es an der Zeit, sich auf das reine Bewußtsein zu konzentrieren und sich mit ihm zu identifizieren. Dies wird nun möglich, da es keine Ablenkungen mehr gibt und das innere Licht ständig wahrgenommen werden kann. Auf diese Weise kommen wir zur Abstraktion bzw. zur Verinnerlichung des Gemütes.

54. Unser Gemüt kommt zur Verinnerlichung, wenn es jede Identifikation mit den früher wahrgenommenen Dingen aufgibt

Durch Übungen der Stille, durch Bewußtwerdung des Lebens auf allen Ebenen und durch Festhalten der Aufmerksamkeit im Zentrum des Kopfes, im Punkt zwischen den Augenbrauen, wird die Lebenskraft im Körper von den äußeren Organen und Sinnen abgezogen. Dies wird durch das Abziehen der Aufmerksamkeit von dem früher Wahrgenommenen bzw. den Dingen dieser Welt erreicht. Wird die Verbindung zu den Dingen der Welt unterbrochen, so kommen wir ohne weiteres zur Verinnerlichung der Gemütsfähigkeit; denn unsere Aufmerksamkeit ist rückwärts auf die Quelle gerichtet und das Gemüt ruht im inneren Licht der Seelennatur. In diesem Stadium unserer Entfaltung vermögen wir auch die Gemütstätigkeit anderer Menschen und die Wunschbilder des Körpers oder sogar des Planeten intuitiv zu erfassen. *Da wir aber erst auf der fünften Stufe unserer Entfaltung stehen, so handeln wir weise, wenn wir unserer Aufmerksamkeit auch weiterhin die rechte Richtung geben und jeder Ablenkung, und sei es die der Erforschung innerer Räume, so reizvoll uns diese auch erscheinen mag, widerstehen.* Sobald die Aufmerksamkeit von allem anderen abgezogen wird und das Gemüt sich mit dem inneren Licht identifiziert, hört es auf, neue Ideen zu entwerfen, und damit hat das Gemüt sich selbst überschritten. Was viele durch jahrelange intellektuelle Bemühungen mit stundenlangen zermürbenden Debatten und psychologischer Akrobatik zu erreichen trachteten, das ist hier gewonnen; und zwar nicht in einem Zustand unbewußter oder unkontrollierter Wahrnehmung, sondern in klarster Erkenntnis der Unermeßlichkeit des ungebundenen Gemütes. Nun wird das Gemüt zu einem bewußt eingesetzten Instrument und zu einem Fenster, durch das wir in diese Dimension hineinzusehen vermögen, und es liegt an uns, das zu nutzen, was uns richtig erscheint, denn wir wirken nun von einer neuen Stufe der Erkenntnis aus.

55. Haben wir uns diese Erkenntnisstufe unverlierbar zueigen gemacht, so kommen wir damit zu einer vollkommenen Beherrschung unserer Organe

Damit ist nicht allein die Beherrschung der Körperorgane gemeint, sondern genauso die Beherrschung der Organe der Seele, der Körper auf allen Ebenen mit der dazugehörigen Gesamtheit der Hilfsorgane des Gemütes. Betrachten wir das alles vom Standpunkt des Seelenbewußtseins aus, so erkennen wir unser Gemüt und unseren Körper auf allen Ebenen als Gegenstände der Wahrnehmung. Wir erkennen sie — und ganz nach Wunsch identifizieren wir uns mit ihnen und wirken durch sie.

Nun sind wir vorbereitet, die letzten drei Stufen zu ersteigen: zur Konzentration, zur Meditation und zur schließlichen Einswerdung. Mit diesem letzten Abschnitt unseres Acht-Stufen-Weges befassen wir uns im nächsten Teil.

VOLLKOMMENES ÜBERBEWUSSTSEIN
UND DIE FÄHIGKEITEN DER SEELE

1. Die sechste Stufe auf dem Wege zur Selbstverwirklichung ist Konzentration. Konzentration bedeutet Ausrichtung der Aufmerksamkeit auf einen Punkt

2. Die siebente Stufe ist Meditation — oder ununterbrochenes Fließen der Aufmerksamkeit

3. Dies führt zur achten und letzten Stufe, zur Identifikation mit dem Gegenstand der Konzentration

4.—15. Diese drei Stufen werden Kontemplation genannt

Im nun folgenden Teil stehen diese drei Stufen im Mittelpunkt unserer Erläuterungen. Es ist darum einfacher, wenn wir für den während der drei Stufen fortschreitenden Vorgang der Identifikation das Wort *Kontemplation* setzen. Was wir auch immer zum Gegenstand unserer Kontemplation erwählen, wir werden es unserer Bewußtseinsstufe entsprechend erkennen und verstehen. Im allgemeinen kommen wir auf folgende Weise zu unserem Wissen: wir kreisen mit unserem Bewußtsein um den zu erforschenden Gegenstand wie um einen Ankerpunkt, und nach und nach erkennen wir seine Eigenschaften. Zu einem exakteren Wissen aber führt uns der direkte Weg. Während unserer Kontemplation kommt die oberflächliche Gemütstätigkeit zur Ruhe — und nun tritt die reine Wahrheit von selbst hervor. Wenn uns ein Lernen auf diese Art zu Anfang auch schwierig erscheinen mag, gewöhnen wir uns daran, so wird es uns schließlich leicht fallen.

Nachdem alle Gemütstätigkeit abgeklungen ist, kommen wir zu klarem überbewußten Gewahrsein. Während die Gemütstätigkeit es ist, die in uns die Begriffe von Zeit, Raum und den vielerlei Geschehnissen entstehen läßt, führt uns das Überbewußtsein über Zeit, Raum und Umstände hinaus und wir erkennen das Wirkliche hinter dem Unwirklichen. Auf diese Weise finden wir Befreiung (Erlösung). *Nicht als Belohnung wird uns Erlösung zuteil, sondern als eine Folge unserer Erkenntnis (die im ursprünglichen Sinne, in dem das Wort hier auch stets verwandt wird, immer zugleich auch Verwirklichung bedeutet).*

16. Ist die Veränderung Gegenstand unserer Kontemplation, so kommen wir zum Begreifen dessen, was Zeit ist

In den nun folgenden Abschnitten geht es um die Umwandlung der Gemütskräfte. Wenn es auch unser höchstes Ziel bleibt, im Überbewußtsein zu verharren, so sollten wir doch imstande sein, unsere Umgebung zu begreifen, wenn wir auf dieser oder einer anderen Ebene tätig sein möchten. Tatsächlich vergeht die Zeit nicht, und in Wirklichkeit gibt es auch weder Vergangenheit noch Zukunft. Es gibt nur ein Jetzt, und begreifen wir dies, so eröffnet sich uns die vierdimensionale Wirklichkeit. Alles was geschieht, geschieht jetzt, und Bewußtseinsstufen existieren jetzt. Da wir aber von Ereignis zu Ereignis und von Standpunkt zu Standpunkt fortschreiten, haben wir das Gefühl von vergehender Zeit. Dies aber ist Einbildung — und natürlich eine unserer Tätigkeit auf dieser Ebene angemessene Einbildung. Unser Zeitbegriff entspricht unserer Dimension, und so haben wir als menschliche Wesen auch einen gewissen Zeitsinn. Aber selbst dieser kann bei den verschiedenen Menschen unterschiedlich sein, weil die seelische Verfassung dabei eine große Rolle spielt und darum dem einen die Zeit schneller vergeht als einem anderen. Es gibt Menschen, die immer und für alles Zeit zu haben scheinen, und da sind andere, die für nichts Zeit aufbringen. Dies hängt in hohem Maße von der inneren Verfassung ab.

Angehörige anderer Dimensionen erleben die Zeit meistens anders als wir, weil sie einen anderen Begriff von ihr haben. Wenn wir dahin kommen, uns über die Zeit zu erheben und doch weiter im Körper verweilen, dann können wir uns in dieser Welt frei bewegen und unser Schicksal nach Belieben gestalten; denn wir erkennen, daß alles bereits existiert und nur herbeigerufen werden muß.

17. *Wählen wir die Bedeutung hinter dem von irgendeinem Lebewesen geäußerten Laut zum Gegenstand unserer Kontemplation, so erfahren wir diese Bedeutung und kommen in Kontakt mit der Lebensform*

Das hier Beschriebene ist mehr als Telepathie. Es geht um die Identifikation mit der dem Körper innewohnenden Lebensessenz, ob es sich nun um einen Menschen oder um ein Tier handelt. In welcher Gestalt die Seelen auch erscheinen, es muß keine Scheidewand zwischen ihnen geben. Dem physischen Körper mag es an Ausdrucksmöglichkeiten fehlen, Verlangen und Absicht der Seele können ergründet werden. Ständiges Üben läßt uns gewahr werden, was Leben wirklich ist, in welcher Erscheinungsform es auch auftritt.

18. *Vermögen wir unsere Erinnerungen wachzurufen, so kommen wir zur Einsicht in frühere physische Verkörperungen*

Die Erinnerungen an Leben auf dieser oder anderen Ebenen sind im Unterbewußtsein aufgezeichnet und werden von Körper zu Körper übernommen. Wenn in tiefer Meditation die bewußte Gemütstätigkeit nachläßt, tauchen Erinnerungen an die Vergangenheit auf, Zeugen von früheren seelischen Erlebnissen in Raum und Zeit. Unsinnig aber wäre es, wollten wir in irgendeiner Vergangenheit verweilen, weil sie uns vielleicht angenehmer erscheint als unsere Gegenwart; denn Erinnerungen sind nichts als Aufzeichnungen vergangenen Erlebens. Wenn die Seele auch nacheinander viele Körper bewohnt, um bestimmte Wunschbilder entweder zur Erfüllung zu bringen oder zu neutralisieren, so sollten wir doch daran denken, daß wir durch Erleuchtung über das Wunschdenken hinauswachsen können. Es muß keineswegs so sein, daß wir rein schicksalmäßig noch eine lange Reihe von Verkörperungen auf dieser Ebene zu erwarten haben. Wenn wir uns unserer wahren Natur bewußt werden, erkennen wir, *daß unser wirkliches Ich, das Ich Bin oder Meisterbewußtsein, keine Bewußtseinsschwankungen kennt und sich nicht mit der Schattenwelt identifiziert.* Bei einem bestimmten Grad der Erleuchtung, wenn die Erinnerungen aus vergangenen Leben wie Szenen aus einem Film vor unserem inneren Auge vorüberziehen, kommt nicht selten die ihnen anhaftende Gefühlsladung zum Ausbruch und ist damit überwunden. Auf diese Weise werden vergangenes Karma bzw. die unterbewußten Bilder von selbst ausgelöscht.

19.–20. Das Gemüt eines anderen Menschen als Gegenstand unserer Kontemplation enthüllt uns sein wahres Wesen

Während hellsichtige Menschen zuweilen die Aura und Gedankenformen anderer sehen und daraus ihr Wesen genau *abzulesen* vermögen, weiß der Weise alles über einen Menschen, wenn er ihn nur ansieht. Natürlich wird niemand, der einen so hohen Grad von Bewußtheit erreicht hat, andere Menschen beherrschen oder benutzen wollen. Doch ist es tatsächlich eine einfache Sache, die Absichten und den Bewußtseinsgrad anderer zu erfahren.

21.–22. Durch Zurückhaltung der Körperstrahlung wird es möglich, sich für die gewöhnlichen Sinne unsichtbar zu machen

Gegenstände werden sichtbar, weil sie Impulse in das Auge des Betrachters senden. Halten wir diese Impulse bewußt zurück, so können wir unbeachtet bleiben und übersehen werden. Trotzdem bleiben wir gegenständlich und real in dieser Welt; da wir aber keine Impulse aussenden, werden wir nicht entdeckt. Auf diese Weise vermögen wir uns in einer Menge zu verbergen, und während die anderen um uns herum möglicherweise verwirrt sind und sich fürchten, bleiben wir davon durch Zurückhaltung unserer Gefühle unberührt. Wir werden dies natürlich nicht tun, um andere zu beeindrucken oder zu beeinflussen.

23. Es gibt karmische Modelle von zweierlei Art: jene, die sofort — und andere, die zu einer späteren Zeit zur Auswirkung kommen. Nehmen wir diese Modelle zum Gegenstand unserer Kontemplation, so können wir den Zeitpunkt ihrer Auswirkung in dieser oder irgendeiner anderen Welt erfahren

Die Wunschbilder oder Wunschmodelle sind Ursache und ihr Inerscheinungtreten ist Auswirkung. In uns liegen Wunschbilder, die sofort zur Auswirkung kommen, weil die Gelegenheit für sie günstig ist, und da sind andere, die dann in der Zukunft hervortreten, wenn sie in das allgemeine Lebensbild hineinpassen. Werden wir uns dieser Wunschmodelle bewußt, so wissen wir — was unsere persönliche Erfahrung betrifft — unsere Zukunft im voraus. Wenn wir die Wunschmodelle anderer kennen, so ist es auch einfach, ihnen ihre Zukunft vorauszusagen, — wenigstens insoweit es ihrer gegenwärtigen Denkungsart entspricht. Richtig verstanden unterliegen allerdings die karmischen Modelle immer Veränderungen. Es ist sogar möglich, den genauen Zeitpunkt und die Art vorauszusagen, wann und wie die Seele den Körper verläßt; denn auf der unbewußten Ebene hat jeder dies längst hingenommen, weil sich die meisten Menschen mit dem allgemein verbreiteten Gedanken an Altern und Tod abgefunden haben, ohne darüber nachzudenken. *Wer aber vorwärtskommen möchte, der erweitert sein Bewußtsein und bricht mit dieser beengenden Auffassung. Von herkömmlichen Gewohnheiten läßt er sich keine Grenzen setzen.* Am leichtesten verlängern wir unser Leben in dieser oder einer anderen Welt dadurch, daß wir uns Ziele setzen und so einen Grund zum Dableiben schaffen.

24. Lenken wir in der Kontemplation unsere Aufmerksamkeit auf das Wesen freundschaftlicher Gesinnung und der Beziehungnahme zu allem Leben, so eignen wir uns dadurch diese Eigenschaften und Fähigkeiten an.

Wenn man sich auch vorstellen kann, daß ein Weiser bei seiner Arbeit mit einer Gruppe von Menschen Uneinigkeit und äußere Unruhe hervorruft (um sie dadurch am Ende zu Frieden und Harmonie zu führen), so beschäftigen sich doch ohne Frage die meisten Gruppen und Gemeinschaften mehr mit Dingen ästhetischer Natur.

25. *Kosmische Energie als Gegenstand der Kontemplation verleiht dem geläuterten Gemüt die Fähigkeit, diese Energie bewußt zu steuern*

Die im Herzen des Atoms (für menschliche Begriffe:) schlafende Energie kann wahrgenommen und nach unserem Willen gesteuert werden. Es ist selbstverständlich, daß nur edelste Motive den Menschen veranlassen sollten, eine derartige Übung vorzunehmen. Zur Wahrnehmung dieser kosmischen Kraft kommen wir durch Lauschen auf den kosmischen Ton (siehe Arbeitsanleitungen).

26. *Das innere Licht als Gegenstand der Kontemplation führt zur Erkenntnis der Wirksamkeit der Energien auf allen Ebenen, von ihren feinsten bis zu ihren gröbsten Formen*

Da es nur eine sich überall offenbarende Substanz gibt, haben wir es auf allen Ebenen der Schöpfung mit dem gleichen Stoff zu tun. *Im Maße der Erweiterung unseres Bewußtseins haben wir es in der Hand, uns aller Ebenen bewußt zu werden.*

27. *Nehmen wir das Geheimnis unseres Sonnensystems zum Gegenstand unserer Kontemplation, so kommen wir zur Erkenntnis unseres Universums innen und außen*

Im Universum, dem sichtbar werdenden Spiel kosmischer Ideen, lassen sich sieben Hauptsphären unterscheiden, die wir der Reihe nach betrachten wollen, beginnend mit den feineren Formen und absteigend bis zur groben materiellen Form.

a) Das Absolute. Die Ebene jenseits jeder Beschreibung, jenseits von Licht, Dunkelheit und Aktivität. Es ist die Ebene des Seins — oder des Es Ist.

b) Die Ebene erster Aktivität. Das Absolute entwirft Ideen. Diese Sphäre kann nur erfahren, wer den Ballast des Gemütes hinter sich läßt.

c) Auf dieser Ebene tritt zum erstenmal das Bewußtsein der Loslösung auf. Die Ideen offenbaren unabhängige Aktivität und verfallen im Gefühl ihrer Sonderexistenz einer Täuschung. Das ist erforderlich, damit sie voll zum Ausdruck kommen können.

d) Die Ebene des Kosmos-Bewußtseins. Hier tritt das Atom in Erscheinung, und der Kosmos beginnt, Gestalt anzunehmen. Dies geschieht unter der passiven Steuerung einer überragenden Intelligenz, einer Ausstrahlung des Absoluten. *Wir erkennen hier das In-einander-Übergehen von Gemüt und Materie und sehen, wie Materie — wie wir sie kennen — als Niederschlag des Gemütes in Erscheinung tritt. Wir sollten uns merken, daß ein Begreifen dieses schöpferischen Prozesses dem Weisen die Möglichkeit gibt, den Vorgang selbst nach Belieben und in jeder Art, in der er wirksam zu werden gedenkt, zu wiederholen.*

e) Die nächste Sphäre ist die des Gemütes. Auf dieser Ebene betätigen sich unsere modernen Psychologen, und im Moment ist dies auch das Gegebene und sie kommen hier zu den besten Erfolgen. Wie wir aber gezeigt haben, können wir diese Stufe hinter uns lassen und zur Wirklichkeitserkenntnis kommen. Da aber eine solche Erkenntnis über das Gegenständliche dieser Welt hinausführt, können wir immer nur unsere *Gedanken* über unsere Erkenntnisse äußern. Dies kann die persönliche Erfahrung anderer zwar fördern, *aber lehren läßt sich eine solche Erkenntnis nicht, wenn uns auch Vorbild und persönliche Unterweisung nahe an sie heranführen kann.* Haben wir die Gesetze des Gemütes begriffen, so können wir einen Schritt weitergehen in unserer Entfaltung. Jedenfalls möchte ich dies schrittweise Vorangehen für logisch und richtig halten. Auch die breitere Öffentlichkeit wird für das Wissen um die Gesetze des Gemütes eines Tages aufgeschlossen sein, und so wird das Menschheitsbewußtsein mit der Zeit aufgehellt und die Welt für das Goldene Zeitalter vorbereitet.

In dieser Sphäre finden wir die für das Zusammenhalten der Atome erforderlichen elektrischen und magnetischen Ströme. Auch kommen wir hier zu dem Grad der Erkenntnis, der es uns ermöglicht, die elektrischen und magnetischen Wirksamkeiten unter den Einfluß unseres Willens zu bringen — indem wir an der Überzeugung festhalten, daß es so ist wie wir es wünschen. Wenn wir uns auch in dieser Fähigkeit üben, so sollte es selbstverständlich sein, daß wir dies immer nur im vollkommenen Einklang mit dem Gesamtplan des Kosmos unternehmen, in dem wir leben. Der Weise ist das Tor, durch das die Kräfte hindurchgeleitet werden, um an der Gestaltwerdung des Planes schöpferisch mitzuwirken, und wo immer es der Mitwirkung dieser Kräfte bedarf, da werden wir auch Menschen mit hoch entfaltetem Bewußtsein als Mittler finden. Wir stehen hier vor einer kosmischen, ganz unpersönlichen Erscheinung, die manchen rätselhaft erscheinen mag. Während das Leben sich vieler Werkzeuge bedient, die sich dessen nicht bewußt sind, *setzt es doch immer auch seine bewußten Mittler ein: die Weisen, Meister und Erleuchteten ihrer Zeit.* (Darüber mehr in Aphorism. 33.)

f) Die zweite Sphäre (von der Materie aus gesehen) ist die Astralebene bzw. die Ebene der harmonisch zusammenwirkenden feineren Elektrizitäten und Stoffe. Hinter jeder physischen Form steht ihr astrales Modell; denn bei allem, was physisch in Erscheinung tritt, handelt es sich um ein Hervortreten, eine Ausstrahlung reinen Bewußtseins; nichts existiert aus sich selbst. In unserer Erläuterung zu Aphorism. 30 dieses Kapitels kommen wir nochmals auf die Astralebene zu sprechen.

g) In der physischen Welt — so wie wir sie für gewöhnlich sehen — haben wir die volle Offenbarung reinen Bewußtseins vor uns. Nun ist es aber möglich, unser Bewußtsein von unserem Körper und von dieser Welt abzuziehen und anderer Ebenen des Bewußtseins gewahr zu werden. Die mit diesem Buch gegebenen Anleitungen zeigen uns, wie dies möglich ist. Ob wir nun mit oder ohne Körper auf dieser oder irgendeiner anderen Ebene des Daseins weilen, es ist immer möglich, uns zu vollkommenem Überbewußtsein zu erheben.

28.—29. Erwählen wir Mond und Polarstern zum Gegenstand unserer Kontemplation, so eröffnet sich uns das Wissen über die Sterne, ihre Gruppierungen und Bewegungen

Wir lernen die auf Gesetzen und elektrischen Wirksamkeiten beruhenden Eigenschaften und Bewegungen der Himmelskörper kennen, wenn wir unsere Aufmerksamkeit auf sie richten. Zugleich erkennen wir den Einfluß, den die Himmelskörper auf die Körper unserer Erde ausüben. Wir sehen, wie alle Teile der Schöpfung miteinander verbunden sind und einander gegenseitig beeinflussen. Die von irgendeinem Körper im Universum ausgehenden Einflüsse sind weder gut noch schlecht, sie sind einfach wirksam. Erst wenn sie mit dem Vorhaben anderer Körper zusammentreffen, entsteht entweder Harmonie oder Chaos. Dies geschieht aber nicht mit irgendeiner bewußten Absicht dieser Kräfte oder Strahlungen. Der Mensch reagiert auf diese völlig unparteiischen Strahlungen entsprechend seinen Wunschbildern und seiner unterbewußten Verfassung. Solange er sich mit dem Körperlichen identifiziert, wird er von allem und jedem in dieser Welt beeinflußt, auch von den Planeten; kommt er aber zur bewußten Verwirklichung seiner Seelenbewußtheit, dann streift er alle Bindungen ab, weil er nicht mehr auf die Wirksamkeiten dieser Welt eingestellt ist. Ständig zirkulieren elektrische und magnetische Strahlungen durch das Universum. Der Durchschnittsmensch steht vollkommen unter ihrem Einfluß. Der voll bewußte Mensch aber wird selbst Ursache und sendet seine eigenen Strahlungen aus, er wird zu einem Kraftzentrum und bleibt nicht länger ein Opfer kosmischer Energien.

Da es weder in dieser noch in irgendeiner anderen Welt einen Zufall gibt, ist der Mensch glücklich zu schätzen, wenn er sich mit den Wirksamkeiten des Lebens auf allen Ebenen in Einklang zu bringen weiß. Auch die Ausstrahlungen der Sterne, die — sich selbst unbewußt — die Schöpfung im Gleichgewicht und Dasein erhalten, haben ihre Ursache in der Aktivität des Geistes in herabgesetzter Schwingungsstärke.

Es gibt zahllose bewohnbare Planeten im Raum. Welcher Bewußtseinsgrad den Bewohnern solcher Planeten aber auch eigen sein mag, so ist es doch ein Irrtum anzunehmen, daß sie uns wesentlich voraus sind. Mag sein, daß sich bestimmte Planeten gerade auf dem Höhepunkt des Goldenen Zeitalters befinden, während wir gerade die Anfangszeiten in einem aufsteigenden Zyklus durchleben. Aber auch bei uns gibt es Menschen, die es bis zur Bewußtseinsebene eines Weisen gebracht haben, und ganz gleich wo und auf welchem Planeten der Körper im Raume weilt, eine reine Bewußtseinsebene bleibt sich immer gleich. Darum hat ein Weiser auf der Erde die gleiche Bewußtseinsstufe und das gleiche Wissen wie ein Weiser auf einem anderen Planeten unseres oder eines anderen Sonnensystems. Es ist falsch zu glauben, daß die Menschen unseres Planeten wegen ihrer Unwissenheit rückständig und unreif seien. Wir sind gerade erst aus dem dunklen Zeitalter herausgekommen und in eine Periode aufsteigender Entfaltung eingetreten, die im Goldenen Zeitalter etwa um das Jahr 12 500 n. Chr. ihren Höhepunkt findet. Daraus ergibt sich unsere gegenwärtige Situation.

Zur Zeit (1961) sind wir im 261. Jahr des aufsteigenden elektrischen Zeitalters. Wie kommen wir zu diesen Zahlen? Die alte östliche Astronomie wußte schon, daß Monde um ihre Planeten kreisen, Planeten um ihre eigene Achse und mit den Monden um die Sonne — und die Sonne wiederum um einen weit entfernten Himmelskörper im Raum. Eine einmalige Reise der Sonne um ihr Zentrum dauert ca. 24 000 Jahre, und es ist diese Sonnenbahn, die eine scheinbare Rückwärtsbewegung des Äquinoktialpunktes (des Punktes, den die Sonne am Himmel zur Zeit der Tag- und Nachtgleiche im Tierkreis einnimmt) hervorruft. Aber das Ganze hat eine tiefere Bedeutung. Die Sonne kreist gleichzeitig um ein magnetisches Zentrum, *und es ist diese Bewegung um das magnetische Zentrum, die einen feinen Einfluß auf das Wahrnehmungsvermögen der Menschen unseres Planeten ausübt.* Durchschreitet die Sonne auf ihrer Bahn den Bereich größter Zentrumsnähe, so wird der eine klare Wahrnehmung verhindernde Schleier um das Bewußtsein des Menschen so dünn, daß jeder Durchschnittsmensch intuitiv die Wahrheit erkennt. Dies ist die Zeit der Hochkultur des Goldenen Zeitalters.

12 000 Jahre später hat die Sonne die größte Zentrumsferne erreicht, und zu dieser Zeit wird der Schleier so dicht, daß der Durchschnittsmensch nur noch die materielle Ebene der Schöpfung wahrzunehmen vermag. Doch wollen wir nicht vergessen, daß ungeachtet der astronomischen Situation immer einige Menschen da sind, die sich in der Erkenntnis ihrer geistigen Natur von solchen Einflüssen freigemacht haben. Wenn die herbstliche Tag- und Nachtgleiche im ersten Haus des Widder steht, kommt die Sonne ihrem magnetischen Zentrum am nächsten, und sie ist am weitesten von ihm entfernt, wenn die herbstliche Tag- und Nachtgleiche im ersten Haus der Waage steht.

Während dieses grandiosen 24 000-Jahre-Zyklus findet eine vollständige Veränderung sowohl der materiellen wie auch der intellektuellen Welt statt, denn die materielle Welt wird von der intellektuellen bestimmt. Vom niedrigsten Punkt aus, wenn der aufsteigende Zyklus von 12 000 Jahren beginnt, können wir eine langsame aber stetige Entfaltung des menschlichen Bewußtseins beobachten. Sie vollzieht sich in vier fortschreitenden Stufen. Die ersten 1 200 Jahre werden dunkles Zeitalter genannt, weil dann das Bewußtsein auf niedrigster Stufe steht. Der zweite Abschnitt von 2 400 Jahren ist das elektrische Zeitalter, in dem der Mensch die Fähigkeit erlangt, die Elektrizitäten und feinere Kräfte der Natur wahrzunehmen. Die dritte Stufe von 3 600 Jahren ist das Zeitalter des Gemütes. Nun vermag der Mensch die Welt des Gemütes und das Ineinander-Übergehen höherer und niederer Schwingungen zu begreifen. Die letzten 4 800 Jahre führen zum Höhepunkt des Goldenen Zeitalters, in dem der Mensch zum vollen Bewußtsein seiner geistigen Natur gelangt. Dann beginnt der Abstieg mit der gleichen Einteilung der Zeitperioden — nur in umgekehrter Reihenfolge, bis der Zyklus wieder den Tiefstand erreicht und 24 000 Jahre verstrichen sind. Dann beginnt der Prozeß wieder von neuem, nur daß der Höhepunkt jedesmal ein klein wenig höher liegt als der vorherige, und auch der Tiefpunkt liegt jedesmal ein wenig höher, so daß wir in der Gesamtplanung eine Verfeinerung unseres Sonnensystems und eine Belebung der Grundsubstanz erkennen. *Es wäre durchaus denkbar, daß zu gegebener Zeit unsere massive Erde unsichtbar wird und in einer anderen Dimension weiter existiert, als Wirklichkeit für ihre eigenen Bewohner, für andere Raumbewohner aber, die sich dann auf unserer gegenwärtigen Entfaltungsstufe befinden, unsichtbar.* Zur Zeit des Höhepunktes eines jeden Goldenen Zeitalters nehmen vorgeschrittene Seelen einen Körper an, um Erfahrungen zu sammeln, und wenn der Abstieg beginnt, gehen sie weiter zu anderen Planeten und Ebenen, auf denen sie weiterwirken können, — während Seelen, deren karmische Bilder mit den Bedingungen des Abstiegs harmonieren, sich zu der ihnen angemessenen Zeit verkörpern. Das Steigen oder Fallen der Kulturen hängt also nicht von den Einfällen und Launen der Menschen ab, sondern im Rhythmus des kosmischen Zyklus kommt der Mensch entweder zur Bewußtseinsentfaltung — oder er verfällt in Unwissenheit (als Gattung, aber nicht als Einzelwesen).

Wenn dies tatsächlich wahr ist, so müßte es wohl auch zu beobachten sein. Wir wollen sehen, ob dies möglich ist. Nach astronomischen Berechnungen war die Zeit der größten Zentrumsnähe 11 500 v. Chr. Zu dieser Zeit begann die Sonne, sich von ihrem Zentrum zu entfernen, und die intellektuellen Kräfte des Menschen fingen an zu schwinden. Während die überlieferte Geschichtsschreibung nicht weiter zurückgeht als bis 3 500 v. Chr., haben wir doch die mündliche Überlieferung, die sich in Mythen und Geschichten von einem Goldenen Zeitalter niedergeschlagen hat. Es ist interessant, daß Plato in seiner Schrift „Kritias" ein Goldenes Zeitalter zur Zeit seines Höhepunktes in Atlantis beschreibt. Er erzählt, wie die Regierung in Atlantis von einer Gruppe von Philosophen-Königen gebildet wurde, und es wird von einer philosophischen Demokratie gesprochen. Die Künste blühten, und die Wissenschaften wurden an großen Universitäten gepflegt. Der Mensch hatte keine Feinde und Kriege kannte man nicht. Nach und nach jedoch begann das hohe Bewußtsein zu schwinden, und der Mensch verlor seine geistigen Tugenden. Persönlicher Ehrgeiz und Geltungssucht nahmen zu und Verderbnis griff um sich. Atlantis fiel — und das Bewußtsein der Menschheit fuhr fort, entsprechend der Abwärtsbewegung des Sonnenzyklus spiralig abzusinken. Es wird berichtet, daß Atlantis 9 000 Jahre vor der Belagerung von Troja fiel. Letztere fand um das Jahr 1 184 v. Chr. statt. Wir sehen also, der Fall von Atlantis ereignete sich während des Niederganges eines Goldenen Zeitalters um das Jahr 10 184 v. Chr. — oder um 1 316 Jahre nach dem Beginn des Abstiegs, während sich die Sonne von ihrem magnetischen Zentrum entfernte. In unseren Berichten wird von diesem Zeitpunkt an der schnelle Niedergang sichtbar, bis der niedrigste Punkt des Kreislaufes um das Jahr 499 n. Chr. — und damit die stärkste Bewußtseinsumnachtung des dunklen Zeitalters erreicht war.

Atlantis versank bei einem großen Erdbeben in den Wellen des Atlantischen Ozeans. Der Glanz aber, der es umgab, lebt fort in den mündlich überlieferten Berichten von Dichtern und Philosophen, die Zeitgenossen dieses Zeitabschnittes waren. Selbst in den dunklen Zeitaltern geht die Wahrheit nicht verloren, denn es leben immer Menschen, die über Zeit und Raum hinauswachsen und die Wirklichkeit wahrnehmen. Technische Errungenschaften und Künste werden durch mündliche Überlieferung weitergegeben und leben verborgen weiter in symbolischen Schriften und Architekturen. Immer geht eine Reihe von Erleuchteten über die Erde, deren Aufgabe es ist, die Weisheit für künftige Zeiten zu bewahren. Jetzt, im 261. Jahr (1961) des elektrischen Zeitalters, kann die Form symbolischer Weitergabe fallen gelassen werden, da nun auch das allgemein-menschliche Bewußtsein einen Grad der Entfaltung erreicht hat, die Wahrheit unbemäntelt zu erkennen. Die Schranken der Geheimhaltung fallen, und einer größeren

Anzahl sich entfaltender Menschen wird der Zutritt zum inneren Tempel möglich gemacht. Mit großer Wahrscheinlichkeit verfügten die Atlantier über das Geheimnis der Luftfahrt, und sie verstanden es wohl auch, die Naturkräfte zu nutzen wie wir heute auch. Dies geht ebenfalls aus Berichten hervor, die sich bis in unsere Tage erhalten haben. Wie Plato über den Untergang von Atlantis schreibt, so berichtet die *Mahabharata*, ein indisches Epos, von einem vorhistorischen Krieg zwischen guten und bösen in Menschen verkörperten Mächten. In diesen Erzählungen finden wir Beschreibungen von fliegenden Maschinen und Waffen, die mit fürchterlicher Energieladung ihr Ziel zu erreichen vermochten.

Die auf- und absteigenden Bögen des Sonnenzyklus von je 12 000 Jahren sind — beginnend mit dem dunklen Zeitalter — in vier Abschnitte von 1 200, 2 400, 3 600 und 4 800 Jahren eingeteilt. Der Niedergang erfolgt in umgekehrter Reihenfolge. Der Charakter eines jeden Zeitalters kommt in der Mitte der betreffenden Zeitperiode am stärksten zum Ausdruck, während er sich in den Anfangs- und Endperioden mit dem der jeweils vorhergehenden oder nachfolgenden Zeiten vermischt. Dies zeigt sich im allmählichen Hervortreten der Wahrheit während des aufsteigenden Zyklus und in der langsamen Verdunkelung des allgemeinen Bewußtseins in den absteigenden Zeitperioden. Das Wissen um diesen kosmischen aber natürlichen Prozeß erfüllt unser Gemüt mit Frieden, denn wir leben in der Gewißheit, daß eine reifere Kultur im Kommen begriffen ist. Wir brauchen uns nicht zu sorgen und aufzuregen, wenn wir die oft noch ungeschickten Anstrengungen des modernen Menschen sehen, selbstverantwortlicher und freier zu werden. Das Schicksal der Menschheit muß sich erfüllen, und während der aufsteigende Zyklus seinen Fortschritt nimmt, werden wir alte Prophezeihungen bewahrheitet finden, wonach Nordamerika zum Zentrum der Kultur des Goldenen Zeitalters bestimmt ist.

30. Wählen wir das Zentrum (die Natur, die Essenz, das Wesen) des Körpers zum Gegenstand unserer Konzentration, so kommen wir zur Erkenntnis der Natur und Beschaffenheit des Körpers

Konzentrieren wir uns mit offenem Gemüt auf die Natur des Körpers, so gewinnen wir Einsicht in die Natur des Körpers. Und zwar erkennen wir nicht nur, wie die Lebenskräfte durch die Lebenszentren geleitet werden, sondern auch die verschiedenen Energien, Elektrizitäten und Gemütseigenschaften, die an der Gestaltung des Körpers mit wirksam sind. Zugleich begreifen wir das Wesen unserer Wunschbilder, der Ursache unserer Existenz auf dieser Ebene.

Der unsere materielle Existenz überdauernde Astralkörper ist von kristallisierten Ideen zusammengehaltene Energie. Diese Ideen bilden den Gemütskörper. Fünfunddreißig Ideen vereinigen sich zum Grundmodell, wonach sich der feine Astralkörper aus neunzehn Elementen und der physische Körper aus sechzehn Elementen zusammensetzt. Die neunzehn Elemente des Astralkörpers sind gedanklicher, gefühlshafter und lebensenergetischer Art und umfassen: Intelligenz; ... Ego (Idee des Getrenntseins vom Geist); ... Einfühlung; ... Denken; ... fünf Werkzeuge des Wissens — als die feineren Modelle der fünf Sinne des Sehens, Hörens, Riechens, Schmeckens und Tastens; ... fünf Werzeuge des Handelns — als die gedanklichen Modelle der Fähigkeiten zum schöpferischen Hervorbringen, zum Sondieren, zum Sprechen, zum Fortschreiten und zum Ausführen von Handfertigkeiten; ... und die fünf Werkzeuge der Lebensenergie, die die Funktionen der Kristallisierung (Formgebung), der Assimilation, Aussonderung, der Stoffwechseltätigkeit und der Zirkulation durchführen. Die sechzehn Elemente des physischen Körpers sind metallischer und nichtmetallischer Natur.

Obgleich ein universales Urbild (Prototyp) für menschliche Körper auf diesem Planeten existiert, wird der Körper des einzelnen doch seinen bestimmten Wunschbildern und psychologischen Mängeln gemäß geformt. Im Augenblick der Empfängnis sucht die Seele Kontakt mit dem befruchteten Ei, und da ihr Astralkörper von den Schwingungen unerfüllter Wünsche und unterbewußter Bilder erfüllt ist, nimmt der sich im Mutterschoß bildende physische Körper zwar die Form des genetischen Vorbildes an, sie wird jedoch von mitgebrachten Charaktereigenschaften (aus früheren Erfahrungen) mitbestimmt. Wir sind durch den uns von unseren Eltern gegebenen Körper eine Mischung aus der Gesamtmenschheitserinnerung, der wir unsere eigenen gesamten Erinnerungen an unsere früheren Körper, in denen wir andere Räume und Zeiten durchlebten, hinzufügen. Unsere Eltern wie auch der geographische Ort unserer Geburt sind durch unsere Wünsche und das Bedürfnis, ihnen Ausdruck geben zu können, vorherbestimmt.

Der Gemütskörper, der Astralkörper und unser physischer Leib sind durch Zentren verbunden, in denen die Lebenskräfte einander durchdringen. Am bekanntesten sind die Hauptnervenzentren im Rückgrat und Gehirn; doch liegen Zentren im ganzen Körper verteilt. Bei gleichmäßigem Fluß der Lebensenergie vermag der Astralkörper seine Aufgaben einwandfrei zu erfüllen. So wichtig die Blutzirkulation für den physischen Körper ist, so wichtig ist der Strom der Lebenskraft für den Astral- oder Energiekörper. Tatsächlich gibt es Berichte über Menschen, die sich während ihrer Existenz in einem physischen Körper ihres Astralkörpers derartig bewußt waren und deren Lebenskraft den Körper so machtvoll durchstrahlte, daß sie nicht zu essen brauchten und den Gesetzen der Ernährung, des Schlafes und der Bewegung nicht mehr unterlagen. Solche Dinge werden durch die Entfaltung von Bewußtheit auf höheren Ebenen möglich. Je mehr wir uns des Astralkörpers und des Stromes der Lebenskraft bewußt werden, umso unabhängiger werden wir von der physischen Welt.

Wer die Geheimnisse des Lebens erforscht hat, ist sich der Lebenszentren bewußt. Das Rückgrat ist ein höchst wichtiger Teil des menschlichen Körpers, denn hier wird der Einstrom des Geistes vor allem erkennbar, wie er sich in den Körper ergießt, um auf allen Ebenen durch ihn hindurchgeleitet zu werden. Energie strömt durch das Gehirn nieder und wird, nachdem sie die Medulla oblangata (das verlängerte Rückenmark) passiert hat, in zwei polare Ströme aufgespalten, die vom Dritten Auge, dem Stirn-Zentrum, automatisch (ohne Zutun unseres Bewußtseins) gesteuert werden. Die Energie wird durch das Rückgrat hinunter in die verschiedenen Zentren gelenkt: in das Hals-Zentrum, Rücken-Zentrum, Lenden-Zentrum, Kreuzbein-Zentrum und Steißbein-Zentrum, — und von diesen Zentren aus wird sie in den Körper weitergeleitet, und zwar jeweils in dem Schwingungsgrad, der den verschiedenen Notwendigkeiten des Körpers entspricht. Beginnend an der Basis des Rückgrats wollen wir die Zentren von unten nach oben durchgehen und dabei die drei Ebenen berücksichtigen.

Der Steißbein-Plexus — liegt am unteren Ende des Rückgrats. Seine Schwingung gibt dem Körper Festigkeit und der Atomstruktur Zusammenhalt. Die Nerven hier befördern die Energie zur Versorgung der Organe im Becken.

Der Kreuzbein-Plexus — liegt einige Zentimeter höher im Rückgrat. Seine Schwingung erhält das Flüssigkeitsgleichgewicht im Körper.

Der Lenden-Plexus — liegt dem Nabel gegenüber im Rückgrat und steht mit dem Sonnengeflecht in Verbindung. Er erzeugt sowohl psychische wie auch physische Wärme und ist als Feuerzentrum bekannt.

Der Rücken-Plexus — liegt zwischen den Schulterblättern im Rückgrat und ist aufs engste mit den Herznerven verbunden. Seine astrale Tätigkeit besteht darin, die Bewegung der lebenswichtigen Luft im Körper zu lenken.

Der Hals-Plexus — liegt dem Kehlkopf gegenüber im Rückgrat. Seine astrale Aufgabe ist es, das Äthergleichgewicht in den zwischenatomaren Räumen zu erhalten. Wer lernen will, seinen Körper durch lebens-elektronische Energien bzw. durch verfeinerte Lebenskraft zu erhalten, muß sich auf dieses Zentrum konzentrieren.

Das Zentrum des Dritten Auges — liegt zwischen den Augenbrauen. Es ist das Zentrum des bewußten Willens und der unbewußten (automatischen) Kontrolle der Lebenskräfte im Körper. Durch Konzentration unserer Aufmerksamkeit auf dieses Zentrum ziehen sich die freigewordenen Energien in diesem Punkt zusammen und bewirken, daß sich das Bewußtsein vom Dualitätsgedanken zur Erkenntnis des Einsseins erhebt. Dabei handelt es sich nicht um einen Denkvorgang, sondern um eine echte Erkenntnis bzw. Verwirklichung.

Das Mittelhirn — ist die Batterie des Körpers und die Vorratskammer für kosmische Energie im Körper. Das hier verwirklichte Bewußtsein ist keinen Bedingungen mehr unterworfen, es ist Bewußtheit des Absoluten, reines Sein.

Denken wir daran, daß wir uns hier nicht in einem Labyrinth verwickelter anatomischer Einzelheiten verlieren wollen. Unsere Absicht ist es, die Natur des Körpers zu begreifen — und zu verstehen, wie sich Bewußtsein zum Körper verdichtet. Es ist interessant, den

Vorgang Schritt um Schritt zu verfolgen. Im gleichen Grade, wie wir uns auf die verschiedenen Bewußtseinszentren einstimmen, entwickelt sich auf der entsprechenden Ebene unser Wahrnehmungsvermögen. Wer sich auf den Steißbein-Plexus einstimmt, nimmt die äußere Welt als einzige Wirklichkeit wahr. Natürlich sind dann auch die Motive seiner Handlungen von diesem Gesichtspunkt aus bestimmt. Identifiziert sich unser Bewußtsein mit dem Kreuzbein-Plexus, so werden wir schon aufgeweckter. Nun beginnt der Mensch, impulsiv die innere Regung des Geistes zu spüren — und ein Suchen nach dem Selbst beginnt, das noch durch manche Krisen führen wird, es sei denn, der Mensch hat hohe Qualitäten aus vorhergehenden Leben mitgebracht. Ist dies der Fall, so fühlt er sich von selbst getrieben, die rechten Verbindungen aufzunehmen und alle seine Entwicklung verzögernden Ablenkungen zu vermeiden. Ahnungen stellen sich ein und es kommt zu intuitiven Einblicken, — aber das Verständnis dessen, was vor sich geht, fehlt noch.

Am Wendepunkt seines geistigen Lebens befindet sich ein Mensch, der sich mit dem Lenden-Plexus identifiziert und seine Tätigkeit von dieser Ebene aus entfaltet. Ihn erfüllt ein tiefes, schon an Gewißheit grenzendes Gefühl des Lebens auf feineren Ebenen, — und doch hält ihn lange Gewöhnung noch in seinem Glauben an die dreidimensionale grob-stoffliche Welt fest. Es kommt zu lebhaften Erfahrungen, die das Erwachen anzeigen; es tauchen — wenn auch unkontrolliert — voraussehende Träume, Visionen oder außersinnliche Wahrnehmungen auf, — und ein Interesse an tieferen Dingen des Lebens wird deutlich. Lassen wir in unserem Bestreben nicht nach, dann eröffnet sich uns das Bewußtsein im Rückenzentrum. Damit kommen wir zur Erkenntnis unserer feineren Natur und der Wirksamkeiten des Fühlens und der Kräfte in unserem Körper und in der Welt um uns herum. Für gewöhnlich erlebt der Mensch auf dieser Stufe seiner Entfaltung eine starke Verbundenheit mit der Natur. — Ein durch das Hals-Zentrum wirksames Bewußtsein führt zu Frieden des Gemütes und innerer Ausgeglichenheit. Wir bewahren leichter die Ruhe, wenn wir vorher Einsicht in die Natur des Lebens und seiner Wirksamkeiten gewinnen konnten.

Wird unser Bewußtsein durch das Zentrum des Dritten Auges bzw. das Willenszentrum tätig, dann sind wir frei — und weilen doch noch in dieser Welt. Wir lassen die Energien in unserem Körper ihre Arbeit verrichten und bewahren dem Leben gegenüber vollkommenen Gleichmut, denn wir sind von einem höheren Zentrum aus wirksam. Und obgleich es so aussieht, als wären wir tätig in dieser Welt, so kann uns doch nichts beeinflussen, was um uns herum auch geschieht. Wir treten zu Menschen und Begebenheiten in Beziehung, doch lassen wir uns niemals so hineinziehen, daß sie uns beherrschen und wir unsere Gelassenheit verlieren. Zwanghafte Wünsche hegen wir nicht mehr, und so können uns aus unseren Handlungen auch keine Bindungen mehr entstehen. *Handeln wir intuitiv, so tun wir es nach einem höheren Plan und Willen (Gnade), — und was wir auch unternehmen, wir vollbringen es zur rechten Zeit am rechten Ort.* Als Werkzeug in der Hand des universalen Lebens sind wir persönlich nicht mehr beteiligt und so auch persönlich nicht mehr verantwortlich.

Verankern wir unser Bewußtsein im Mittelhirn, so verweilen wir in ständiger Erkenntnis des Absoluten, ob wir nun meditieren oder unseren täglichen Pflichten nachgehen. Es ist ein ununterbrochenes Verwirklichen des Absoluten, und wer dies erfährt, kann einen Körper tragen oder tun was er will, nichts kann ihn berühren oder hindern. Er wirkt als Geist — ohne jede Einschränkung.

Zuweilen erscheint es uns unerklärlich, wie bei einem Menschen hoher Bewußtseinsstufe, der bereits die Verwirklichung des Absoluten erlebt, dennoch eine schlechte körperliche Verfassung zutage treten kann. Vergegenwärtigen wir uns die verschiedenen Ebenen des Bewußtseins. Selbst wenn die Stufe des Überbewußtseins erreicht wurde und ununterbrochen festgehalten werden kann, fehlt es oft noch an der Regeneration des Körpers. Es bleibt dann immer noch die Aufgabe der reinen Bewußtheit, sich in den Körper hinunterzuarbeiten und sowohl den Körper von Fleisch und Blut wie auch die Energien und Gedankenmodelle zu läutern. Es gibt Menschen hoher Bewußtseinsgrade, die versäumen, ihren Körper zu läutern. Dann neigen sie dazu, ihn entweder zeitweilig zu vernachlässigen, oder sie identifizieren sich irrtümlicherweise wieder mit ihm und erleben — für gewöhnlich allerdings nur vorübergehend — eine Trübung des absoluten Bewußtseins. Wer ununterbrochen im Überbewußtsein verharrt und doch noch die in der Vergangenheit geschaffenen Wunschmodelle auf dieser Ebene ausarbeitet, wird ein *frei Lebender* genannt. Das Bewußtsein ist rein, aber der Körper löst noch die vorhandenen Wunschbilder auf. So lassen sich die zuweilen widrigen körperlichen Bedingungen von im Bewußtsein hochstehenden Menschen erklären. Doch meine ich, wir sollten das Bewußtsein des Absoluten (Überbewußtsein) hinunter in den Körper bringen und ihn auf allen Ebenen läutern. Dabei dürfen wir nicht vergessen, den Bauplan, das Modell des Körpers, auf der unterbewußten Ebene zu belassen, denn sonst zerstören wir ihn.

Es genügt nicht, wenn wir nur die Energien in Bewegung bringen, auch seelisch dies und jenes erreichen und gegen unsere Wünsche zu Felde ziehen. Wichtig ist, daß wir unseren Körper auf allen Ebenen läutern und zu gleicher Zeit aus höchstem Antrieb handeln. Der Vorgang der Bewußtseinserhöhung kann je nach den in unserem Gemüt vorherrschenden Eigenschaften mancherlei Veränderungen mit sich bringen (siehe Tabelle über die Eigenschaften des Gemütes, Aphorism. 46).

Außer der Stufe des *frei Lebenden* gibt es noch etliche andere Grade des Freiwerdens. Kommen wir zu voller Verwirklichung kosmischen Bewußtseins und haben wirklich die Absicht, diesem Bewußtsein gemäß auch zu handeln, so erreichen wir den Zustand absoluter Freiheit. Ein Mensch dieser Bewußtseinsstufe vermag wie ein Gott zu handeln, denn seine Natur ist die eines Gottes. Der Geist selbst handelt nicht, außer durch Werkzeuge. Ein absolut freier Mensch ist das beste und reinste Werkzeug des Stromes der Macht. Ein solcher Mensch vermag Welten zu erschaffen und verschwinden zu lassen, er vermag einen oder beliebig viele Körper in irgendeiner Zeit und an irgendeinem Ort anzunehmen und durch alle gleichzeitig wirksam zu sein. Dies sind die Meister und Weisen, deren Wesen und Verhalten allerdings keine Ähnlichkeit hat mit jenen von Schriftstellern ersonnenen Charakteren in mancherlei religiösen Büchern und Schriften. Die Verfasser geben hier nur ihre eigenen Vorstellungen wieder und schildern sie als glanzvolle Könige und Herrscher. Mit solchen phantastischen Darstellungen haben die wirklichen Meister nichts zu tun.

Der physische Körper ist geläutert, wenn das reine Bewußtsein durch ihn zum Ausdruck kommt. Die Schwingungszahl hat sich dann erhöht, und in diesem Moment erfahren auch die Lebenskräfte eine Intensivierung; denn daß sich etwas auf einen Körper allein auswirken könnte, ist nicht denkbar. Während dieser Zeit gehen wir wohl auch zu einer anderen Ernährungsweise über, und andere Unternehmungen und Betätigungen sind es, die uns nun Freude bereiten. Auch unsere Wünsche erfuhren eine Läuterung. Dies bedeutet nicht, daß wir keine Wünsche mehr hätten. Wünsche sind notwendig, solange wir auf dieser Ebene nach Ausdruck suchen. Aber sie werden dann natürlichen Impulsen folgen und nicht mehr zu Abartigkeiten neigen, hervorgerufen durch verdrehte Auffassungen und ein unruhiges Gemüt. Sobald unsere triebhaften Wünsche und negativen Gefühlszustände aufhören, ist unser Gemütskörper geläutert. Wir fühlen uns nun äußerst wohl und erfahren einen mächtigen Auftrieb. Es ist nicht ausgeschlossen, daß ein Mensch dieses Verwirklichungsgrades seinen Körper beim Hinübergang in die andere Welt selbst aufzulösen vermag. Er hätte dann nämlich nichts zu tun, als die zusammenhaltende Kraft auszuschalten, — die den Körper bildenden Energieteilchen würden sich zerstreuen — und der Körper wäre nicht mehr. *Was den Körper zusammenhält ist einzig der Wunsch nach Ausdruck, und der ist es, der Energieteilchen veranlaßt, sich um das Körpermodell herum zu formieren und auf jeder Ebene als Körper in Erscheinung zu treten, auf die das Wunschmodell der Seele eingestimmt ist.*

Haben wir eine bestimmte Bewußtseinsstufe erreicht, so vermögen wir unsere Wunsch- und Gefühlsbilder dadurch auszulöschen, daß wir sie auf die Ebene inneren Schauens projizieren. Wir setzen uns ruhig hin — mit hell-wacher Aufmerksamkeit — und gehen in die Stille. Werden wir uns dann unserer Wunschbilder und des Verlangens bewußt, sie entweder erfüllt oder ausgelöscht zu sehen, versetzen wir uns in einen bewußten Traum (in Wirklichkeit auf die astrale Ebene) und erfüllen die Wünsche, um sie dadurch unwirksam zu machen. Auf diese Weise können wir uns ihrer bewußt und auf kürzestem Wege entledigen. Bis zu einem gewissen Grade liegt dies im Vermögen jedes Durchschnittsmenschen, der über ein gutes Vorstellungsvermögen verfügt.

Jeder kann selbst zur Läuterung seines Körpers auf allen Ebenen beitragen, wenn er sich bewußt darum bemüht, seinen Körper sauber und funktionsfähig zu erhalten, — immer aus rechten Beweggründen zu handeln — und sein Gefühlsleben in Ordnung zu halten. Gespräche und Tätigkeiten auf hohem Niveau vermögen uns da sehr gut weiterzuhelfen. Solche bewußten Bemühungen haben keinen Wert an sich selbst, und wir brauchen uns darum auch nichts darauf einzubilden. Sie sind lediglich dazu da, Körper und Gemüt so zu gestalten, daß ein stärkerer Einstrom des Geistes durch sie möglich wird.

Wer sich seiner wahren Natur völlig bewußt geworden ist, kann in einem Körper auf dieser Ebene leben, solange er mag. Mit der Verwirklichung der Geistnatur befreit er sich von allen Täuschungen und begrenzten Auffassungen. Für Altersschwäche und Altern gibt es keinen wirklichen Grund. Es leben heute Meister in Körpern von tadelloser Verfassung und in scheinbar bestem Alter, — obwohl sie schon seit Jahrhunderten darin leben. Das ist keine Übertreibung. Sie wissen, daß der Körper verdichteter Gedanke ist, und wenn sie also in ihrer Vorstellung ein geistiges Bild von Jugend und Gesundheit aufrecht erhalten, so wird ihr Körper als Ausgestaltung des Gedankenmodells entsprechend in Erscheinung treten. Das ist der Grund, warum sie nicht altern. Dergleichen kann allerdings niemals durch bloße Bejahung oder Selbstsuggestion erreicht werden, sondern *es ist eine natürliche Folge, wenn der Mensch in der reinen Erkenntnis der wahren Natur seines Körpers verharrt.*

Die Seele bewohnt und benutzt einen für ihre Absichten geeigneten und der ausgewählten Umgebung angepaßten Körper. Man könnte sich vorstellen, daß auf anderen Planeten andere Körperformen existieren, da die Organismen sich dem atmosphärischen Druck und anderen lokalen Bedingungen anpassen müssen. Über einen evtl. höheren Entfaltungsgrad der Wesen anderer Planeten sollte man sich keine Gedanken machen; denn dies bleibt immer eine Bewußtseinsangelegenheit. Da ungezählte Sonnensysteme existieren, wird es ohne Zweifel auch viele Planeten mit intelligentem Leben und unterschiedlichen Entwicklungsstufen geben. Auf einigen beginnt das Leben sich vielleicht gerade erst zu regen, auf anderen lebt man möglicherweise im Goldenen Zeitalter. Bei solchen Überlegungen mag man sich fragen, wie es eigentlich zum Menschen kam auf unserer Erde. Es gibt darüber viele Theorien, und es ist natürlich nicht notwendig, daß unsere Gedanken über dies Problem für sämtliche anderen Planeten auch Gültigkeit haben müßten. Daß der physische Körper mit den in ihn eingebauten komplizierten Kontrollzentren und tiefsitzenden Reaktionsmodellen ein Ergebnis der Entwicklung ist, halte ich für einleuchtend. Damit möchte ich aber nicht behaupten, daß auch das Bewußtwerden der Seele eine Sache der Entfaltung ist. *Auf jeden Fall gibt es da zwei Wege.*

Die Entwicklung der Körper geschieht in Anpassung an die Umgebung und entsprechend dem Verlangen der Seelennatur nach Ausdruck. Es handelt sich also um einen doppelten Vorgang, — einmal muß die Entfaltung darauf abzielen, den Gefahren der Umgebung zu begegnen, und zweitens wird sie von dem innewohnenden Wunsch der Seele nach Ausdruck durch den Körper mitbestimmt. Dies innere Drängen fördert einerseits eine Verfeinerung des Körpers und führt andererseits dazu, daß die Seelen die Körper verlassen, um sich in anderen, ihren weiteren Absichten besser entsprechenden Gestaltungen wiederum zu verkörpern. Identifiziert sich die Seele mit einem Körper ohne das feine Nervensystem, so setzt sie sich Schranken, da die Wahrnehmung durch das Unterbewußtsein des Organismus geschieht. Um frei in Erscheinung treten zu können, braucht die Seele einen menschlichen Körper so wie er eingerichtet ist — mit dem Nervensystem im Rückgrat und Gehirn. Auf unserem Planeten ist der menschliche Körper das vollkommenste Instrument für den Ausdruck der Seele. Doch können wir ihn durch Bewußtsein vom Selbst und durch bestimmte Übungen noch weiter verfeinern, der Bewußtwerdung weitere Bereiche eröffnen und ihn so in eine Verfassung bringen, daß ein freier Einstrom des Geistes möglich wird. Niedrigen Lebensformen bleibt dieser Weg der Selbstverfeinerung verschlossen, obgleich auch durch sie Lebenseinheiten bzw. Seelen wirksam sind. Daß auch Tiere Seelen haben, mag dem Gefühl mancher Menschen widersprechen. Doch ist hier nicht der Platz, Gründe und Gegengründe zu erwägen. Wir wollen die Dinge nur sehen, wie sie doch scheinbar sind.

Der Mensch in seiner gegenwärtigen Gestalt ist offenbar das Ergebnis einer Entwicklung (und inneren Entfaltung), und nichts spricht für irgendwelche anderen Vermutungen. Dabei wäre es nicht undenkbar, daß vielleicht zu irgendeiner Zeit in der Vergangenheit unser Planet von Wesen aus dem Weltraum besucht wurde, die blieben und sich mit den damals höchsten Lebensformen verbanden. Dadurch kann es — zeitlich gesehen — zu einem großen Schritt vorwärts in der Entfaltung zum Menschen von heute gekommen sein. In alten Schriften wird auch geschildert, wie *göttliche Wesen* herabstiegen, um sich mit den derzeit höchsten Lebensgestaltungen zu verbinden. Die Auswirkung wäre die gleiche. Ob es sich nun um Wesen von anderen Planeten oder anderen Ebenen handelt, immer könnte ihr Erscheinen zu einer Beschleunigung der Entfaltung des Menschen zum Entwicklungsstand von heute geführt haben, da die Körper dadurch evtl. eine Verfeinerung erfuhren, die es ermöglichte, Seelen mit höherem Bewußtsein zu beherbergen. Bei allem geht es darum, genügend ausgerüstete Körper zu schaffen, die voll bewußten Seelen als Werkzeug dienen können.

Tragen Seelen kein Verlangen mehr, auf dieser Ebene weiterzuwirken, so wechseln sie zu irgendeiner anderen über. Es braucht nicht einmal immer der gleiche Planet zu sein. Unser Planet folgt einem bestimmten Entfaltungsmodell, das zu seiner Zeit seine Erfüllung findet, und dieser Entfaltungsweg entspricht auch den Wünschen der Seelen, die ihn als Aufenthaltsort erwählen.

31.—32. Wer sein Bewußtsein fest im Bereich des Hals-Zentrums verankert, lernt seinen Hunger zu beherrschen und das Gleichgewicht seines Körpers zu erhalten

Wie schon in früheren Erläuterungen erwähnt, vermag der Mensch tatsächlich den Hunger zu überwinden, indem er den Körper entweder durch Lebenskraft erhält oder alle Scheinbegierden abstellt. Dies gilt auch für die anderen Arten des Hungers, d. h. für alle zwanghaften Wünsche. Wer sein Bewußtsein im Hals-Zentrum festhält, vermag die Lebenskräfte zu steuern, und für ihn gibt es keine Verhaftungen mehr. So wird es ihm leicht, ausgeglichen und objektiv zu sein.

33. Sobald wir uns des Lichtes im Kopf bewußt werden, vermögen wir auch die Meister und Weisen zu erkennen

Nicht nur, daß ein Mensch dieser Bewußtseinsstufe die Weisen auf dieser Ebene erkennt, er vermag sie auch durch hellsichtigen inneren Blick auf anderen Ebenen zu sehen. Es mag paradox erscheinen, aber zuerst müssen wir unser Bewußtsein so weit erhoben haben, daß wir die Wahrheit begreifen, ehe wir einen Weisen erkennen. Es gibt eine Unzahl von Dimensionen *hier* im Raum, erfüllt mit verkörperten Seelen aller Art. Ein hellsichtiges Schauen ermöglicht es uns, den Vorhang zu zerteilen und uns auf die gewünschte Ebene einzustimmen. Wenn negative Menschen ihr Wahrnehmungsvermögen erweitern, so kommen sie mit niedrigen Astralwesen in Kontakt; ruhelose Menschen treten dann in Verbindung mit Wesen ihresgleichen, die zwar in die Astralwelt eingingen, deshalb aber nicht mehr Erleuchtung erfuhren. Menschen mit reinem Denken, Fühlen und Bestreben finden auf dieser und auf anderen Ebenen den Kontakt zu Wesen mit erhöhtem Bewußtsein. Dies wird dann möglich, wenn die Schranken von Zeit und Raum fallen und aufhören zu sein. In der Regel kommen wir in tiefer Meditation mit einem Weisen in Kontakt, sobald wir die Verbindung mit dieser Welt ausschalten, obgleich es auch möglich ist, bei voller Wachheit in dieser Welt durch den Schleier hindurch in ihren Wirkungsbereich hineinzuschauen. Da wir durch den Kontakt mit dem inneren Licht sensitiver geworden sind, *nehmen wir die feineren Welten wahr, die bereits um uns herum existieren.*

Diese Fähigkeit ist etwas grundlegend anderes als die bekannten Grade medialen Wahrnehmungsvermögens. Auch handelt es sich hier nicht um eine glorreiche Hierarchie himmlischer Regenten, die sich Werkzeuge suchen. Wohl haben Weise zuweilen den Wunsch, ihr Werk weiterzuführen zu sehen, und sie werden ihre Absicht Menschen vermitteln, die für die Fortführung geeignet sind. Eine solche Führung aber bleibt nur solchen vorbehalten, die sich darauf vorbereitet haben, — und sie werden dadurch Förderung erfahren — aber keinerlei Schädigung oder gar Zerstörung. Die Weisen bedürfen keiner Sklaven, die für sie arbeiten.

Meister und Weise wirken meistens durch Menschen, die auf sie eingestimmt sind und schon in der Vergangenheit mit ihnen zusammengearbeitet haben. Wenn ein Weiser sich verkörpert, so bringt er fast immer eine Reihe von Helfern mit, die das Werk ausführen. Und selbst wenn der Weise den irdischen Plan verläßt, vermag er immer noch seine Schüler anzuregen und sie in die rechte Richtung zu lenken. Im allgemeinen geschieht dies durch Inspiration, das heißt, der Schüler wird veranlaßt einen Weg einzuschlagen, der seinen eigenen Fähigkeiten entspricht. Ein Weiser pflegt sich nicht in die privaten Angelegenheiten der Menschen einzumischen. Das Sprechen (Kundgebungen) von sogenannten Meistern durch Schüler im Trance, das der körperlichen und seelisch-geistigen Gesundheit des Schülers nur schadet, ist geradezu eine Karikatur der wirklichen Meister-Schüler-Beziehung. Ein erleuchteter Meister hat es nicht nötig, dem Wink und Ruf gefühlsmäßig unzuverlässiger Medien Folge zu leisten.

Den sichersten Weg gehen wir, wenn wir uns darin üben, in der Stille zu sitzen und des kosmischen Bewußtseins gewahr zu werden, und in diesem hohen Zustand lassen wir die Erfahrungen einfach kommen. Wer aus Verzweiflung irgendeinen Kontakt sucht, wird in den meisten Fällen nur Scheinerfüllungen seiner eigenen unterbewußten

Wünsche erleben, und solche Selbsttäuschungen sind Hindernisse auf unserem Weg.

34. Regelmäßige Meditation führt zu spontaner Erleuchtung und klarer Einsicht

Wie regelmäßige Kontemplation schließlich zur Identifikation mit dem Gegenstand der Kontemplation führt, so kommen wir durch regelmäßige Meditation zu Einblicken in das sinnlich nicht Wahrnehmbare, die uns dann zuteil werden, wenn alle Gedanken zum Stillstand gebracht wurden und wir unsere Aufmerksamkeit ganz vom Körper und allem, was damit zusammenhängt, abziehen und auf die Verwirklichung reinen Bewußtseins lenken konnten, das keines Körpers bedarf. Sobald durch die Sinneszentren des Körpers ein freier Fluß des Gewahrseins gewährleistet ist, kommen wir zum bewußten Gewahrsein des Kosmischen, und gleichzeitig mit dieser Erhellung unseres Bewußtseins erleben wir die Einheit der kosmischen Wirksamkeit und erkennen, daß es nur einen Körper gibt: den kosmischen Körper. Erreichen wir eine vollkommene Identifikation und einen absolut ungetrübten Einblick, so wissen wir um die ewige Natur des Geistes und auch der Seele, die eine Individuation des Geistes ist.

35. Wählen wir das Herz-Zentrum zum Gegenstand unserer Kontemplation, so gewinnen wir Einblick in den Bereich des Gemütes

Im Schöpfungsprozeß schreitet absolutes Bewußtsein durch verschiedene Phasen nieder, und eine dieser Phasen ist die Gemütsebene. Gerade wie das menschliche Gemüt verschiedenste individuelle Bildungen zeigt, so finden wir auch im universalen Gemüt größte Vielfältigkeit, die ihm schöpferische Tätigkeit überhaupt erst ermöglicht. Wenn wir uns auf das Herz-Zentrum konzentrieren, das auch „Tor zum inneren Königreich" genannt wurde, so entfaltet sich unser Gewahrsein dahin, daß wir das Meer des Gemütes zu durchschauen vermögen. In ihm webt, lebt und bewegt sich alles. Wie in einer großen Wassermenge eine unendliche Vielzahl von Eiskristallen — einige härter, andere weicher — enthalten sein können, alle jedoch aus Wasser und im Wasser gebildet, so findet sich auch im Meer des Gemütes eine unzählbare Menge von

Gestaltungen, verschieden im Grad ihrer Dichte, doch alle entstanden und sich bewegend im Meere des Gemütes. Was wir begreifen müssen ist dies: *alle Dinge sind Bewußtsein in Form, und sonst existieren keine Dinge.* Alles ist aus der gleichen Grundsubstanz geschaffen und hat nur durch sie Wirklichkeit. Es ist absolut unmöglich, daß irgendein Teil der Schöpfung etwas anderes sein könnte als Bewußtsein. Manche Menschen fühlen sich zuweilen verlassen und losgelöst vom Ganzen, — ein Gefühl, das vom Ichbewußtsein hervorgerufen wird. Aber eines Tages werden sie bemerken, daß dies eine Täuschung war. Da alle Menschen und Dinge nichts anderes sind als Bewußtsein in Form, kann nichts verlorengehen, *denn im absoluten Sinne gibt es kein Vermehren oder Vermindern der universalen Substanz.*

Sobald wir die Natur des universalen Gemütes erkannt haben, wird es nicht schwer, auch die Gemütstätigkeit der Menschen zu begreifen.

36. Die Unfähigkeit, sich die Idee der Einheit der Welt zu eigen zu machen, führt zu Verwirrung. Andererseits kommen wir durch Erkennung des Geistes zur Lösung aller Probleme

Mangel an Unterscheidungsvermögen bzw. die mangelnde Fähigkeit, Richtiges von Unrichtigem zu unterscheiden, ist der Grund für allen menschlichen Jammer. Sobald wir zur Erkenntnis der Wirklichkeit kommen, wird alles besser. Wir irren, wenn wir meinen, wir müßten bestimmte karmische Bilder *entwerfen* und unsere Ideen in die Zukunft projizieren. Ein Fortschreiten im Erkennen löscht alle Vergangenheit aus, welcher Art sie auch gewesen sein mag. Viele empfinden es als äußerst schwierig, sich damit abzufinden, daß das, was sie als Verwirrung und Unglück ansehen, überhaupt existiert, — allein, schon bei dem Gedanken, vielleicht über diese Dinge hinauskommen zu können, fühlen sie sich schuldig. Doch geht jeder Mensch durch Zeiten der Not — aus Mißverständnis. Für jene aber, die zu Einsichten kamen, würde es eine Hemmung ihrer eigenen Entfaltung bedeuten, wollten sie sich im Kummer verzehren, nur weil andere noch nicht zur Einsicht fanden. Da wir in Wirklichkeit alle miteinander verbunden sind, hilft unser eigenes Erkennen unwillkürlich auch anderen bei der Erhellung ihres Bewußtseins, und so können wir tatsächlich nichts Besseres für sie tun, als nach der Erfahrung kosmischen Bewußtseins zu streben.

37. Gleichzeitig mit der spontanen Erleuchtung kommen wir zur
Wahrnehmung der Wirklichkeit auf verschiedenen Ebenen durch
die Sinne des Hörens, Tastens, Sehens, Schmeckens und Riechens

Bei einer teilweisen Erleuchtung werden uns unsere Wahrnehmungen,
da wir immer noch körperorientiert sind, durch unsere Sinne vermittelt. Nun sind dazu allerdings keine Sinne nötig; da wir jedoch erst zu
einer teilweisen Erkenntnis der Wirklichkeit gekommen sind, beginnen
wir die feineren Gestaltungen zu sehen. Diese Art der Wahrnehmung
— durch den Sinn des Sehens — ist als Hellsehen bekannt, während das
feinere Hören Hellhören genannt wird. Der Vorgang ist der, daß wir
etwas intuitiv, aber nicht ganz klar wahrnehmen und darum die Sinne
als Mittler benutzen. Dabei bleiben unsere Wahrnehmungen unvoll-
kommen, weil sie durch die Brille des Körpermodells und der unterbewußten Verhaltensbilder gesehen werden, durch die sie zuweilen
verzerrt erscheinen.

38. Diese Wahrnehmungen sind Hindernisse auf unserem Wege zur
Befreiung, im gewöhnlichen Sinne aber sind es uns durch Erleuch-
tung zuteil werdende Mächte

In den nächsten Aphorismen werden diese Mächte im einzelnen behandelt, darum wollen wir versuchen, sie zu begreifen. Für einen Menschen, der sich plötzlich im Besitz dieser Mächte sieht, mag es eine große
Enttäuschung sein, wenn er erfährt, daß sie seiner Befreiung im Wege
stehen. Tatsächlich bedeutet dies für manche Menschen einen derartigen
Schock, daß sie an diesem Punkte ihrer Entfaltung meinen, sie wüßten
mehr als ihr geistiger Lehrer und sich entschließen, ihre eigenen Wege
zu gehen. Dies endet meistens im Unglück; mindestens aber wird der
Betreffende von dem Labyrinth seelischer Wirksamkeiten derartig irri-
tiert, daß er vollständig in die Irre geht.
Selbst vollkommen Erleuchtete können nicht ständig im hohen Zustand der Geist-Beseeltheit verweilen, sondern müssen durch ihren
Körper zur Wirksamkeit kommen. Es ist darum nicht ohne Bedeutung,
die Mächte richtig verstehen zu lernen. Vom Standpunkt höchster Erkenntnis aus gehandhabt, können sie größten Segen bringen. *Um es*
gleich vorweg zu sagen, es bestehen keinerlei Bedenken, die Mächte zu

förderlichen Zwecken einzusetzen, denn es liegt in der Natur der Seele, im Laufe ihrer Entfaltung größere Fähigkeiten zu entwickeln. Nur wenn die Mächte selbstsüchtig verwandt werden, führen sie zu Schwierigkeiten, und dann auf allen Ebenen. Wir brauchen also nichts zu befürchten, solange wir von einer hohen Bewußtseinsstufe aus wirken. Natürlich werden abergläubische Menschen ihre Stirne runzeln und mit ihren Einwänden gegen jeglichen Gebrauch der Mächte sehr weise tun. Solche kleinmütigen Bedenken können wir hier jedoch nicht berücksichtigen. *Wenn diese Mächte auf dem Wege zur Befreiung hinderlich sind, so deshalb, weil sich manche Menschen von ihnen derartig faszinieren lassen, daß sie darüber das wirkliche Ziel ihres Lebens aus dem Auge verlieren.* Wenn wir die Mächte zu beherrschen verstehen und am rechten Platze einsetzen, so wirken wir damit nur Gutes und Nützliches.

ERLÄUTERUNG DER MÄCHTE

39. *Wer die Ursache begreift, warum das Gemüt sich einem bestimmten Körper verbindet, und wer erkennt, wie die Lebenskraft durch das Nervensystem hindurchfließt, der vermag seinen Körper willkürlich zu verlassen — und sogar in den Körper eines anderen Menschen einzutreten*

Da die zu voller Bewußtheit erwachte Seele frei ist, vermag sie sich — wenn sie will — vom Körper zu lösen. Voraussetzung dafür ist eine genaue Kenntnis des Zusammenhanges zwischen dem Gemütskörper, dem astralen und dem physischen Körper. Es gibt eine besondere Technik (siehe Kriya zweite Stufe in den Arbeitsanleitungen), wodurch der fortgeschrittene Schüler den Körper verläßt, indem er den Lebensstrom durch die Zentren im Rückgrat zurückzieht; denn dies sind die Verbindungspunkte der Lebenskräfte mit dem Körper. Theoretisch kann er in den Körper wieder eintreten, solange noch ein Fünkchen Leben im Nervensystem zurückgeblieben ist.

Obgleich Fälle vorkommen, in denen scheinbar eine Wesenheit (mit dem Wissen um diesen Vorgang) vom Körper eines passiven Menschen Besitz ergreift, so dürfen wir doch meistens eher damit rechnen, daß die niedrige Natur des eigenen unterbewußten Gemütes die Oberhand gewonnen hat, als daß eine wirkliche Besessenheit vorliegt. Eine hoch entfaltete Seele wirkt selten durch den Körper eines anderen; stattdessen gibt sie auf telepathischem Wege Anregungen — vorausgesetzt der Mensch, durch den sie wirksam werden möchte, ist für eine Zusammenarbeit sensitiv genug. Solche Zusammenwirkung ist nur möglich, wenn zwischen dem Weisen und dem Schüler eine Verbindung da ist. Weise würden niemals auf die Tätigkeit von Menschen unserer Ebene einwirken und sie bestimmen wollen, wenn kein Verlangen nach Führung besteht. Und selbst wo es zu einer vollkommenen Zusammenarbeit zwischen dem Lehrer und dem Schüler kommt, regt der Weise doch nur an, während es dem Schüler überlassen bleibt, die Aufgabe entsprechend seiner eigenen inneren Führung zu vollbringen. Einem wirklichen geistigen Lehrer liegt nicht daran, daß Schüler ihren eigenen Entfaltungsweg aufgeben, um seine persönlichen Wünsche zu erfüllen. Er arbeitet mit Schülern, die mit ihm, seinen Plänen und Ideen im Einklang sind.

Schwierigkeiten bei dieser Zusammenarbeit gibt es dann, wenn Schüler, denen es noch an der rechten Einsicht mangelt, die Rolle des Weisen zu interpretieren versuchen. Dann entwerfen sie meistens ein phantastisches System planetarischer Herrschaft und eine sorgsam ausgearbeitete Methode der Seelenentfaltung, die neu hinzukommenden Schülern anziehend erscheinen mag, aber in Wirklichkeit jeder Grundlage entbehrt. Wir dürfen nicht vergessen, daß eine verstandesmäßige Deutung der inneren Vorgänge zu ungenauen Zergliederungen führt. Dies beweist das unausgeglichene Leben derer, die mit solchen Dingen ihre Zeit vergeuden.

40. *Beherrschen wir den Lebensstrom, der den Bestand lebenswichtiger Luft im Körper reguliert, so wird es uns möglich, frei im Raume zu schweben (Levitation) und den Körper willentlich zu verlassen*

Begreifen wir die Wirksamkeit jenes Lebensstromes, der die Tätigkeit der Lungen und oberen Körperpartien reguliert, so vermag sich ein Schüler, der diese Kenntnis zur Anwendung bringt, frei in die Luft zu erheben (Levitation). Dies geschieht entweder bewußt oder unwillkürlich. Viele Menschen sind in diesem Zustand beobachtet worden, meistens während einer andächtigen Gemütsverfassung.

Auch vermögen wir durch Beherrschung dieses Lebensstromes unser Herz stillstehen zu lassen und den Körper in einem magnetisierten (elektrisch geladenen) Zustand zu erhalten, so daß er nicht unter dem Aussetzen der Herztätigkeit leidet. Ein gewaltsam herbeigeführtes Stillstehen des Herzens oder der Blutzirkulation würde den Gehirnzellen schaden, — in tiefer Meditation jedoch ergibt sich eine Aufladung der Gehirnzellen und des gesamten Nervensystems mit Elektrizität. Das Bedeutsame am Erreichen dieser Stufe der Bewußtheit liegt darin, daß sich der Mensch dann *erhoben* hat über die Verhaftung an Dinge dieser Welt und in der Erkenntnis und Verwirklichung des Geistes ruht.

41. Wer es vermag, seinen Lebenskörper bis nach außen hin in Erscheinung treten zu lassen, der ist von Licht erfüllt

Nehmen wir das innere Leben zum Gegenstand tiefer Kontemplation, so erwacht und regt sich die Lebenskraft in uns, die nun den Körper durchströmt und ihn auf allen Ebenen belebt, sobald sie einmal aktiviert worden ist. Zuweilen sieht man einen Lichtschein um den Körper eines solchen Menschen, da die Lebenskraft vom Zentrum aus nach allen Richtungen strahlt. Auf dieser Stufe kann in der Meditation leicht das innere Licht gesehen werden; der Betreffende erlebt dann, daß sein ganzer Körper vom Kopf bis zu den Zehen von Licht erfüllt ist. Und diese Erfahrung wird so intensiv, daß er das Gefühl hat, als ob sogar der physische Körper ganz aus Licht bestehen würde, (was auch tatsächlich der Fall ist), und als ob er sich in einem Universum von Licht — sogar auf dieser Ebene — befände. Das Erleben des Lichtes regeneriert den ganzen Körper und bringt ihn auf eine hohe Stufe des Gewahrseins. Dies ist besonders darum von Bedeutung, weil die Kinder solcher Eltern sehr feinfühlig sein werden und auf solche Weise die gesamte Menschheit auf eine höhere Stufe gebracht werden kann. Während wir im aufsteigenden Zyklus vorangehen, werden die Körper der Menschen mehr und mehr geläutert, und damit finden die Seelen höherer Bewußtseinsstufen eine Möglichkeit, sich zu verkörpern.

42. Wenn wir tief in uns hineinlauschen, werden wir den ewigen, immerwährenden Ton hören

Während wir in der Stille lauschen, gehen wir durch mehrere Phasen. Im Anfang hören wir die Geräusche des physischen Körpers, dann die Elektrizitäten auf der astralen Ebene, danach erkennen wir intuitiv die Wunschmodelle, und schließlich hören wir den kosmischen Laut. Wählen wir diesen zum Gegenstand unserer Kontemplation, so kommen wir zur Verwirklichung reinen Bewußtseins (siehe Arbeitsanleitungen „Einstimmung auf den kosmischen Ton").

43. Indem wir die Natur der verschiedenen Ebenen der Schöpfung und
die Beziehung der Seele zum Körper zum Gegenstand unserer Kon-
templation wählen, erlangen wir die Fähigkeit, über Zeit, Raum
und Lebensumstände hinauszuwachsen

Wissen wir, wie Leben auf sich selber einwirkt, um die Schöpfung er-
stehen zu lassen, und haben wir gelernt, wie wir uns vom Körper zu
lösen vermögen, dann ist unsere Seele aller Beschränkungen frei. Zwar
kann sie durch einen Körper wirken und ihn entsprechend ihren Wünschen benutzen, um bestimmte Pläne in unserer Welt auszuführen, aber
sie ist nicht an diese Ebene gebunden. Eine solche Fähigkeit stellt sich
als natürliche Folge der Erleuchtung ein.

44. Wählen wir das über alle Form hinausgehende Licht zum Gegen-
stand unserer Kontemplation, kommen wir zur Erleuchtung

Erleuchtung wird uns entweder plötzlich zuteil, oder wir erleben sie
in einer Reihe uns unvermittelt zufallender Klarheiten. Mit Erleuchtung ist nicht eine Entfaltung und Aneignung von Wissen gemeint.
Sie ergibt sich vielmehr aus der Aufgabe der Verbindung mit dem
Körper und meint die Verwirklichung reiner Bewußtheit. Während
einer vollkommenen Erleuchtung wird nicht mehr das geringste von
irgendeiner Art Körperlichkeit wahrgenommen, weder der Körper
selbst, noch die Kräfte, noch Gedanken oder Gefühle. Wir sind frei
geworden und in die Unendlichkeit und Grenzenlosigkeit des Geistes
eingetreten. Mit dieser entweder plötzlich oder in einer Reihe von
Klarheits-Erlebnissen eintretenden Befreiung haben wir die Verwirklichung erreicht. Daß es sich tatsächlich um eine Verwirklichung und
nicht um Selbsttäuschung durch Kontaktaufnahme mit der niederen
Astralebene handelt, erkennen wir daraus, daß wir bei der Verwirklichung einen bedeutenden Zuwachs an Kraft und Erkenntnis der
Wahrheit erleben, während Selbsttäuschung leicht zu einer Beunruhi-
gung des Nervensystems und zu Gemütsverwirrung führt. Während
der Erleuchtung werden die Kräfte der Seele durch die Kontrollzentren
des Körpers gelenkt, um den Körper zu erhalten. Meistens geht dabei
jedoch das Seelengewahrsein wieder verloren und nur das Körperbewußtsein bleibt.

45. Wählen wir die Natur der Elemente und ihre Eigenschaften zum Gegenstand unserer Kontemplation, so lernen wir, sie zu meistern

Sobald sich unser Verständnis erweitert, ist es nur natürlich, daß wir ins Herz der Natur sehen und erkennen können, wie alle Dinge gemacht sind. Es gibt nur einen allüberall gegenwärtigen Grundstoff (Substanz), aber der unendlich verzweigte Schöpfungsprozeß dauert nach dem Gesetz ständiger Veränderung, die zu grenzenloser Vielfalt führt, an. Während unserer inneren Entfaltung und der sich erweiternden Erkenntnis über die Natur des Körpers gewinnen wir von selbst auch Verständnis für die anderen Lebensformen. Wir haben die Möglichkeit der Erkenntnis jedes Dinges und Geschöpfes, wenn wir unsere Aufmerksamkeit darauf richten und nicht loslassen, bis wir zur Identifikation gelangen; dann kommen wir dadurch zu unserem Wissen, daß wir *von dem Punkt aus* sehen, den wir zu ergründen trachteten. Verweilen wir dort mit voller Bewußtheit, so wissen wir natürlich alles über den Gegenstand unserer Erforschung.

Wir sollten versuchen, den Impuls hinter der Schöpfung zu erkennen und uns der Wirksamkeit und Bewegung der Energien und Ausgleichskräfte bewußt werden, die notwendig sind, um das formlose Licht in die Gestaltungen auf dem Bildschirm des Raumes zu bringen. Am Anfang steht immer der Impuls, der ein Modell ergreift und durchdringt, danach und daraus ergibt sich dann alles weitere Geschehen.

46. Durch vollkommenes Begreifen der Natur der Elemente und ihrer Eigenschaften wachsen uns weitere Mächte zu

Immer noch geht es bei unseren Betrachtungen um die Funktion der Lebenskräfte und um die Wahrnehmungen, wie sie uns durch unseren Körper zugeführt werden. Bei diesen Überlegungen stoßen wir auf die acht Vollkommenheiten oder seelischen Mächte, die wir im einzelnen durchgehen wollen. Es handelt sich um folgende Fähigkeiten:

Verkleinerung

Wir haben die Möglichkeit, uns mit der kleinsten Einheit der Materie zu identifizieren, weil es eine Fähigkeit der Seele ist, mit dem Gegenstand der Kontemplation eines zu werden. Wenn wir also das Atom zum Gegenstand unserer Kontemplation erwählen, dann werden wir bei einer gelungenen Kontemplation selbst zum Atom, und wir wollen nicht vergessen, daß eine solche Verwirklichung eine vollkommene ist und wir dadurch zu einem vollständigen Wissen über das Atom und die Vorgänge in ihm gelangen.

Vergrösserung

Wir können den gesamten Raum des Weltalls erfüllen und fühlen und uns dessen bewußt werden, daß alles in ihm Enthaltene tatsächlich körperhaft und *ein* Körper ist, obgleich sich innerhalb dieses Körpers vielerlei Vorgänge abspielen. Damit haben wir wahres kosmisches Bewußtsein erreicht. Erleuchtung führt uns zur Unabhängigkeit von den Kontrollzentren und bedeutet Befreiung; kosmisches Bewußtsein aber ist gerade das, wozu wir befreit werden: zu allumfassendem Gewahrsein.

Schwerkraft

Wer die Anziehungskraft in der Natur begreift und sie handzuhaben versteht, der vermag allen Dingen — auch dem Körper — jede gewünschte Schwere zu geben. Dies geschieht durch Steuerung der feinen Kräfte durch den Willen.

Leichtigkeit

Sie ist das Gegenteil der Schwerkraft. Durch Erkennen der Strahlkraft in der Natur wird es uns möglich, jedem Gegenstand — auch dem Körper — jede gewünschte Schwerelosigkeit zu geben. Dies geschieht durch Aufhebung der Anziehungskraft.

Erreichen des Zieles

Wer es zu voller Verwirklichung gebracht hat, sollte alles ausführen können, was er sich vornimmt. Die Erkenntnis der Gesetze der Natur macht es ihm möglich, im Einklang mit den schöpferischen Energien zu handeln. Auch bleibt ein erleuchtetes Gemüt frei von Gedanken an Mißlingen oder Befürchtungen für den Erfolg.

Unbeirrbarer Wille

Ein Wille, der sich nicht beirren läßt, ist etwas durchaus anderes als ein sturer Wille. Seine Kraft beruht auf der Erkenntnis, daß hinter allem Tun die Macht des Universums steht, solange es in Übereinstimmung mit den höchsten Prinzipien geschieht. Die universale Macht selbst ist dann die zwingende Kraft, die den Weisen vorwärts treibt.

Schöpferische Macht

Wie ein Mensch dieser Ebene seine Tätigkeit hier voll zu entfalten vermag, wenn er die Gesetze des schöpferischen Vorganges kennt, so vermag er nach seiner Verwirklichung auch in sämtlichen anderen Bereichen seines Gewahrseins tätig zu werden. Wird er sich z. B. der Weite des Raumes mit etlichen Sonnensystemen darin bewußt (siehe oben), so könnte man sich vorstellen, daß ihm die Schöpfung und Auflösung planetarischer Körper möglich wäre. Unser Machtbereich nimmt um jeden Bezirk zu, den unser Bewußtsein neu umfaßt.

Die Macht der freien Verfügung bzw. der Lenkung aller Dinge

Der Weise vermag auf allen Ebenen alles nach seinem Gutdünken geschehen zu lassen, sobald ihm seine Bewußtseinsstufe erlaubt, der universalen Substanz Gedankenbilder zur Verfügung zu halten, um sie von ihr durchdringen und ausgestalten zu lassen. Dies kostet ihn keinerlei Mühe, er muß dazu nur in der reinen Anerkenntnis verharren, *daß es bereits geschehen ist.* Obwohl der Weise eine innere Haltung einnimmt, in der er das Gedankenmodell dem Durchstrom der Substanz bereithält, bleibt er sich doch ständig der Tatsache bewußt, daß es die Macht ist, die alles vollbringt, die auch seinen Körper formt und das Gemüt zu handeln veranlaßt. So maßt sich also ein Weiser niemals die Macht des Absoluten an, vielmehr identifiziert er sich derartig mit ihr, daß seine Handlungen von universalen Absichten gelenkt werden und zwischen ihnen und dem Verhaltensmodell des Weisen absolute Übereinstimmung herrscht. Er begreift das kosmische Gesetz — und handelt nach ihm.

Wir dürfen allerdings nicht übersehen, daß oft Menschen zu diesen Mächten kommen, die noch nicht gelernt haben, die höherführenden Eigenschaften auszubilden. (Siehe Tabelle über die drei Eigenschaften.) Und wenn dies geschieht, so stehen wir vor folgendem Bild:

Die drei Bewußtseinseigenschaften – und wie sie sich im Menschen auswirken

In der Natur finden sich drei Eigenschaften, und je nachdem wie der Mensch sich mit ihnen identifiziert, neigt er zu bestimmten Arten seines Verhaltens.

1. *Die höherführende Eigenschaft –*
die uns dem Zentrum und dem bewegungslosen Zustand wiederum entgegenführt.

2. *Die aktivierende Eigenschaft –*
die uns anspornt und in Bewegung erhält.

3. *Die Eigenschaft der Trägheit –*
die auf Handgreifliches bedacht ist, die Eigenschaft der Schwere und des trüben Bewußtseins.

verschiedene Gebiete der Lebens-äußerung:	Auswirkung der höherführenden Eigenschaft:	Auswirkung der aktivierenden Eigenschaft:	Auswirkung der Trägheit:
Betätigung	ausgerichtet auf Wesentliches, auf Erkenntnis, Freude etc.	gefangengenommen von äußeren Tätigkeiten, – Halbwahrheiten.	teilnahmslos, unwissend.
Wahl der Nahrung	möchte gesunde, wohlschmeckende Nahrung.	zieht abgelagerte, stark gewürzte, aufreizende Nahrung vor.	ißt leblose Nahrung.
Art der Anbetung	verehrt himmlische Wesen, läßt später alle Form hinter sich.	Verehrung bleibt auf der niederen Astralebene und der psychischen Ebene.	betet – wenn überhaupt – Naturgeister an.
Gespräch	läßt die positive innere Haltung erkennen.	in den Äußerungen bedeutungslos, zeitvergeudend etc.	negative Haltung, ohne Takt.
Geben	freigebig in der Erkenntnis der Verbundenheit mit der unendlichen Fülle.	gibt mit Zurückhaltung und egoistischer Überlegung.	gibt ohne Bewußtsein der rechten Zeit und ob es am Platz ist.
Erkenntnis	hat Einsicht in die Wirklichkeit, in die formlose und die der Gestaltungen.	betrachtet alles unter dem Aspekt der Dualität, vollbringt Handgreifliches.	absolut materialistisch.
Beweggründe	handelt intuitiv, unbeeinflußt von der Erscheinungswelt.	Vergnügen oder Mißvergnügen sind Richtlinien des Handelns.	Täuschungen, Enttäuschungen, Disharmonie.

Bei den meisten Menschen finden wir eine Mischung dieser Eigenschaften mit bestimmten vorherrschenden Neigungen. Alle Selbstdisziplin zielt darauf ab, sich die wünschenswerteste Eigenschaft anzueignen, und dies sollte immer die höherführende sein, denn sie bringt uns mit Sicherheit zu schneller Steigerung unserer Bewußtheit.

a) Menschen mit negativen Eigenschaften trachten nicht selten nach Mächten, um andere beherrschen und in egoistischer Weise ausnutzen zu können. Man nennt sie Schwarzmagier, weil sie in ihrem noch unerwachten Zustand die Mächte bewußt für verwerfliche Zwecke mißbrauchen. Sie sind nicht schlecht, sondern sich einfach noch nicht des wahren Lebens bewußt geworden. Man braucht ihr Tun nicht zu fürchten, denn wenn uns unser Bemühen um mehr Erkenntnis ganz erfüllt, sind wir nicht auf ihre Wirkungsebene eingestimmt und können darum nicht von ihnen beeinflußt werden.

b) Menschen mit vorwiegend anspornender Eigenschaft benutzen die Mächte vor allem, um ihrer eigentlichen Aufgabe der Selbstdisziplin, die sie zu mehr Einsichten führen würde, auszuweichen. Menschen dieser Bewußtseinsstufe rechtfertigen ihre Arbeit mit den Mächten gerne damit, daß sie sagen, sie würden den Menschen helfen, — sei es, indem sie Heilungen vornehmen oder ihnen bei der Lösung persönlicher Probleme beistehen. Oft bemühen sie sich sogar unaufgefordert um andere, und damit wird ihre Hilfeleistung mehr zu einer Einmischung in private Angelegenheiten, als daß man von einer geistigen Warte sprechen könnte, von der aus sie arbeiten. Und selbst wenn sie darum gebeten werden und vollbringen nun Wunder der Magie, — solange sie den Menschen nicht helfen, sich selbst zu helfen, bleibt das alles doch mehr Zauberei, — wenngleich dieser Gedanke den Ausübenden wenig angenehm sein mag. So unglaublich es auch klingen mag, selbst das Bestreben, Gutes zu tun, kann Ausdruck einer besonderen Art von Abhängigkeit sein, wenn der Mensch nicht die Gesamtsituation überblickt.

Wer allerdings die höherführende Eigenschaft in sich zur Wirksamkeit bringt, wird die Mächte nur im höchsten Sinne verwenden, und das ist das Kennzeichen eines wirklichen Weisen.

47. Letzte Verwirklichung und der Wunsch, auf dieser Ebene wirksam zu sein, läutert und verfeinert auch unseren Körper und gibt ihm Vollkommenheit

Wer von der reinen Bewußtseinsebene aus die acht Mächte betätigt, vervollkommnet dadurch seinen Körper. Sobald die letzte Unvollkommenheit des Körpers verschwunden und eine Läuterung auf allen Ebenen stattgefunden hat, wird der vollkommene bzw. verklärte Körper zum Werkzeug der Wirksamkeit auf dieser Ebene. Das Seelenbewußtsein ist die höchste Stufe des Bewußtseins, und wenn der Körper ihm als Werkzeug dient, so ist es nur natürlich, wenn er durch den Kontakt mit dieser höchsten Bewußtseinsstufe eine Läuterung erfährt. Seine Funktionen kommen in Ordnung, es ergibt sich ein harmonisches Zusammenarbeiten aller seiner Teile, und durch die intensive Tätigkeit der Lebensenergie zeigt er eine starke Ausstrahlkraft. Solch ein vollkommener Körper ist nicht durch eine besondere Ernährungsweise oder durch Beeinflussung des Unterbewußtseins zu erreichen. Seine Vollendung ist die Auswirkung des erleuchteten Seelenbewußtseins, das ihn durchstrahlt.

48. *Wählen wir die Natur und die Aufgabe der Körperorgane zum Gegenstand unserer Kontemplation, so lernen wir, unseren Körper zu meistern*

Wiederum erfahren wir, daß uns nichts verborgen bleibt, wenn unsere Erleuchtung jeden Teil des Körpers auf allen Ebenen erfaßt. Mit jeder Erkenntnis gewinnen wir Macht bzw. Meisterschaft über das Erkannte. Ein Meister ist Meister seiner eigenen Natur.

49. *Eine solche Meisterschaft bringt eine Erhöhung der Körperschwingung mit sich, weil der Körper sich in Gemütsstoff umwandelt. Auch führt sie zur vollkommenen Herrschaft über die körperhafte und körperlose Natur*

Die Läuterung des Bewußtseins (Befreiung von allen Bedingtheiten) wirkt sich auch auf den Körper aus: sein Schwingungsgrad erhöht sich und er erreicht eine höhere Stufe der Entwicklung. Tatsächlich ist der Körper nichts anderes, als in die materielle Ebene hineinragendes Gemüt, und der Körper als Ganzes ist ein verdichteter Gedanke. Haben wir dies begriffen, so muß es uns nur natürlich erscheinen, daß der Körper die Natur des Lichtes annimmt, sobald das Bewußtsein geläutert und erleuchtet ist.

Auf dieser Entfaltungsstufe kommen wir auch zu der bleibenden Erkenntnis, daß wir mit unserem Wissen nicht länger von unserer Gemütstätigkeit abhängen, sondern alles wissen können, indem wir es einfach *wissen*. Direkte bzw. intuitive Wahrnehmung ist eine Fähigkeit der Seele. Der Energiestrom fließt durch den Körper, so lange die Seele mit ihm die Verbindung aufrechterhält. Doch ist dies Fließen des Energiestromes lediglich eine Folge des Kontaktes, nicht aber eine Notwendigkeit.

50. *Wählen wir die Natur der Seele und des Geistes zum Gegenstand unserer Kontemplation, so wird uns Allmacht und Allgegenwart zuteil*

Als natürliche Folge der Bewußtseinserleuchtung wird sich die Seele ihrer gesamten Möglichkeiten einschließlich Allmacht, Allgegenwart und sämtlicher vorher angeführten Mächte aufs klarste bewußt.

VOLLKOMMENHEIT

51. Auch unserer Verhaftung an seelische Mächte müssen wir entsagen,
wenn wir die Befreiung unseres Bewußtseins erreichen wollen

Da es sehr leicht möglich ist, daß wir uns von der Entfaltung der
Mächte derartig beeindrucken lassen, daß wir das Ziel der Befreiung
aus dem Auge verlieren, handeln wir klug, wenn wir uns der eigentlichen Bedeutung der Dinge bewußt bleiben. Solange wir irgendeine
unserer Fähigkeiten noch zur Befriedigung persönlicher Wünsche einsetzen und Gemütsbewegungen mitsprechen lassen, besteht immer noch
die Gefahr, daß wir in dem Netzwerk seelischer Wirksamkeiten hän-
genbleiben. Setzt ein schon zur Befreiung gekommener Mensch seine
Mächte ein, so wird er dabei doch niemals vergessen, daß sie im
Grunde für das Leben nicht notwendig sind. Ein befreites Bewußtsein
ist sich seines Bewußtseins bewußt und sucht nicht mehr nach Selbst-
bestätigungen.

52. Weder durch das anziehende Wesen noch durch das Lob einer
Wesenheit irgendeiner Ebene sollten wir uns zu einer unmittel-
baren Reaktion hinreißen lassen

Den Weg zur Erleuchtung geht jeder allein, und wir müssen die Kraft
haben, ihn ohne Ermutigung durch andere zu gehen. Es geht dabei um
die Beziehung zwischen Seele und Geist, und diese ist absolut unpersön-
licher Art. Wer auf Geltung, Anerkennung und Lob aus ist und solche
Dinge als Bestätigung seines Fortschritts betrachtet, ist auf falschem
Wege. Es gibt viele Ebenen feiner Wirksamkeiten, und wir können im
Laufe unserer Entfaltung ihrer gewahr werden. Doch selbst wenn wir

uns noch so sicher fühlen, daß wir uns auf dieser Ebene von nichts und niemand mehr zu Reaktionen hinreißen lassen, so müssen wir doch daran denken, daß wir mit Zunahme unserer Bewußtheit mit Wesen anderer Welten (Ebenen und Dimensionen) in Berührung kommen. Oftmals ähnelt unsere Beziehung zu solchen Individuen sehr stark unseren menschlichen Verbindungen auf dem irdischen Plan. Wir haben es hier wie dort mit den gleichen zarten Annäherungen durch Schmeichelei und reizvolle Verlockungen zu tun — und zeitweilig sogar mit Kritik und Tadel. Manche Menschen neigen dazu, sich mit himmlischen Bezirken in Verbindung zu fühlen, wenn ihnen Wesen in Lichtkörpern Aufmerksamkeit und Anerkennung zollen, und sie meinen, sie müßten dem Rat dieser Wesen folgen. Vergessen wir nicht, solange wir es mit einer verkörperten Seele zu tun haben, kann es sein, daß sie durch die Wunschbilder, die ihr den Kontakt mit einem Körper ermöglichen, selbst in Täuschungen lebt. Wir sollten also nicht in den Fehler verfallen zu glauben, daß eine Seele darum über klarere Einsichten verfügt, weil ihr Körper eine andere Schwingungsfrequenz aufweist als der unsere. Es gibt viele Bewußtseinsstufen — auch in den Reichen des Lichts.

53. Intuitives Erfassen des vierdimensionalen Begriffsvermögens wird uns zuteil, wenn wir Bruchteile der Zeit zum Gegenstand unserer Kontemplation erwählen

Wir müssen bedenken, daß im kosmischen Sinne alles in der Gesamtheit des Seins enthalten ist; betrachten wir diese Gesamtheit aber von einer bestimmten Ebene aus, so erscheint es uns, als gäbe es eine Vielfalt der Gestaltungen und eine große Mannigfaltigkeit der Wirksamkeiten. Wenn wir dies glauben und es uns durch Mangel an Überblick auch an wirklichen Einsichten mangelt, so verfallen wir Täuschungen. Solange der Mensch nicht das Ganze sieht, bleibt er verworren; sobald sich aber der Schleier hebt, *erkennt er alles an seinem rechten Platz, denn ihm wird das vierdimensionale Einblicksvermögen zuteil, d. h. er begreift, daß alle Bewußtseinsstufen, alle Standpunkte und alle Erfahrungen im immer-gegenwärtigen Jetzt existieren, und daß der Mensch nur darum ein Vergehen der Zeit empfindet, weil seine Aufmerksamkeit von einer Bewußtseinsebene zur anderen, von einem*

Standpunkt zum anderen — und von einer Erfahrung zur anderen wandert. Nicht die Zeit vergeht, sondern unsere Aufmerksamkeit bewegt sich von Ort zu Ort.

Wird uns dies klar, dann begreifen wir auch, daß wir — soweit es uns als Einzelmenschen angeht — nicht auf irgendeine Erfahrung warten müssen; *wir haben uns nur mit ihr zu identifizieren, denn sie existiert bereits im Jetzt.* Erkennen wir einmal diese unsere Fähigkeit, sie als unsere persönliche Erfahrung anzunehmen, so haben wir den Schlüssel in der Hand, der uns die Pforten zu unbegrenztem Ausdruck in dieser Welt eröffnet. Wie viele Menschen warten jahrelang darauf, daß irgendetwas geschieht, ohne daß ihnen klar wird, daß sich im Grunde genommen *alles in diesem Moment ereignet.* Das Leben *ist jetzt* — in diesem Augenblick — was es immer war, und niemals gab es eine Zeit, in der das Leben nicht das war, was es immer ist. Wir alle haben es notwendigerweise mit unserer eigenen individuellen Erfahrung zu tun, und es gibt keinen Grund, warum wir es nicht in dieser Inkarnation zur Verwirklichung des kosmischen Bewußtseins bringen sollten. Warum auch sollten wir als Grundvoraussetzung dafür noch eine lange Reihe von Inkarnationen annehmen müssen?

Richten wir in Kontemplationsübungen unsere Aufmerksamkeit in gleichmäßigem Fluß auf das Phänomen der Zeit, so kommen wir bald zur Klarheit darüber, was Zeit eigentlich ist, und wir lernen die vierdimensionale Wirklichkeit begreifen. Genau wie in unserer dreidimensionalen Welt die Gegenstände einen bestimmten Platz einzunehmen scheinen, so existieren in der vierdimensionalen Wirklichkeit die Betrachtungsweisen (Standpunkte), die Bewußtseinsebenen und der Erkenntnisinhalt der Erfahrungen, und wir müssen nur dazu in Beziehung treten und Kontakt damit aufnehmen, um das alles auf der dreidimensionalen Ebene in Erscheinung treten zu lassen. Möchten wir etwas verwirklicht sehen, das über unsere Möglichkeiten hinauszugehen scheint, so sollten wir versuchen, eine gegenwärtige Situation, die mit unserem höheren Ziel nicht vereinbar ist, aufzugeben.

Unser Zeitsinn steht in engem Zusammenhang mit der Bewegung und gründet sich auf die Bewegung des kleinsten Teiles der Materie. Durch die allgemein verbreitete Auffassung vom Vergehen der Zeit wird es dem Menschen möglich, für die Zukunft zu planen und sich der Vergangenheit zu erinnern. Wer aber den Zeitsinn wirklich begreift, vermag über diese allgemeine Auffassung hinauszukommen und

Vergangenheit, Gegenwart und Zukunft als *eines* zu sehen. Durch diese Zusammenschau können wir das Schicksal von Einzelpersönlichkeiten oder Gruppen von Menschen voraussagen, vorausgesetzt daß ihre Wunschbilder, die uns durch Intuition bekannt sind, die gleichen bleiben. Dabei *sehen* wir nicht die Zukunft voraus, sondern wir vermögen aus der gegenwärtigen inneren Situation auf die Zukunft zu schließen.

Mit dem Aneignen des vierdimensionalen Begreifens eröffnet sich uns eine Welt, die wirklicher und zuverlässiger ist als alles, was uns unser dreidimensionales Erkennen vermitteln kann. Nicht etwa, daß wir durch Einsicht in die verschiedenen Dimensionen den Kontakt mit der Wirklichkeit verlieren, im Gegenteil, wir dringen tiefer in sie ein, indem wir unsere Bewußtheit zum Begreifen des Ganzen erweitern.

54. *Durch die Entfaltung unseres Bewußtseins, die sich von selbst ergibt, wenn wir in nicht nachlassendem Bemühen immer wieder die Natur des sich offenbarenden Lebens zum Gegenstand unserer Kontemplation erwählen, gewinnen wir Einsicht in alle Lebensformen, wir erkennen ihre Natur und ihre Eigenschaften und begreifen zugleich den Sinn, den sie im Schöpfungsplan in der Ordnung der Dinge erfüllen*

Solange uns nur eine teilweise Erleuchtung zuteil wurde, begreifen wir zwar bis zu einem gewissen Grade die Wirksamkeit der Energien und Kräfte der Natur; da es uns aber noch an einem Gesamtüberblick mangelt, bleibt unsere Lebensphilosophie verworren und von Irrtümern durchsetzt. Vermögen wir aber vom höchsten Punkt unserer Bewußtseinsentfaltung aus das Ganze zu übersehen, so erkennen wir das Zusammenwirken sämtlicher Kräfte des einen Lebens, wie es in seiner Schwingungsfrequenz immer weiter hinabsteigt und auf den verschiedenen Ebenen in Erscheinung tritt. Alle Gestaltungen aber auf unserer und allen darüber liegenden Ebenen sind durch Lichtstrahlen untereinander und mit dem einen Leben verbunden, denn nichts existiert aus sich selbst.

55. Erkenntnis des Absoluten führt zu Frieden, denn dem Erkennenden enthüllt sich die Wahrheit

Haben wir die letzte Wahrheit erkannt, so kommen wir zu vollkommenem Frieden. Bei diesem Frieden handelt es sich nicht um eine seelische Verfassung, sondern um einen Bewußtseinszustand, und wir dürfen ihn darum nicht mit jener Selbstgefälligkeit verwechseln, die wir bei Menschen finden, die *denken,* sie hätten die Wahrheit gefunden.

56. Frei geworden sind wir dann, wenn die höherführenden Eigenschaften unser gesamtes Tun bestimmen und wir in allen Dingen im Einklang mit dem Geiste leben

Ein Weiser handelt in voller Bewußtheit des Geistes. Sein Bewußtsein bleibt immer — ob mit oder ohne Körper — ungetrübt; denn nun wird der Körper als ein Hervorquellen (Sich-Ausdehnen) des Gemütes erlebt und als Kontaktmittel zu der Ebene, auf der der Weise zur Zeit tätig sein möchte. Der Körper bleibt auf die höherführenden Eigenschaften der Natur und die Gesamtplanung des Universums eingestimmt, und auf dieser Einstimmung beruht seine Freiheit, — er vermag nun, als frei gewordener Mensch zu leben. Und sollten seine Handlungen von anderen, weniger einsichtigen Menschen als nicht mit der Wahrheit vereinbar verurteilt werden, — wenn ein solches Urteil auf Unwissenheit beruht, läßt er sich in seinem Tun nicht beirren. Für ihn existieren die Begriffe von richtig und falsch oder gut und böse nicht mehr im gewöhnlichen Sinne; frei und bedingungslos handelt er in Übereinstimmung mit dem Leben. Obgleich er in der Welt lebt, ist er nicht von dieser Welt. Für ihn — als reine Seele — gibt es nichts, das ihn berühren könnte. Zu jeder Zeit verwirklicht er seine wahre Natur. Er lebt nicht in der Vergangenheit, sondern im ewig gegenwärtigen Jetzt. Wiederverkörperung als Notwendigkeit existiert für ihn nicht mehr, wenn er auch als Körper stirbt und wieder geboren wird. Für ihn ist jede Verkörperung nichts als ein Erleben des Seins, und wie jeder aufgeschlossene Mensch die Nichtigkeit seiner Träume als einer Wiedergabe unterbewußter Eindrücke begreift, so erkennt er diese Welt und alle Ebenen der sich offenbarenden Schöpfung als einen Traum. Er kann in ihr leben, aber er durchschaut sie, — und weil er dies vermag, lebt er ohne irgendeine Verhaftung an sie.

Dies gehört für die meisten Schüler zu den unbegreiflichsten Dingen; denn wir alle sind daran gewöhnt, nach dem Äußeren und von einem persönlichen Standpunkt aus zu urteilen — und vergessen, daß solche Maßstäbe nur relativ sind und durchweg den Vorteil im Auge haben. Durch so viele irreführende Schriften von Autoren, die selbst nicht zur Verwirklichung fanden, fühlen wir uns außerdem geneigt, einen Weisen für einen Menschen zu halten, der immer nur gütig, immer vergebend und immer weltentrückt erscheint. So mag es für viele höchst erstaunlich sein, einen Weisen zu finden, der mitten im praktischen Leben steht, — der beharrlich am kosmischen Gesetz festhält, und doch höchst intensiv in dieser Welt lebt, solange er es für richtig hält. Wir dienen uns selbst am wenigsten damit, wenn wir einen Weisen suchen, der genau unserer Vorstellung entspricht. Denn es ist nicht anders: wollen wir einen Weisen wirklich begreifen, so müssen wir seinen Bewußtseinsgrad erreichen und das Leben mit seinen Augen sehen.

BEFREIUNG

1. Psychische Kräfte werden entweder bei der Geburt mitgebracht, durch chemische Mittel, Lautübungen, Askese oder Konzentration erlangt

Im Kapitel über die Mächte besprachen wir die acht Hauptkräfte, die ein erweitertes Bewußtsein mit sich bringt. Manche Menschen haben auf dem einen oder dem anderen Gebiet angeborene Fähigkeiten, die sie aus vorhergehenden Inkarnationen mitgebracht haben. Die während einer Inkarnation erworbenen und angewandten Fähigkeiten werden in die nächste mit hinübergenommen. Daraus erklärt sich die natürliche Fähigkeit mancher Menschen, z. B. die Aura (Strahlung) zu sehen, Gedanken zu übertragen oder den Wunsch nach Entfaltung in sich zu fühlen. Es gibt viele Methoden, sich diese Kräfte zu erschließen, z. B. die folgenden:

ANWENDUNG VON DROGEN

Durch Drogen, die man gewöhnlich einnimmt, können bestimmte Gehirnzentren ausgeschaltet und psychische Energien in einem Maße angeregt werden, daß dem Menschen dadurch ein erweitertes Bewußtsein aufgezwungen wird. Seit Jahrhunderten nehmen Menschen, denen die Kräfte nicht ohne weiteres zur Verfügung stehen, Chemikalien ein, um sich auf diese Weise vom Körper zu lösen und Trancezustände und Visionen zu erleben. Ein solches Erleben ist natürlich kurz, aber es zeigt, daß die Fähigkeit der Erweiterung des Bewußtseins latent in uns allen liegt und wir uns nur von den gegenwärtigen Gebundenheiten freimachen müssen.

Aus verschiedenen Gründen ist die Anwendung von Drogen für solche Zwecke nicht zu empfehlen. Wenn wir nämlich ein Hervortreten unserer psychischen Natur erzwingen, bevor wir die nötige Reife unseres Bewußtseins erlangt haben, so öffnen wir nur Verwirrungen Tür und Tor. Es fehlt uns dann an der Objektivität, mit den vielen Wunschvorstellungen und unterbewußten Strömungen fertigzuwerden, die an die Oberfläche treten, sobald das Wachbewußtsein durchbrochen ist. Über eine Welt, die von Bruchstücken unterbewußter Gedankenbilder und Gefühlserinnerungen überflutet wird, haben wir keine Kontrolle mehr und verlieren unser inneres Gleichgewicht. Aber auch aus einem anderen Grunde sollten wir solche Mittel ablehnen. Wir geraten in Gefahr, von der Droge abhängig zu werden, weil sie entweder das chemische Gleichgewicht im Körper verändert, oder weil wir uns an den leichten Weg gewöhnen, zu inneren Erlebnissen zu kommen und vergessen, daß dazu keine Drogen notwendig sind. Wenn die Drogen in der Therapie gebraucht werden um Erinnerungen wachzurufen, so ist dagegen natürlich nichts einzuwenden.

Lautübungen

Durch richtig ausgeführte Übungen mit gesprochenen Worten oder Sätzen positiven Inhalts, die uns in die Stille der Versenkung und zur Kontemplation des kosmischen Tones (siehe Arbeitsanleitungen) führen, wird die innere Tätigkeit angeregt. Wer es aber ehrlich mit seinen Bemühungen meint, der wird die Übungen mit dem kosmischen Ton nur für sein Weiterkommen auf dem Wege der Selbstverwirklichung vornehmen. Hier soll auch erwähnt werden, daß es möglich ist, durch Töne und Melodien bestimmte Elemente zu beherrschen. Mit solchem Tun bleiben wir allerdings auf einer niedrigen Ebene des Handelns, und es wird darum von ernsthaft Studierenden nicht einmal in Erwägung gezogen.

Entfaltung durch Askese

Hier ist keine Askese im Sinne einer Selbstbestrafung oder Selbstverleugnung gemeint, um vermeintliche Verfehlungen wieder gutzumachen. Selbstbestrafung hat ihre Ursache in einem Bedürfnis, sich selbst Schaden zuzufügen und ist eine Perversion der Askese.

Was geschieht bei der Askese? Wenn ein ausgeglichener, gesund denkender Mensch den Kontakt mit der Welt aufgibt und sein Gemüt keinen Zustrom von Eindrücken mehr erhält, ist Verwirrung die erste natürliche Reaktion, weil ihm die vertrauten Orientierungspunkte fehlen. Im allgemeinen ist der Mensch zufrieden, wenn er weiß, wo er steht und wie er in sein Lebensbild hineinpaßt. Er gewöhnt sich daran, mit anderen Menschen zusammen zu leben und die Welt zu sehen, wie sie scheinbar ist. Da er mit den allgemein herrschenden Meinungen übereinstimmt, mag er im gewöhnlichen Sinne normal erscheinen; was aber die Erkenntnis der Natur seiner Seele betrifft, kann er fast gänzlich unwissend sein.

Wenn nun der Durchschnittsmensch von seiner Umgebung getrennt wird, steigt als erste Reaktion die Erinnerung an alles Gewesene in ihm auf und er wird versuchen, dadurch sein Gleichgewicht zu erhalten. Da aber das Vergangene durch das Fehlen neuer ähnlicher Eindrücke langsam in seinem Gedächtnis verblaßt, zweifelt er schließlich an der Richtigkeit seiner Erinnerungen, und weil es ihm an Orientierungspunkten fehlt, bricht sein vorher festgefügtes Weltbild langsam zusammen. Wenn ihm dann auch noch das einfachste Wissen über die Bedeutung des Lebens und die Möglichkeit des Seelenbewußtseins fehlt und er keine andere Betätigung als die seines Körpers und seines Gemütes kennt, wird er mit der Zeit konfus. Wahrscheinlich wird sich eine Neurose und schließlich eine Psychose bei ihm einstellen. Dies läßt sich überall beobachten, wo Menschen gezwungen werden, ihre Auffassung zu ändern ohne zu begreifen, um was es geht. Solange ein Mensch auf einem Standpunkt verharrt und ihn für allein maßgeblich hält, wird er unter ständigen Erschütterungen von Standpunkt zu Standpunkt geworfen, bis er sich als Seele erkennt und weiß, daß er jeden Standpunkt einnehmen kann. Damit kommt er zu innerer Sicherheit und einer guten inneren und äußeren Verfassung. Gerade aus diesem Grunde ist es wichtig, die Grundprinzipien des Lebens zu begreifen und im Denken und Fühlen Ausgeglichenheit zu erreichen, bevor wir durch Meditation oder auf irgendeinem anderen Wege Entfaltung suchen. Darum ist es auch ein Fehler, anders als durch Meditation Loslösung und Befreiung erreichen zu wollen; wenn wir nämlich das Tor zur psychischen Welt mit Gewalt aufstoßen, können wir mit dem Vorgefundenen nicht fertigwerden. Gerade jene Menschen, die — verzweifelt genug — nach dieser oder jener Methode greifen, leben meistens nicht bewußt genug, um Verantwortung für das zu übernehmen, was dann geschieht.

Für einen ausgeglichenen Menschen sind Zeiten der Zurückgezogenheit gut und nützlich. Damit erreichen wir Folgendes: durch Aufgabe des Kontaktes mit der Außenwelt und Loslösung von allem, was nicht reines Bewußtsein ist, kommen wir zum Erleben dieses ungeoffenbarten oder reinen Bewußtseins. Was aber auch immer vor dem inneren Blick erscheint, ein wirklich Vorwärtsstrebender wird es beiseiteschieben, weil er weiß, daß er es mit Illusionen zu tun hat und nicht mit der ewigen Wirklichkeit.

Von Zeit zu Zeit ist Zurückgezogenheit also nur vorteilhaft. Aber ein Leben der Selbstverleugnung zu führen, zeugt nicht von Tugend, sondern nur von Mangel an Aufgeschlossenheit. Man kann das Leben in dieser Welt in vollem Umfange leben und dabei doch auf allen Ebenen bewußt bleiben. Es ist auch noch kein Zeichen von Geistigkeit, wenn wir bestimmte Nahrungsmittel ablehnen, die Gemeinschaft mit Menschen meiden, oder wenn wir meinen, wir dürften das Leben nicht genießen. Andererseits kann Gemeinschaftsleben, intensive Tätigkeit und ein Auf-sich-Laden großer Verantwortung Selbst-Erkenntnis nicht ersetzen. Wir müssen ein Gleichgewicht aller Ebenen anstreben.

KONZENTRATION ALS WEG ZUR ERLANGUNG VON MÄCHTEN

Ruhige Meditation und Beobachtung der im 3. Kap. dieses Buches gegebenen Regeln führen am sichersten zur Verwirklichung von Mächten und zu einer ausgewogenen Entfaltung Schritt um Schritt.

2. Durch Erhöhung des Bewußtseins wird der Körper, dessen sich die Seele bedient, in Angleichung an den neuen Bewußtseinsgrad umgeformt

Es ist klar, daß sich der Körper — als in Erscheinung tretendes Bewußtsein — mit einem Wandel des Bewußtseins verändert. Der Körper eines Weisen z. B. mag gleich erscheinen wie der eines Durchschnittsmenschen, aber er ist frei von Unreinheiten und weist tatsächlich einen anderen Schwingungsgrad auf, weil das reine Bewußtsein anders durch die verschiedenen Bewußtseinsschichten, die wir als mentalen, astralen und physischen Körper kennen, hindurchgefiltert wird. Diese Filterung ist sowohl für das Individuum wie für die Menschheit von ausschlaggebender Bedeutung, und wenn in ferner Zukunft das Bewußtsein aller Menschen erleuchtet sein wird, dann wird ihr Körper nicht mehr mit dem unsrigen verglichen werden können. Die Form wird ähnlich bleiben, in der Dichte aber werden sie sich unterscheiden. Sie werden über ein verfeinertes und auch erweitertes Nervensystem verfügen, um den Durchfluß feinster Lebensenergien zu ermöglichen, die im Moment noch keinen Durchgang finden — außer in den geläuterten Körpern der Weisen. Für das allgemeine Bewußtsein braucht eine solche Entfaltung eine längere Zeit. Beim einzelnen Menschen aber kann sie beschleunigt werden, sobald er bewußten Anteil am Entwicklungsprozeß nimmt und sich zu regelmäßigen Übungen bereitfindet, wie z. B. zur Übung mit dem Licht und der Versenkung in den kosmischen Ton.

3. Die Übungen an sich selbst führen nicht zur Erweiterung des Bewußtseins; aber sie sind ein Mittel, die Hindernisse aus dem Wege zu räumen, die den freien Fluß des Bewußtseins hemmen

Manchen erscheint dies schwer begreiflich, darum sind sie auch immer wieder enttäuscht. Nicht die Übungen selbst führen zur Erleuchtung des Bewußtseins. Sie vermögen nicht das geringste Geschehen zu veranlassen, weil tatsächlich die höchste Bewußtseinsebene in jedem Augenblick gegenwärtig ist. Unsere ganze Möglichkeit erschöpft sich im Forträumen der Hemmungen, damit die Wahrheit direkt erfahren werden kann. Viele fühlen sich in ihren Erwartungen betrogen. Voller Vertrauen haben sie meditiert so gut sie es vermochten, und doch haben sie wenig oder gar nichts erreicht. Wir sollten daran denken, daß wir uns im Grunde nicht entfalten und auch nicht wachsen. Wir beseitigen nur die trennenden Hindernisse, damit wir die Wahrheit erkennen können.

Indem wir uns darin üben, unsere Gefühle und Gedanken zu beherrschen, eine korrekte Meditationshaltung einzunehmen, die Lebenskräfte zu beherrschen und unsere geistigen Fähigkeiten, Konzentration, Meditation und Versenkung zu verinnerlichen, bringen wir unser Haus in Ordnung und machen uns aufnahmefähig für das Einströmen und Erkennen der Macht des Absoluten.

4. Egoismus ist die Ursache der Individuation des kosmischen Gemütes

Obgleich wir nur von *einem* Geiste sprechen, scheint es für eine dualistische Weltanschauung doch unabhängig voneinander existierende Individuationen dieses Geistes zu geben. Egoismus — oder das Gefühl des Getrenntseins von der Fülle des Gemütes ist die Ursache dieser Individuation. Natürlich erhebt sich die Frage: »Warum kam es zur Individuation des kosmischen Gemütes?« Die Seele gibt ihre Zugehörigkeit zur Allgegenwart auf, um sich durch Kontaktaufnahme mit feineren Energien und Gedankenbildern in die Materie einzuweben. Es ist natürlich nicht anzunehmen, daß Seelen nur auf dieser Ebene oder nur auf unserem Planeten Kontakt mit der Materie finden. Es gibt unzählige Dimensionen, bevölkert von Leben jeglicher Art, und alle Lebensformen der verschiedenen Dimensionen entwickeln sich nach ihrem eigenen Entfaltungsplan. Verglichen mit der Wirklichkeit ist die herrschende Vorstellung von den Erfahrungen der Seele äußerst beschränkt.

Für gewöhnlich beginnt die Seele ihre stoffliche Verknüpfung mit einem winzigen Teilchen. Mit wachsendem Bewußtsein von sich selbst identifiziert sie sich mit komplizierteren Lebensformen, um ihr Bewußtsein aufbauend in Erscheinung treten zu lassen. Auf diese Weise schreitet sie fort durch Pflanzen und einfache Gestaltungen bis schließlich hin zum menschlichen Körper. Bleibt im Menschen dann das Verlangen nach größerer Erweiterung des Bewußtseins erhalten, so öffnen sich in ihm neue und feinere Organe des Gewahrseins, damit die Seele vollen Ausdruck zu finden vermag. Die Entfaltung geht weiter, bis das Bewußtsein über das Körpergewahrsein hinauswächst, sich von den Kontrollzentren löst und durch einen universaleren Körper weiter wirkt.

5. Trotzdem eine Vielheit von Formen zu existieren scheint, gibt es nur *eine* Wirklichkeit. Bewußtsein, die ewige Wirklichkeit, tritt als Form in Erscheinung

Daran sollten wir immer denken, auch bei Tätigkeiten, die uns ganz und gar in Anspruch nehmen. Da alle Probleme einer dualistischen

Weltanschauung entspringen, muß ein Festhalten am Gedanken der Einheit alles Seins notwendig zu ihrer Lösung und Befreiung unseres Gemütes führen. Diese Grundwahrheit wird von sehr vielen Studierenden immer wieder vergessen.

6. Von den verschiedenen Bewußtseinsstufen ist nur die im vollkommenen Überbewußtsein erreichte frei von Wunschbildern und Gedankenformen

Um als Form in Erscheinung treten zu können, *muß das Bewußtsein Wunschbilder und Denkmodelle festhalten, die dem Erscheinungsbild entsprechen.* Innerhalb jeder Erscheinungsform finden sich Modelle und herrscht intensive Tätigkeit auf allen Ebenen. Da sich die Seele intuitiv mit diesen Ebenen identifiziert, weiß sie um die innere und äußere Natur dessen, in das sie sich hineinversenkt. Nur die im vollkommenen Überbewußtsein ruhende Seele bleibt frei von der Berührung mit Wunschbildern. Sollen als Reaktion auf äußere Einwirkungen entstehende Bilder und Wünsche ausgeschaltet werden, so muß die Seele sich über sie erheben oder zur Erkenntnis der Situation vor ihrem In-Erscheinungtreten kommen.

7. Während frei gewordene Menschen ohne jede Verhaftung handeln, wird das Tun des Durchschnittsmenschen von den drei in der Natur wirksamen Eigenschaften mitbestimmt

Denken wir daran, daß wir in diesem Teil des Buches über das zur Vollkommenheit entfaltete Bewußtsein sprechen. Wir müssen darum alles unter diesem Gesichtspunkt betrachten. Wir haben gesehen, daß ein Weiser ohne Zwang handelt und immer am rechten Platz zur rechten Zeit erscheint. Auch wenn es aussieht, als würde er arbeiten und an Tätigkeiten dieser Welt teilnehmen, so handelt er doch dank seiner ihn nie verlassenden vollkommenen Einsicht in absoluter Freiheit und ohne jedes Gefühl von Zwang.

Menschen der allgemeinen Bewußtseinsstufe machen jedoch ihre Erfahrungen entsprechend den Eigenschaften, die sie ihrer Handlungsweise zugrundelegen. Bleiben sie verderblichen Eigenschaften verhaftet, so sind ihre Handlungen davon gezeichnet, und vom üblichen Standpunkt aus leiden sie, bis sie aus ihrer Unwissenheit erwachen. Ruhelose Menschen pflegen zwar viel zu arbeiten in dieser Welt, aber sie tun es ohne wirklichen Sinn und Zweck, und schließlich stellen sie fest, daß sie doch nicht die Befriedigung fanden, die sie erhofft hatten. Sie fühlen sich leer, weil ihre Motive nicht von der besten Art waren. Ihr schöpferischer Trieb erhält sie geschäftig, solange sie an der Arbeit sind. Oft aber sehen sie ihre Werke vor ihren Augen zu Asche zerfallen — und meinen, ihr Leben sei nutzlos gewesen.

Der bewußte, auf Befreiung hinarbeitende Mensch handelt immer aus dem Bewußtsein, einen Sinn zu erfüllen. Damit geschieht Grundlegendes für die Erreichung der Selbstverwirklichung, und es ist ein Zeichen bald eintretender Erleuchtung. Ein solcher Mensch arbeitet, weil es seiner Natur entspricht, tätig zu sein, — und da er sich bewußt darum bemüht, ein Mittler der flutenden Macht zu sein, fühlt er sich im Bewußtsein mehr und mehr erhoben. Dagegen ist ein ruheloser Mensch, obgleich er versucht, konstruktiv zu wirken, oft so sehr damit beschäftigt, Böses durch Gutes zu überwinden, daß er in seiner Besessenheit Gutes zu tun nicht merkt, wie er trotz allem in einer dualistischen Weltanschauung befangen bleibt. Solange unsere Wünsche noch etwas Zwanghaftes an sich haben, bleiben wir Sklaven; denn Zwang bedeutet Reaktion, und wir reagieren nur, wenn wir die Welt der Erscheinungen für die Wirklichkeit halten. Gerade aber weil die Welt der Erscheinungen wirklich ist, hat sie keine Existenz für sich allein und könnte ohne das Ganze niemals sein.

Die Überwindung des karmischen Gesetzes ist für viele außerordentlich schwer zu begreifen. Der Gedanke, für Fehler büßen und Missetaten wieder gutmachen zu müssen, wurde ihnen im Laufe der Jahre so eingehämmert, daß manche dazu neigen, sich ständig schuldig zu fühlen. Eine solche niedrige Meinung von sich selbst führt dann zu Qualen und Selbstbestrafung. Kommen wir aber zur Erkenntnis unseres wirklichen Selbst, so öffnen wir uns dem Bewußtsein des ewigen Jetzt, und damit werden wir augenblicklich befreit von jedem Gedanken an alles, was wir in der Vergangenheit getan haben könnten. Es ist, als wäre nichts geschehen.

8. Nach karmischen Modellen gestalten sich Körperform und Umgebung. Dadurch wird die Voraussetzung für Lebensbedingungen geschaffen, die dem Bewußtseinszustand und Verständnis entsprechen

Der Körper — wie wir ihn sehen — und die äußere Umgebung sind erfüllte Wünsche und in Erscheinung getretene Träume. Was wir um uns herum wahrnehmen ist die Auswirkung einer Reihe früher vertretener Auffassungen. Unsere persönlichen Angelegenheiten stimmen mit mathematischer Genauigkeit mit unseren Wunschbildern überein, denn ein unverändert festgehaltener Wunsch nimmt immer Form an. Wir werden in eine Umgebung hineingeboren, die unseren Wunschbildern entspricht, und erfahren eine dementsprechende Wandlung unseres Bewußtseins.

Wir erkennen hier den großen Irrtum, dem manche verfallen, wenn sie glauben, ohne vollkommenes Überbewußtsein erreicht zu haben, in der Gnade leben zu können und es würde alles gut werden. In unserem Astral- und Mentalkörper beherbergen wir viele Schichten noch nicht in Erscheinung getretener Wunschbilder, und wenn wir die bewußte Denktätigkeit ausschalten und lassen uns treiben ohne das Absolute verwirklicht zu haben, tauchen diese tiefsitzenden Wunschbilder auf und finden Ausdruck. Beim Hervortreten glückbringender Bilder meinen wir, der Geist habe uns geführt; kommen jedoch Verworrenheit stiftende Denkmodelle zur Auswirkung, dann sagen wir, wir würden bestraft oder uns würde eine Lektion erteilt. Damit beweisen wir einen hohen Grad von Unwissenheit und geistiger Trägheit.

Viele Wunschbilder werden von Inkarnation zu Inkarnation mitgenommen, bis sich eine Situation ergibt, die sie zum Vorschein kommen und Erfüllung finden läßt. Wir können die Wunschbilder aber auch neutralisieren, indem wir uns schöpferischen Tätigkeiten widmen, — wir können sie abwandeln, indem wir uns mit anderen Wunschbildern beschäftigen, und wir können sie durch das kosmische Feuer in freudiger Meditation auslöschen. Dies geschieht vor allem beim Üben von Kriya, denn das Fließen der Lebenskraft durch Rückgrat und Gehirn wirkt in direkter Weise ein auf die dort tief eingegrabenen Einzeichnungen.

Wie zwangsläufig ein entsprechender Schatten entsteht, wenn wir bestimmte Formen vor ein Licht halten, so sind die Schicksalserfah-

rungen des Menschen nichts als ein Schattenwurf seiner Gedankenbilder, gehalten vor das ewig-flutende Lichtmeer der Substanz.

9. *Obgleich keine Ordnung im Hervortreten der Wunschbilder zu lie-*
gen scheint, so ist sie doch da, — und wenn es auch so aussieht, als
bestände kein Zusammenhang zwischen ihnen, da sie durch Zeit und
Raum getrennt auftreten, so stehen sie doch — so wie sie in Erschei-
nung treten — in sinnvoller Beziehung zueinander. Mit wachsender
Selbst-Erkenntnis erinnern wir uns an das Zustandekommen des
beziehungsreichen Geflechtes dieser Zusammenhänge

Selbst wenn eine Reihe von Wunschbildern auf Erfüllung wartet, so
werden doch immer nur einige davon in Erscheinung treten und nicht
alle hintereinander, weil sie sich nur in einer ihnen entsprechenden
Umgebung auswirken können. Zuweilen liegen einige Jahre, manchmal aber auch mehrere Inkarnationen zwischen Erfahrungen ähnlicher
Art; so kommt es denn, daß zusammengehörige Erfahrungen durch
Zeit und Raum unterbrochen werden. Daraus erklärt es sich, warum
uns das Leben ohne ersichtlichen Grund eine Zeit lang eine Reihe von
glücklichen Erlebnissen bringt, während es uns ein andermal eine Kette
unglücklicher Erfahrungen beschert. Solche Dinge ereignen sich, ohne
daß man irgendeine direkte Beziehung zu gegenwärtigem Denken und
Fühlen zu erkennen vermag.

Doch braucht dies den Lernenden nicht zu erschrecken. Beginnen
negative Wunschbilder in Erscheinung zu treten, so sollten wir eine
innere Haltung einnehmen, in der wir uns der Wirklichkeit unseres
Seins als freie Seele bewußt bleiben. Dadurch wird die Auswirkung
überwundener Auffassungen und triebhafter Wünsche neutralisiert.
Wir brauchen nicht Sklave der Vergangenheit zu sein. Das ist das
Großartige an unserem Weltbild, daß jeder alles durch Meditation
selbst bestätigt finden kann. Sobald sich uns die innere Einsicht erschließt, werden wir die langen Reihen unserer Wünsche erkennen, und
wenn wir einmal so weit sind, dann beginnt unsere Vergangenheit sich
zu entwirren, die nichts anderes ist, als ein gegenwärtig existierendes
in uns eingraviertes Verhaltensmodell.

10. Da der Wunsch nach Ausdruck im Wesen des Geistes liegt, ist Wünschen unpersönlich und ohne Anfang

Der Geist ist offenbart und bleibt doch unoffenbar, denn das Offenbarte ist ein Sich-Erweitern, ein Aus-sich-heraus-Schreiten des Unoffenbarten und kann zu jeder Zeit ohne Verlust oder Schaden zurückgezogen werden. Ein Meer kann Eisstücke enthalten oder nicht, es bleibt immer die gleiche Substanz. Nichts geht verloren, nur die Form hat aufgehört zu sein. Geist bleibt nicht lange ohne Tätigkeit, in ihm ist ein ständiger Pulsschlag, ein fortgesetztes Aussenden und Zurückziehen. Dieser Schöpfungsdrang äußert sich im Menschen als Wunsch, der allerdings im Durchschnittsmenschen noch ungeläutert erscheint, das heißt, er wird von der seinem Bewußtseinsgrad entsprechenden Eigenschaft der Natur mitbestimmt. Aus diesem Grunde erlebt er — als Individuation des Geistes — Verwirrungen und braucht Zeit, sein ungetrübtes Gewahrsein wieder zu erlangen. Das Verlangen ist unpersönlich. Es ist unmöglich für einen Menschen, in einem Körper zu bleiben und keine Wünsche zu haben; sobald er aber die Natur des Wünschens als eine unpersönliche Tätigkeit des Geistes erkennt, werden sie ihm nicht mehr zum Zwang.

Wünschen hat keinen Anfang, weil Geist ohne Anfang ist, und Wünsche müssen im Geist da sein, bevor er Form annehmen kann. Mißverständnisse in dieser Hinsicht haben viel Leid hervorgerufen. In bester Absicht haben manche versucht, all ihr Wünschen und Fühlen abzustellen, und anstatt zu kosmischem Bewußtsein zu gelangen, fanden sie sich bald an einem toten Punkt und wurden sehr unglücklich. Es gibt Übungen, durch Fühlen des geistigen Stromes durch die Sinne und durch Erkennen des Geistes als die Substanz dieser Welt Befreiung zu finden. Eine solche Betrachtungsweise führt uns zu einem strahlenden Leben und wirklichem Glück. Und wir können dies erreichen, wenn wir zu der Einsicht kommen, daß diese Welt tatsächlich ein Sichtbarwerden des Geistes ist, und daß es nur Bewußtsein gibt und Bewußtsein in Form. Nicht durch Selbstverleugnung, sondern durch Erkenntnis werden wir frei.

11. Durch ständiges Aufrechterhalten der Wunschbilder und Gedankenmodelle bleiben die Gestaltungen in Zeit und Raum erhalten. Werden sie aufgelöst, so zerstreuen sich die Energien, Lebenskräfte und Lichtpartikel

Mit diesen Worten offenbart sich uns das Geheimnis der Schöpfung, und begreifen wir es, so vermögen wir jede im Moment unerträglich erscheinende Situation aus der Welt zu schaffen. Wir weisen wiederum auf das Reich der Wunsch- und Gedankenbilder hin, durch die sich der ewig-flutende Strom der Substanz ergießt, um auf dieser Ebene in Erscheinung zu treten. Ein Körper, eine Gestaltung, welcher Art sie auch sind, beweisen die Existenz eines bewußten oder unbewußten Wunsches. Darum sollten wir uns um kontrolliertes Handeln bemühen; denn erst wenn uns dies zur Gewohnheit geworden ist, haben wir unser Leben in der Hand. Der Durchschnittsmensch übernimmt nicht gerne die Verantwortung für seine gegenwärtige Lebenssituation, darum bleibt er auch machtlos, eine Änderung herbeizuführen. *Um eine Situation zu ändern, müssen wir bereit sein, uns selbst dafür verantwortlich zu fühlen und eine andere herbeizuführen.*

Ein Weiser beschäftigt sich nicht damit, Energien und psychische Kräfte zu beherrschen, indem er seine Aufmerksamkeit darauf lenkt. Er bedient sich keiner Bejahungen und versucht auch nicht, andere Menschen zu beherrschen. Ein Weiser wirkt von einer hohen Bewußtseinsstufe aus, und so *will* er nur, daß eine Situation so oder anders sei — und läßt sie durch andere, die willige Werkzeuge des Kraftstromes sein möchten, herbeiführen. Auf diese Weise ist jedem gedient, und das Leben wirkt in unendlicher Harmonie auf sich selber ein. *Hier muß die unpersönliche Wirksamkeit des Gesetzes hervorgehoben werden, denn der Geist arbeitet durch all und jedes Instrument, das sich ihm willig bietet.*

Dinge behalten ihre Form, solange das Gestaltungsmodell hinter ihnen im Blickfeld der Aufmerksamkeit bleibt. Schweift die Aufmerksamkeit ab, so wird das Modell entweder verzerrt oder aufgelöst, und auch die Form auf dieser Ebene erfährt eine Verzerrung oder entschwindet den Blicken. Damit ist das Rätsel gelöst, wie man Probleme zu bewältigen vermag. Wir wenden einfach unsere Aufmerksamkeit ab von dem das Problem verursachenden Verhaltensmodell und richten sie auf eines, das die Lösung begünstigt. Dies ist wirklich sehr einfach, und darum betone ich auch die Wichtigkeit des *bewußten* Handelns und des bewußten Verstehens dessen, was vor sich geht. Sobald wir die Beziehungen zwischen der feineren mentalen und der gegenständlich erscheinenden Welt begreifen, können wir alles Äußere nach Belieben gestalten.

12.—13. Bereits in Raum und Zeit in Erscheinung getretene Form kann neue, von der inneren Beschaffenheit mitbestimmte Charaktereigenschaften annehmen

Da die noch unoffenbarten Wunschbilder in die feineren Ebenen der Formen bei Mensch, Tier und Pflanze tief eingegraben sind, besteht bei für sie günstiger Gelegenheit immer die Möglichkeit des Hervortretens. Dadurch entwickelt die Form möglicherweise neue, vom derzeitig vorherrschenden Bewußtseinsstand mitbestimmte Charakterzüge. Hier liegt der Grund für das Auftreten negativer Charaktereigenschaften ohne ersichtlichen Grund. Wir sollten uns die Auffassung zueigen machen, daß hinter jeder Form ihr vollkommenes Bild steht, das in Erscheinung treten und als vollendete Form auch erhalten bleiben kann, wenn wir uns darauf konzentrieren. Ungeachtet aller Verdrehungen und Abirrungen unserer Wünsche *kann* das vollkommene Bild Gestalt und feste Form annehmen, wenn wir es erkennen.

14. Aus der rhythmischen Tätigkeit der Natur müssen wir auf einen entsprechenden Antrieb schließen

Wo wir früher Chaos und Unordnung wahrnahmen, erkennen wir mit beginnender Intuition Ausgewogenheit und Harmonie. Hinter allem Geschehen steht ein Gesetz des Gemütes, und alles regt sich gemäß einer kosmischen Aktivität. Ein unentwegt wirksames Gesetz projiziert die Erscheinungsformen auf den Bildschirm von Raum und Zeit. Hinter der Welt der Erscheinungen sehen wir ein fantastisches Spiel von Licht und Schatten, und da wir nun das Geheimnis der Schöpfung begreifen, bleiben wir für immer von aller Täuschung frei.

15. Da die Menschen eine unterschiedliche Vorstellung von den Dingen haben, kann es nicht anders sein, als daß das Gemüt bezüglich der Wirklichkeit der Form Täuschungen unterliegt

Über die Dinge der Welt gibt es verschiedene Auffassungen. Da wird z. B. gesagt, es würde überhaupt nichts existieren, bis jemand da ist, der etwas wahrnimmt, — als ob die Wahrnehmung die Dinge hervorbringen würde. Damit die Schöpfung einige Festigkeit annimmt, muß sie durch Massenwahrnehmung zu Form gefroren werden. Das Universum entsteht aus universaler Übereinstimmung, und ein einzelner mag es nicht wahrnehmen, wenn er nicht will, aber es wird für die weiter existieren, die es sehen. Hier drängt sich eine interessante Feststellung auf: wenn wir selbst eine bestimmte Situation herbeigeführt haben, vergessen wir für gewöhnlich, wie wir dies zustandebrachten und meinen, sie sei unabhängig von uns eingetreten. Darum haben es viele Menschen so unendlich schwer, sich über diese allgemein herrschende Meinung zu erheben. Sie betrachten die Welt der Formen als einzige Wirklichkeit und lenken ihren Blick nicht von der Oberfläche weg in die Tiefe.

Wenn uns die Dinge dieser Welt auch ziemlich gleich erscheinen, so hat jeder doch ein wenig ein anderes Bild von ihnen. Dies kommt vor allem daher, weil wir alles durch die Brille unserer persönlichen Anschauungsweise wahrnehmen. Unsere Auffassungen verändern das, was wir wirklich sehen, und so erscheint uns ein verzerrtes Bild. Wie sich tatsächlich in den Dingen der Erscheinungswelt Bewußtsein offenbart, das sich von der unoffenbarten Ebene her ausstreckt (oder niedersenkt) und durch Glauben aufrechterhalten bleibt, so geschieht das gleiche auf der universalen Ebene durch universalen Glauben. Es ist denkbar, daß ein in Ruhe verharrender und seine auf diese Welt bezogenen Meinungen aufgebender Mensch von der Welt verschwinden könnte, während er für sich selbst und Menschen der gleichen Bewußtseinsstufe weiter existiert. Auf diese Art bewegen sich die Weisen im Raum. Indem sie ihren Halt an einem Ort aufgeben und einen anderen als Wirklichkeit akzeptieren, wird ihr Körper augenblicklich von einem Punkt zum anderen und von einer Dimension in eine andere befördert.

Aus den hier wirksamen Gesetzen erklären sich auch die Wunder, die von Menschen mit reinem Denken und Fühlen vollbracht werden.

In welche Situation ein Mensch mit dualistischer Weltanschauung auch immer gerät, wollte ein anderer mit reinem Herzen sie ändern, so wäre ihm dies möglich. Er lenkt einfach seine Aufmerksamkeit auf sie — und eignet sich eine andere Auffassung davon an. Nimmt ein Weiser momentan verwickelte Verhältnisse in sein Bewußtsein auf, werden sie zu einem Teil seiner Gemütssubstanz; und da sein Gemüt diese wiederum ausstrahlt, kann er die Ausstrahlung durch eine Wandlung seiner Auffassung verändern. Auf diese Weise sehen wir Heilungen von Körper und Gemüt vor sich gehen. Es handelt sich dabei nicht um ein Durchbrechen des natürlichen Gesetzes, sondern um seine Handhabung mit besserem Verständnis.

16.—17. Das individuelle Gemüt kennt die Dinge nur, insoweit es sich bewußt mit ihnen identifiziert. Im kosmischen Sinne ist es sich allerdings immer aller Gemütsarten bewußt

Solange der Mensch an dem Bewußtsein festhält, ein Einzelwesen zu sein, gibt es für ihn bekannte und unbekannte Zusammenhänge und Dinge, je nachdem ob er sich bewußt mit ihnen identifiziert oder nicht. Das heißt, was wir wahrnehmen, das existiert für uns, das andere nicht.

Und doch, durch kosmisch bewußtes Erleben können wir alle Gemütsarten kennnenlernen; denn es gibt nur ein Gemüt, das sich auf verschiedene Weise äußert. Selbst wenn wir nicht immer aller durch Gemütätigkeit in Erscheinung getretenen Lebensformen gewahr werden, so können wir uns doch der Fülle des Gemütes, in der alles offenbar ist, bewußt werden. Das kosmische Gemüt ist nichts anderes, als sämtliche Gemütätigkeiten zusammengenommen. Darum zeugt selbst die allergeringste Gemütätigkeit von der Aktivität des kosmischen Gemütes. Kein Teil des kosmischen Gemütes existiert vom Ganzen getrennt.

18. Da das Gemüt wahrgenommen wird, ist es nicht die letzte Wirklichkeit und nicht die Quelle der Erkenntnisse

Wie wir gesehen haben, ist das Gemüt ein Werkzeug und als solches sehr brauchbar. Aber es kann aufgegliedert und sogar überwunden werden. Nicht das individualisierte Gemüt selbst weiß irgendetwas, aber die Wahrheit sickert durch das Gemüt hindurch und tritt dadurch in Erscheinung. Es ist ein Irrtum anzunehmen, daß Einsichten von der Bildung des Gemütes abhängen, denn das Gemüt ist nicht die Hauptquelle der Erkenntnis. Und selbst wenn es zu einem tadellos arbeitenden Instrument ausgebildet wurde, so bleibt es doch immer Bedingungen unterworfen. Sicher sollte man es in Zucht nehmen und unter Kontrolle halten, zu gleicher Zeit aber sollten wir uns der Tatsache bewußt bleiben, daß ein Fortschritt im Selbst-Gewahrsein über die Gemütstätigkeit hinausführt. Allzu oft wird Intellektualismus mit Bewußtseinserleuchtung verwechselt. Menschen mit wohldiszipliniertem Gemüt und umfangreichem Wissen eignen sich zweifellos aufs beste für Tätigkeiten in dieser Welt, aber die letzte Wirklichkeit kann ihnen trotzdem verborgen bleiben.

In tiefer Meditation erreichen wir einen Punkt, da wir intuitiv die mentale Tätigkeit wahrnehmen können. Wenn wir uns nun dessen bewußt werden, daß wir die mentale Tätigkeit beobachten, so begreifen wir, daß wir des Gewahrseins gewahr werden, und daß wir wirklich mehr sind als Körper und Gemüt. Dies führt uns zurück zur Überschrift dieses Abschnitts: „Da das Gemüt wahrgenommen wird, ist es nicht die letzte Wirklichkeit und nicht die Quelle der Erkenntnisse."

Wir erfahren Erleuchtung, wenn alle mentale Tätigkeit ausgelöscht ist und bewußtes Gewahrsein aufrechterhalten bleibt. Wir brauchen kein Bewußtsein auszubilden, wir müssen in uns nur einen unveränderlichen, von nichts beeinflußten Zustand herstellen.

19.—20. Das Gemüt hat aus sich selbst heraus nicht die Möglichkeit, sich selbst zu erkennen, und jedes Bemühen, das Gemüt anderer zu kennen, führt zur Verwirrung

Das individualisierte Gemüt ist tatsächlich nur eine Zustandsform des universalen Gemütes, und so existiert es nicht als isolierte Wirklichkeit für sich selbst. Darum muß der Versuch des Gemütes, sich selbst zu erkennen, in die Irre führen. Und selbst wenn Studierende immer wieder von der Existenz anderer Gemüter sprechen, so führt dies doch nur zu Vermutungen ohne Ende. Im höchsten Sinne gibt es nur ein Gemüt, und alles andere, was als individualisiertes Gemüt erscheint, ist eine Zustandsform dieses einen Gemütes. Selbst beim universalen Gemüt handelt es sich um eine Schöpfung als Mittler für den Machtstrom, der sich aus dem Zentrum des Absoluten ergießt, und um ein Objekt, das keine selbständige Wirklichkeit hat. Wie das universale Gemüt als Werkzeug letzter Wirklichkeit dient, so ist das individualisierte Gemüt das Instrument der Seele, einer Einheit letzter Wirklichkeit.

Das Gemüt, der Mentalkörper, der Astralkörper und der physische Körper haben keine Möglichkeit eines selbständigen Gewahrseins. Die sich mit Körper, Gefühl und Wünschen identifizierende Seele hält sich für eine Einzelexistenz, aber dies beruht auf einer Täuschung. Im Körper identifizieren sich viele Einzel-Einheiten des Lebens mit den Körperteilen, und sie gehören doch alle zum Ganzen des Körperbildes und Seelen-Schicksals. Wenn wir erkennen, daß wir Seele sind, können wir uns von allen Täuschungen befreien und wollen, daß unser Gemüt in Ordnung kommt, und es wird so sein. Es handelt sich dabei um nichts anderes, als um eine richtige Anordnung des elektrischen Kraftfeldmodells.

21. Reines Bewußtsein nimmt in dem Maße Eigenbewußtsein an, wie es sich mit Form und Schöpfung identifiziert

Nach und nach taucht reines Bewußtsein in das Meer der Wunschvorstellungen, Gefühlsmodelle und Energieströme hinab und vermischt sich so in einem stufenweisen Prozeß mit der Materie. Es hat die natürliche Tendenz, sich mit allem, worauf es sich konzentriert, zu identifizieren. Mit dieser Einsicht offenbart sich uns das Geheimnis der Involution (s. Worterkl.) und der Befreiung. Durch Kontemplation des bedingungslosen Zustandes (reinen Bewußtseins) wird dieser wieder an die Oberfläche gebracht. Im Grunde genommen ist das sehr einfach, aber gerade diese Einfachheit macht viele intelligente Menschen stutzig. Vergessen wir nicht: „Der Mensch wird zu dem, wobei er verweilt", — dann wird es uns niemals an Wissen mangeln.

Im unbewegten Mittelpunkt alles Lebens gibt es weder Dunkelheit noch Licht, weder Fühlen noch Nichtfühlen, weder Sein noch Nichtsein. Hier ist nur Wirklichkeit. Da dies schwer begreiflich bleibt für ein Gemüt, das daran gewöhnt ist, irgendetwas zu erfassen, hält man eine solche Wirklichkeit oft nur für eine philosophische Fiktion. Das Gemüt liebt es, unterhalten und angeregt zu sein, und betrachtet darum mit Furcht die Möglichkeit, ausgelöscht zu werden. Man kann unmöglich begreifen, daß dieser unbewegte, reine Zustand den Menschen glücklich machen soll, weil man ihn für einen Zustand des Nichtseins und Nichts hält. Wir haben uns schon allzulange an unser Gebundensein an die Welt der Formen gewöhnt, darum können wir es nicht fassen, daß es sich bei solchem Zustand um eine die Gesamtheit umfassende Erfahrung handelt, und nicht um eine Vernichtung des Selbst. Weil dies so selten verstanden wird, bleiben manche großartig veranlagte Menschen Jahrtausende lang am Rande der Fülle der Wahrheit. Leuchtende Beispiele aber sind jene, die als menschliche Gestalten in Erscheinung treten und bezeugen, was es heißt, im Bewußtsein des Lichtes zu leben.

22. Wirken die Welt der Formen und die Fülle des Lichtes gleichermaßen auf das Gemüt ein, kommt es zur Erleuchtung

Erleuchtung bezeichnet jenen Entwicklungsgrad, da es dem Gemüt möglich wird, die Fülle der Wahrheit und des Lichtes in sich aufzunehmen — und doch noch bestimmten Bedingungen des Lebens unterworfen zu bleiben. Zu dieser Zeit wirkt das Licht durch das Gemüt auf die Welt der Formen ein, das Gemüt betätigt sich als Vermittler der allem zugrundeliegenden Macht. Wird einmal das rechte Gleichgewicht erreicht, so kommt es zu einem Zurückziehen und Hervortreten dieser Kraft. Solche vollkommene Wechselwirkung finden wir in den ineinander geflochtenen Dreiecken symbolisiert: das Reich des Lichtes in Harmonie mit der Welt der Formen, sich niedersenkende Macht — auferstehende Schöpfung. Ein Mensch, der in diesem Gleichgewicht wirkt und lebt, wird im Sanskrit Avatar*) genannt.

---

*) Das Sanskritwort bedeutet: völlig in Erscheinung tretender Geist im menschlichen Körper.

Bei einem Menschen dieser Bewußtseinsstufe dient das Gemüt als Berührungspunkt der höheren und niederen Ebenen des Bewußtseins, und die Seele bestimmt das Gemüt, gewisse Beschränkungen auf sich zu nehmen, damit seine Existenz gewährleistet bleibt. In einem solchen Falle wird das Gemüt nicht von triebhaften Wunsch- und Gefühlsmodellen zusammengehalten, sondern von wunschlosen Wünschen, die dem reinen Verlangen entspringen, eine Zeit lang auf dieser oder jener Ebene in Erscheinung zu treten. Bei einer solchen Inkarnation handelt es sich um eine bewußt überwachte Erfahrung, und wenn der Mensch diese Ebene verlassen möchte, so löscht er einfach die Denk- und Gefühlsmodelle aus, die in diese Dimension als Körper hineinreichen. Dann verschwindet der Körper entweder augenblicklich, oder er verfällt nach und nach, bis der Geist ihn verläßt. Ein Mensch auf dieser Bewußtseinsstufe verfügt auch über die Fähigkeit, nach seinem Willen einen Körper zu erschaffen und ihm den Schwingungsgrad irgendeiner Dimension zu geben, — und er vermag ihn wiederum aufzulösen, indem er einfach den Willen aufgibt, der ihn in der Form erhielt.

23. *Leben wirkt auf sich selber ein, indem die universale Substanz eine unendliche Zahl individualisierter Gemütseindrücke reflektiert und dadurch der Seele die Möglichkeit gibt, sich selbst während des harmonischen Vorganges zu befreien*

Wie wir inzwischen erkannt haben, ist die kosmische Gemütstätigkeit die Gesamtsumme aller Gemütstätigkeiten, — ist kosmisches Gemüt, das sich in unendlicher Vielfalt offenbart. Haben wir den Dualitätsgedanken überwunden, so erkennen wir alles und jedes als kosmische Offenbarung und sehen unsere Aufgabe darin, das Mysterium durch Erlangen von Selbst-Gewahrsein zu enträtseln. Da der harmonischen Wirksamkeit kosmischer Aktivität ein Gesetz des Ausgleichs zugrundeliegt, kann sich der Mensch an grundlegende Prinzipien halten, um standhaft zu bleiben und nicht abzuweichen. Diese Möglichkeit des absoluten Sich-verlassen-Könnens auf das kosmische Gesetz gibt ein Gefühl der Sicherheit, das für eine gleichmäßige Entfaltung notwendig ist. Dabei sind wir nicht von Menschen oder bestimmten Situationen abhängig, sondern allein von einem unbeugsamen und unausweichlichen Gesetz.

24. Rechtes Unterscheidungsvermögen läßt uns erkennen, daß die Seele eine Bewußtseins-Einheit ist und genau genommen nicht mit dem Gemüt gleichgesetzt werden kann

Das hier Gesagte sollte wie eine Befreiung auf uns wirken. Als Seele sind wir jene reine, unberührte Bewußtseinseinheit. Als Seele waren wir niemals verwirrt, niemals in Schwierigkeiten, haben nie einen Fehler gemacht und können niemals für irgendetwas zur Verantwortung gezogen werden. Die Seele zieht keine Lehre aus irgendetwas; denn würde man dies für möglich halten, so reiht man sie damit in die Kategorie des Gemütes ein. Das Gemüt ist es, das erzogen werden kann, kontrolliert und umgewandelt. Das Gemüt kann lernen oder unwissend bleiben und sich durch Halbwissen irritieren lassen. Die Seele läßt sich weder verwirren noch verändern. Wenn sie sich aber mit dem Gemüt identifiziert, vermag sie sich nicht mehr in ihrer reinen Form zu verwirklichen und das Gemüt herrscht vor.

Kommen wir zur Erkenntnis der Natur der Seele, fallen augenblicklich alle die schrecklichen Belastungen durch Schuld, Bedauern und Angst von uns ab. Alle Meinungen über Karma, alle religiösen und philosophischen Vorstellungen und alle Ideen, wie man die Menschen am besten führen könnte, werden beiseite gelegt. Bis dahin mögen Regeln und Glaubenssätze eine wesentliche Rolle auf unserem Entfaltungsweg gespielt haben, halfen sie doch dem Gemüt, die rechte Richtung einzuhalten, bis das Seelen-Bewußtsein emportauchen konnte. Sobald aber die Seelennatur völlig hervortritt, den Körper beherrscht und alle Handlungen lenkt, kommt es von selbst zu einer Verwirklichung der wahren Natur des Lebens. Dann begreifen wir: es gibt keine Macht, die wir anrufen müßten, keine Stufen sind zu ersteigen, nichts ist zu überwinden und nichts muß bekämpft werden. Wenn uns diese herrliche Erkenntnis aufgeht, geben wir alle bisherigen Vorstellungen auf und tauchen voller Freude ein in die Fülle des Lebens. Dann sehen wir, daß es sich gerade so gut auf dieser Ebene leben läßt wie auf jeder anderen, denn die Schranken, die wir früher wahrzunehmen glaubten, existieren nicht, — sie waren vom Gemüt aufgerichtet, dem einzigen Ort, an dem sie eine ernst zu nehmende Wirklichkeit darstellen konnten. Es ist ein einzigartiges Erlebnis zu sehen, daß im gleichen Maße, wie die inneren Schranken fallen, auch die äußeren aufhören zu existieren, da die Welt nur eine Spiegelung des Gemütes ist.

Zugleich erreichen wir damit auch eine Überwindung unserer Auffassung vom Tod. Leben wir in der Fülle des Bewußtseins, gibt es kein Nachlassen unseres Wachseins mehr; denn wo immer wir sind, bleiben wir uns dessen bewußt, was Leben wirklich ist. Und wenn wir auch nacheinander eine Reihe von Körpern annehmen und durch viele Erfahrungen gehen, so bewahren wir uns doch immer unsere innere Klarheit. In der ununterbrochenen Verwirklichung kosmischen Bewußtseins bleiben wir immer die gleichen.

25. In dem Wunsch nach Erkenntnis des Absoluten liegt die Tendenz, sich über das Hinabtauchen in Gemüt und Körperlichkeit zu erheben

Wer das reine Bewußtsein erreicht hat, scheint — ohne es zu wollen — den Kontakt mit der Welt nach und nach zu verlieren. Die Anziehungskraft des Zentrums scheint stärker und stärker zu werden. Aus diesem Grunde verlassen die meisten Weisen manchmal schon in jungen Jahren ihre physische Gestalt; der Zug ist so stark, und ihr Wunsch nach einem Verweilen auf dieser Ebene so schwach. Doch hinterlassen sie fast immer gut ausgebildete Schüler, deren Reife es erlaubt, noch in dieser Inkarnation Erleuchtung zu erfahren. Um aber das von ihrem Meister begonnene Werk weiterführen zu können, lassen sie einige Wunschbilder und auch einige Täuschungen zu. Ein Schüler nach dem anderen erlangt dann seine Befreiung, und so setzt sich die Kette der Seelen fort, um in immer höhere Bereiche des Lichtes und Bewußtseins aufzusteigen.

26. Als Hindernisse auf dem Weg zu reiner Erkenntnis auftretende Gedanken haben in Eindrücken ihre Ursache

Wenn wir auch versuchen, uns von Beeinflussungen frei zu halten, bleiben wir doch ständig einem Sperrfeuer von Einwirkungen aufgeregter Menschen ausgesetzt, weil wir auf die irdische Tätigkeitsebene eingestimmt sind. Zuweilen lassen wir uns davon beeindrucken, und unser Unterbewußtsein hält solche Eindrücke, die nun durch Assoziation andere Gedanken aufwirbeln, fest. Darum ist es gut, sich in tiefer Meditation von den Zerstreuungen dieser Welt abzuschließen, damit nicht durch Einfließen von Eindrücken neue, die Erkenntnis der Wirklichkeit störende Gedankentätigkeit aufkommen kann. Denn es sind die Gedankentätigkeit und die damit einhergehende Identifikation des Gemütes mit der relativen Welt, die im Menschen das Gefühl des Abgetrenntseins aufrecht erhalten.

27. *Diese Gedanken können in gleicher Weise aufgelöst werden wie Unwissenheit und Egoismus (2. Kap., 10). Das heißt, wir verfolgen sie zurück in ihre Kausalebene und lösen sie dort auf*

Jegliche Form und überhaupt alles, was eine unabhängige Wirklichkeit zu haben scheint, kann auf die Kausal- oder Ideenebene zurückgeführt werden, denn hinter jeder Form steht ihre Idee. Wissen wir einmal um diese Ebene der Ideen und erkennen die Unwirklichkeit der Form, können wir letztere — jedenfalls unseren Blicken — entschwinden lassen, sobald wir ihrer Idee in unseren Gedanken keinen Raum mehr geben. Das Gefühl des Ego z. B. beruht auf einer Idee. Selbst unsere Meinung, wir wüßten etwas nicht, hat ihre Ursache in einer Einbildung unseres schlecht unterrichteten Gemütes. Gedanken, und erscheinen sie auch noch so feiner Natur, sind Dinge, die ihre Existenz einem hinter ihnen stehenden Modell verdanken. Mit fortschreitender Bemühung werden wir erkennen, wie alles tatsächlich ein Schatten ist, hervorgerufen vom Licht, das allmählich durch die Kausal-Modelle hindurchtritt. Wir sehen hier erhabenste Mächte am Werk.

28. *Wer es bis zu dieser Höhe der Erkenntnis gebracht hat und den Wunsch nach weiteren Erkenntnissen aufgibt, verliert sich in der Unermeßlichkeit kosmischen Bewußtseins mit allem, was es in sich einschließt*

Wir kommen hier an eine sehr subtile Wahrheit. Nach vielen Bemühungen, unser Gemüt zu erziehen, damit es zu einem brauchbaren Werkzeug werde; nach unzähligen Stunden, in denen wir uns den verschiedenen Übungen unterzogen, um unseren physischen Körper zu verfeinern und ihn auf allen Ebenen zu klären und zu reinigen; nachdem wir jene Bewußtseinsebene erreichten, von der aus wir den Körper als Schattenwurf des Lichtgemütes erkannten; — nach all diesem sollen wir jeden Wunsch nach weiteren Erkenntnissen aufgeben.

Der Grund für diese Forderung ist einfach, wenn man ihn begreift. Solange uns noch ein Verlangen nach weiterer Bewußtseinsentfaltung bewegt, unterhalten wir auch ein Gefühl von Getrenntsein (denn was wir erreicht haben, danach verlangen wir nicht mehr — d. Übers.), und es ist dies Gefühl der Trennung, das uns nun hemmt. Allerdings sollten wir uns nicht anmaßen den Wunsch aufzugeben, bevor wir diesen Bewußtseinsgrad erreicht haben; denn tun wir dies, so fehlt uns die mächtig treibende Kraft, die uns während unserer langen Übungszeit immer stärker aufwärts zog, — und wir verbleiben nur in unserem gegenwärtigen verworrenen Zustand. Viele Studierende, die sich rühmen, jeglichen Wunsch nach weiterer Erkenntnis aufgegeben zu haben, bezeugen damit nur ihre Anwartschaft auf noch viele Jahre Unwissenheit. Wir können nur dann unser Verlangen aufgeben und zu letzter Vollkommenheit erhoben werden, wenn wir mit unserem Fuß bereits das Ufer jener Verwirklichung berührt haben, die wir durch bewußte Erfahrung erreichen.

Nur wer die hohen Stadien des Überbewußtseins (Samadhi) zu erleben vermag, kann ohne Schaden den Wunsch nach weiterer Entfaltung aufgeben. Dann wandelt sich der zwanghafte, aus einem Mangel an Erfüllung entstandene Wunsch in einen letzten Anstoß, die Fülle des Bewußtseins wieder zu erreichen. Mit endender Bemühung vollzieht sich dann die Einswerdung von selbst.

29. *Diese letzte Verwirklichung führt zur Leidüberwindung; denn Leid entsteht aus Unwissenheit und dem Zwang der sich ergibt, wenn wir uns dem Gesetz der Reaktion unterstellen. (Karma.)*

Wer es zu voller Klarheit gebracht hat, für den kann es kein Leid mehr geben. Das Ziel ist endlich erreicht. Wir mögen uns an die ersten Seiten erinnern, in denen als Ziel dieser geheimnisvollen Lehre die Ausräumung jeder Möglichkeit zukünftigen Leides angegeben wurde. Wir haben gelernt, wie wir in der Wachheit des Selbst ruhen und frei von Leid bleiben können. Nun, da das Ziel absoluter Verwirklichung erreicht wurde, besteht keine Möglichkeit mehr, noch irgendein Leid in der Zukunft zu erfahren, da das Licht keine Gemütseindrücke mehr festhält — und wir ohne ein Festhalten von Eindrücken keiner Reaktionen mehr fähig sind.

Von dieser Bewußtseinsebene aus vermag die Seele auch zu erkennen, wie dies Bewußtsein aus sich heraus Dinge erschafft, indem es zu dem entsprechenden Ding wird, und damit ist das Rätsel der Schöpfung gelöst. Wenn wir Einsicht gewonnen haben in diese Wahrheit, so ist es nur noch eine Sache der Ausdehnung des Bewußtseins, um eine gewünschte Gestalt anzunehmen, die wieder aufgelöst werden kann, wenn sie ihren Zweck erfüllt hat. Dies geschieht durch Ausdehnung und Zusammenziehung, gerade wie das kosmische Gemüt sich zu den Universen ausdehnt und sie wiederum in sich selbst zurückzieht. Dabei handelt es sich um eine unpersönliche Tätigkeit, die sich jenseits des Gesetzes von Ursache und Wirkung vollzieht. Auf dieser Ebene ist der Entschluß zur Schöpfungsoffenbarung die einzige Ursache, — und sofort beginnt sie, sich vom Zentrum aus zu vollziehen. Sobald der Wunsch nach Offenbarung aufgegeben wird, kehren alle Formen in den ursprünglichen, bedingungslosen Zustand zurück ohne Spuren zu hinterlassen, außer im Äther. Und auch diese verschwinden, sobald alle Formen aufgelöst sind und die Schöpfung für eine Zeitperiode in den Schoß des Absoluten zurückkehrt.

30. *Die bedingungslose, reine Verwirklichung des Absoluten führt zu vollkommenem Verständnis*

Auf dieser Stufe wird die Seele Geist. Ein Gefühl des Getrenntseins gibt es nicht mehr. Die Seele wird zu all dem, was wir unter Geist verstehen. Dies ist es, was wir schließlich erreichen. Zeitlich gesehen ist es für die meisten Menschen ein langer Weg. Aber er macht glücklich; denn sowie wir das Überbewußtsein erreicht haben, ist jedes Leid überwunden und alles wird uns zur Freude. Trillionen von Jahren sind die Seelen als Lichtkörper und dann als Gedankenformen wirksam, ehe sie sich vollkommen einkörpern.

31. Das Letzte ist erreicht, wenn die Bewußtseinseigenschaften aufgelöst sind. Dann schwinden alle Begriffe von Raum und Zeit, von Zweck und Sinn, und die Seele ruht in ihrer wahren Natur

Jetzt, da wir jeden Gedanken an Körper und Gemüt hinter uns gelassen haben und im Bewußtsein ruhen, bleibt nur noch die Auflösung der dämpfenden, aktivierenden und erhebenden Eigenschaften (in dieser Reihenfolge), bis sie für die Seele nicht mehr vorhanden sind. Dann entschwindet auch der Begriff von Raum, der eng mit dem der Zeit verbunden ist und uns ermöglicht, Dimensionen und Ebenen zu unterscheiden, — und die Seele ruht im alles umfassenden Sein. Dies ist die Wirklichkeit.

ARBEITSANLEITUNGEN

Im Laufe der bisherigen Kapitel dieses Buches haben wir die schrittweise Läuterung von Körper und Gemüt umrissen, wir haben über die Stufen der Meditation gesprochen und beschrieben, wie sich durch übersinnliche Wahrnehmung Mächte und Fähigkeiten entwickeln lassen, und schließlich sind wir dem Geheimnis letzter Verwirklichung nahegekommen. Nun wollen wir einen Schritt weitergehen und in diesem letzten Teil die verschiedenen Arbeitsweisen kennenlernen, durch die wir zur rechten Ausübung der Meditation kommen, wir wollen untersuchen, warum sie wirksam sind und wie wir verfahren müssen. In vielen Büchern lesen wir, was wir zu tun haben, aber wenige geben uns darüber Aufschluß, wie wir es anstellen sollen. Mit der Zusammenfassung der Erläuterungen und Arbeitsanleitungen zu einem Band hat der Lernwillige ein vollständiges Arbeitsbuch in Händen.

Die meisten dieser Arbeitsanleitungen wurden nach alter Tradition von Mund zu Mund überliefert. Dies war dem dunklen Zeitalter angemessen, als die Menschen im allgemeinen noch nicht dafür ansprechbar waren, selbst etwas für ihre Befreiung zu tun. Nun jedoch, im aufsteigenden Zyklus, finden sich viele Tausende aufgeweckter Menschen bereit, nach solchen exakten Anleitungen zu arbeiten. In verschiedenen Zeitaltern braucht man verschiedene Methoden, die jeweils der Situation und den Notwendigkeiten angepaßt sind. Ich werde die Arbeitsweisen Schritt für Schritt durchgehen und ihre praktische Ausführung erklären, damit jeder weiß, wie er vorankommen kann.

Erinnern wir uns noch einmal der in den Kapiteln 2 und 3 gegebenen Wegweisungen für die Ausübung der Meditation. Dabei wiesen wir mit Nachdruck auf die Beachtung folgender Voraussetzungen hin:
1. Absolute Gemütsbeherrschung durch Überwindung der fünf Eigenschaften, die uns auf unserem Wege hemmen (2. Kap.: 3).

2. Einhaltung der fünf Verhaltensregeln, um in Harmonie und innerem Gleichgewicht zu bleiben. (3. Kap.: 30, 31. Am besten arbeiten wir diesen Teil des Buches nochmals durch.)
3. Richtige Meditationshaltung. Nimm eine bequeme Haltung ein, der Körper muß dabei im Gleichgewicht bleiben können. Aufrechter Sitz auf einem bequemen Stuhl ist gewöhnlich am besten. Rückgrat gerade, Kopf hoch, Muskeln entspannt. Manchmal ist es günstig, immer am gleichen Platz zu meditieren, da uns die Erinnerung an geglückte Meditationen leichter die rechte Gemütshaltung finden läßt.
4. Kontrolle der Lebenskräfte. Bewußte Lenkung des Lebenskraftstromes führt zur Beherrschung der Gemütstätigkeit und noch besseren Entspannung des Körpers. Auf den folgenden Seiten wird darüber noch ausführlicher gesprochen.

Beobachtung des Atems

Mit Folgendem wird eine grundlegende Ausführungsanweisung für Meditationsübungen gegeben. Nachdem wir die richtige Haltung eingenommen und uns entspannt haben, richten wir unsere Aufmerksamkeit auf das Dritte Auge in der Mitte der Stirn. Dies trägt dazu bei, unsere Aufmerksamkeit vom Körper abzulenken. Außerdem werden die Lebenskräfte durch unsere auf diesen Punkt gelenkte Aufmerksamkeit aus dem Körper hier zusammengezogen, wodurch es uns leichter fällt, uns zu konzentrieren. Weiterhin erzeugt der Reiz der entsteht, wenn wir die Augen auf diesen Punkt emporrichten, ein magnetisches Zentrum, das die Energieströme im Kopf zum Ausgleich bringt.

Sehr wichtig ist es, bei der Meditation nach innen zu gehen. Was meine ich damit, wenn ich dies sage? Vergessen wir nicht: der Lebensstrom tritt durch das Gehirn in den Körper ein; dann fließt er das Rückgrat hinab und durch die Lebenskraftzentren in das Nervensystem und den Körper. Da Rückgrat und Gehirn als Kontaktpunkte zwischen den Lebenskräften und dem Körper dienen, ist leicht einzusehen, daß wir durch Umkehrung des Vorganges am besten zur Verwirklichung des formlosen Geistes gelangen, — indem wir also vom Körper durch das Rückgrat und Gehirn in die Formlosigkeit eintreten. Diese Einsicht ist für die Entfaltung des Menschengeschlechtes von einzigartiger Bedeutung. Das Übergehen von einem materiellen in einen Lichtkörper erscheint dem Menschen schwer verständlich, obgleich dies möglich ist. Leichter läßt sich ein Verlassen des Körpers durch die Tore bzw. Zentren der Lebenskraft in Rückgrat und Gehirn begreifen. Mit dieser Möglichkeit erschließt sich uns das große Geheimnis, wie der Körper bewußt verlassen werden kann, was in unserem Falle bedeutet, wie wir es fertigbringen, die Identifikation mit dem Körper aufzugeben.

Danach sind also die aufeinander folgenden Stufen der Meditation:

Freiwerden von der Identifikation mit dem Körper,
Freiwerden von der Identifikation mit Rückgrat und Gehirn,
Freiwerden von der Identifikation mit dem Gemüt.

Durch aufmerksame Befolgung der genauen Arbeitsanleitung ist dies möglich. Dabei handelt es sich nicht um einen Versuch, die Verbindung nur in Gedanken abzubrechen. Wer das versucht, gibt seine Bemühungen bald enttäuscht wieder auf. Begreifen wir den Vorgang, so können wir nach und nach und Schritt um Schritt hell bewußt und frei zu jeder Zeit aus- und eingehen.

In erster Linie müssen wir Folgendes beachten: die Atemtätigkeit, die Bewegung der Lebenskraft im Körper und die Gemütstätigkeit stehen in enger Verbindung miteinander. Wenn wir uns dies vergegenwärtigen, so läßt sich mit diesem Wissen etwas erreichen. Zu Beginn sind wir damit beschäftigt, uns von der Außenwelt, der Quelle der Reize und eindringenden Störungen, zu lösen. Die Methode der Abschaltung der Eindrücke aus der Umgebung durch Willensanstrengungen ist falsch und führt nicht zum Ziel. Am einfachsten erreichen wir dies durch Beobachtung der Atem- und Körpertätigkeit — und indem wir lernen, unser Gemüt von den Außeneinflüssen zurückzuhalten. Wie können wir dies anfangen? Indem wir den Atemvorgang beobachten.

Nehmen wir an, wir wollen meditieren. Wir sitzen in aufrechter Haltung, unsere Aufmerksamkeit ist fest auf den Punkt zwischen den Augenbrauen gerichtet, das Gefühl so gut wie möglich von den Körperteilen und der Körperoberfläche ins Rückgrat und Gehirn gezogen. Sind wir so weit gekommen, so beginnen wir mit der Beobachtung der Atemtätigkeit. Das ist alles, wir beobachten einfach den Atemvorgang. Versuchen wir nicht, in ihn einzugreifen, ihn zu beschleunigen, zu regulieren oder zu verlangsamen, — es geht nur darum, ihn zu beobachten. Warum tun wir dies? Weil wir vom Körper und der Gemütstätigkeit loskommen wollen. Versuchen wir den Atem zu regulieren, so geschieht dies durch bewußte Gemütstätigkeit, und damit erreichen wir das Gegenteil dessen, was wir wollen, — wir wollen uns ja gerade von der Gemütstätigkeit lösen. Also beobachten wir nur den Atem wie er kommt und geht. Dies gibt dem Gemüt etwas, worauf es sich konzentrieren muß. Damit haben wir sofortige Gemütskontrolle erreicht, denn nun wissen wir wenigstens, was es tut, — wir sitzen am Steuer. Richten wir die Gemütskräfte auf einen bestimmten Punkt, so beginnen wir, uns in der rechten Richtung fortzubewegen. Vorher war unsere Aufmerksamkeit geteilt oder unsere Gedanken beschäftigten sich mit Sinneseindrücken, und damit entfernten wir uns vom Meditationspunkt. Nun aber haben wir sie unter Kontrolle, ohne Gewaltanwendung, ohne Anstrengung.

Wenn wir nur zur Ruhe kommen möchten, können wir dies zehn oder fünfzehn Minuten lang üben, — oder einige Stunden, wenn wir mit der Meditation wirklich etwas erreichen wollen. Je mehr wir üben, umso tiefgehender unsere Einsicht. Wir werden nämlich zu gleicher Zeit, da wir den Atem beobachten, noch weitere Vorgänge bemerken. Durch die von ihm abgelenkte Aufmerksamkeit beginnt der Körper sich zu entspannen, — indem sich der Körper entspannt, wird automatisch die Herztätigkeit langsamer, — indem sich die Herztätigkeit verlangsamt, verlangsamt sich auch die Atemtätigkeit, — und indem dies geschieht, wird die Gemütstätigkeit weniger und weniger. All dies geht in uns vor, und während es vor sich geht, nehmen wir diese Dinge wahr. So erweitert sich unser Gewahrsein des Lebens, und wir kommen von unserer falschen Auffassung über Körper und Gemüt los. Wenn der Körper sich entspannt, so werden die in den gespannten Muskelpartien festgehaltenen Lebenskräfte frei, — und da wir unsere Aufmerksamkeit fest auf das Dritte Auge richten, das Kontrollzentrum in der Mitte zwischen den Augenbrauen, fließt die Lebenskraft, die stets der Richtung unserer Aufmerksamkeit folgt, von den Muskeln ins Rückgrat und in diesem aufwärts. Auf diese Weise werden alle Lebenskräfte von den Gliedern und Organen abgezogen und fließen zurück in Rückgrat und Gehirn, laden dort die Energien auf, kräftigen, magnetisieren und verfeinern die Lebenszentren und erschließen gleichzeitig neue Nervenkomplexe im Kopf.

Vergessen wir nicht, die Lebenskraft folgt der Aufmerksamkeit. Wohin wir auch immer unsere Aufmerksamkeit richten, dahin fließt die Lebenskraft und identifiziert sich mit den Dingen. Beim gewöhnlichen Menschen fließt die Lebenskraft durch die Sinne und stellt den Kontakt mit dieser Dimension her. Dabei identifiziert sich die Seele mit dieser Dimension und gibt sich der Täuschung hin, sie sei ein stofflicher Körper in einem stofflichen Universum. In der Meditation stehen wir vor der Aufgabe, diesen Strom der Lebenskraft aufzuhalten. In Wirklichkeit müssen wir nichts Böses überwinden, wir müssen nicht gegen unsere niedere Natur ankämpfen oder Missetaten wieder gutmachen. Wir haben uns nur von dieser Welt loszulösen, indem wir unsere Aufmerksamkeit und damit auch die Lebenskraft umlenken. In dem Maße wie uns diese Loslösung gelingt, erfahren wir Erleuchtung. Wir stellen keinen Bewußtseinszustand her, sondern machen uns nur los von beschränkenden Auffassungen, und indem wir dies tun, weitet sich unser Gewahrsein und umfaßt größere Bereiche der Wirklichkeit.

Noch ein Wort über einige der Erfahrungen, die sich vielleicht während des Übens nach dieser Arbeitsanleitung einstellen. Während sich die Lebenskräfte nach und nach aus dem Körper zurückziehen und ins obere Rückgrat und die Gehirnzentren fließen, begleiten Wahrnehmungen diese Bewegung, die bei den verschiedenen Menschen verschieden sind. Einige haben zuweilen das Empfinden eines elektrischen Stromes im Rückgrat, andere ein Gefühl der Hitze im Rückgrat oder sogar im oder durch den Körper. Manche fühlen zuweilen auch Kühle. Es sind die sich bewegenden Lebenskräfte, die diese und noch eine ganze Anzahl von anderen Wahrnehmungen auslösen. Das Körpergewahrsein wird allmählich weniger und weniger, und schließlich bricht der Kontakt der Sinne mit dieser Ebene ab. Der Körper entspannt sich, und wir bemerken dies auch, aber ohne Gefühl, höchstens daß wir ein Hindurchströmen von Energien wahrnehmen. Zu dieser Zeit beginnt innen oftmals ein Licht aufzudämmern. Es nimmt viele Formen an, doch werde ich darüber später im Abschnitt vom „Sehen des inneren Lichtes" ausführlicher schreiben. Auch Töne und Geräusche innerer Tätigkeiten erreichen uns, die sich aus bestimmten Zusammenhängen ergeben und verschiedene Bedeutung haben. Wie tief wir auch in die Stille hinabzutauchen scheinen, immer werden wir die Beobachtung des Atems als eine große Hilfe empfinden; denn sie trägt dazu bei, unsere Abhängigkeit vom Körper und unsere materialistische Denkungsart zu überwinden.

Nachdem wir in dieser Weise eine Zeit lang geübt haben, werden wir plötzlich bemerken, daß wir das Denken unseres Gemütes beobachten. Wie eine Offenbarung mag uns dies zuerst erscheinen. Vielleicht erinnern wir uns an die früher in diesem Buch erwähnte Feststellung, daß das Gemüt nicht die Seele sein kann, da die Seele das Gemüt zu beobachten vermag. Jetzt nehmen wir tatsächlich das Gemüt als ein Objekt wahr und können von dem nun gewonnenen Standpunkt aus seine Tätigkeit im Auge behalten. Dann werden wir nicht mehr im geringsten daran zweifeln, daß wir nicht unser Körper und auch nicht unser Gemüt sind, sondern eine von allen Bedingungen freie, unabhängige Bewußtseins-Einheit. Wenn wir zu sehen vermögen, wie unser Gemüt denkt, dann können wir auch lernen, die Beziehungen zwischen unserer Gemütstätigkeit und unserer Umwelt zu beobachten — und zu erkennen, wie feinste Einwirkungen sich zu handgreiflichen Dingen und Ereignissen materialisieren. Wir werden sehen, wie universale Gemüts-Substanz sich ausstreckt, sich ausweitet und aus sich herausgeht, um zur Schöpfung zu werden.

Wir können also selbst beobachten, wie sich die Lebenskräfte im Zusammenspiel mit der Atmung im Körper bewegen. Im Gleichmaß mit der Atemtätigkeit fließen die Lebenskräfte durch die Nerven des Körpers, und ich habe beobachten können, daß selbst bei Menschen, die ohne irgendeine spezielle Methode erfolgreich meditierten, der Atemrhythmus ein anderer wurde, sobald sich ihr Bewußtsein über die Welt erhob. Da wir dies wissen, setzen wir die Beobachtung des Atems zur Beherrschung der Gemütstätigkeit und Lebenskräfte am besten solange fort, bis wir gelernt haben, ohne sie auszukommen. Diese Art des Übens soll uns nur helfen, die Natur des Gemütes und der Lebenskräfte verstehen zu lernen.

Haben wir die Energien in die Lebenszentren zurückgezogen und vermögen die Loslösung des Selbst vom Gemüt und Körper wahrzunehmen, haben wir die fünfte Stufe der Verinnerlichung der mentalen Fähigkeiten erreicht. Hier kommt der Lernende an einen kritischen Punkt. Er weiß um seine Fähigkeit, seine Umgebung nach seinem Belieben zu lenken. Wird er von innen heraus dazu geführt, so mag er dies tun. Aber er sollte nicht andere beherrschen wollen und sich in die Angelegenheiten anderer einmischen. Nur eine in rechter Weise und frei von Verhaftung gelenkte Aufmerksamkeit führt zu Samadhi oder der Verwirklichung des Absoluten, während wir uns andernfalls erst recht in die Dinge dieser Welt verwickeln.

Wir erwähnten, daß sich die Seele mit dem Gegenstand der Konzentration identifiziert. Nun, da sich das Gemüt aus den Gebundenheiten dieser Welt löst, kommt ein Verlangen nach der Schönheit der inneren Welten auf. Oft glaubt man die Anwendung der erworbenen Fähigkeiten mit dem Einwand rechtfertigen zu können: „Ich möchte der Menschheit helfen." Am besten helfen wir der Menschheit durch Erlangung des kosmischen Bewußtseins, obgleich wir auf dem Wege dorthin natürlich tun, was wir können. Wer aber seine eigene Entfaltung vernachlässigt, um auf der psychischen Ebene herumzuplätschern, fügt sich damit selbst ein Unrecht zu. Er läuft nicht nur Gefahr, sich im Labyrinth der psychischen Welten und Wunschbilder zu verlieren, er betrügt sich selbst mit seiner Meinung, anderen zu helfen; denn oft ändert er nur etwas in der Schattenwelt und bringt zeitweilige Erleichterung. Wir sollten den Abschnitt über das Erreichen von Mächten nochmals lesen, um darüber zu völliger Klarheit zu kommen.

Auf dieser Stufe werden wir der astralen Welt, der mentalen Welt und der Welt der Modelle gewahr. Wir können unsere Aufmerksamkeit richten, wohin wir wollen, und alles wissen, — allein dadurch, daß wir zu dem entsprechenden Ding werden. Dabei dürfen wir allerdings nicht übersehen, daß unsere Verwirklichung nur weitere Bindungen mit sich bringt, wenn unser Bewußtsein nicht rein ist (d. h. ohne jede persönliche Verhaftung).

Gegenstände der Konzentration

Wenn wir uns auch tatsächlich aus der Gebundenheit an Körper und Gemüt lösen und uns neuen Bewußtseinsbereichen öffnen, so kommen wir dennoch zu bestimmten Wahrnehmungen. Da sie jedem begegnen können, möchte ich sie hier erwähnen und ihr Erscheinen erklären. Am häufigsten zeigen sich — wenn auch nicht in dieser Reihenfolge: Licht, der kosmische Ton, ein Gefühl der Allgegenwart, der Allmacht und des Allwissens, kosmische Liebe, kosmische Freude, Seligkeit, absolutes Sein.

Licht

Licht ist die erste Offenbarung des Absoluten, die grundlegende Substanz aller Dinge. Solange wir Licht wahrnehmen, haben wir allerdings immer noch ein wenig das Bewußtsein, vom Zentrum getrennt zu sein. Die Bedeutung der verschiedenen Farben des Lichtes wird im Abschnitt „Sehen des inneren Lichtes" besprochen.

Kosmischer Ton

Dabei handelt es sich um die Schwingung des Atomgefüges. Kommen wir zu vollem Verständnis dieser Schwingung, so führt uns dies zur Verwirklichung des Unendlichen. Genaueres darüber erfahren wir im Abschnitt „In Harmonie mit dem kosmischen Ton".

Das Gefühl der Allgegenwart

Es ist ein Zeichen des Fortschreitens von der Form zur Formlosigkeit — und eines der packendsten Erlebnisse, wenn wir von den beengenden Beschränkungen des Körpers und der Umgebung frei werden. Unser Gewahrsein greift weit hinaus in den Raum und umfaßt wirklich alles in ihm.

Das Gefühl der Allmacht

Durch Identifikation mit der kosmischen Macht wird uns bewußt, daß diese Macht durch uns hindurchströmen kann, sobald wir uns zu ihrem geeigneten Mittler ausgebildet haben. Es handelt sich hier nicht um eine persönliche Macht, sondern um eine durch Kontaktaufnahme mit dem Leben erreichte Verwirklichung aller Macht.

Das Gefühl der Allwissenheit

Wenn wir zu allem werden, so wissen wir von innen her alles über alles. Weiten wir unser Bewußtsein zum Universum aus, so fällt uns von selbst alles zu, was man überhaupt wissen kann, weil wir uns mit allem auf allen Ebenen identifizieren.

Kosmische Liebe

Uneingeschränkte Verbundenheit mit jedem Aspekt des Lebens — bis hin zum Atom — wird kosmische Liebe genannt. Ein solches Gefühl des Einsseins mit allem läßt keine Unwissenheit und keine Furcht mehr aufkommen. „Vollkommene Liebe kennt keine Furcht" heißt es darum, weil dort, wo kein Gefühl des Getrenntseins mehr ist, auch keine Furcht sein kann — und weil bei vollkommenem Einssein nichts unbekannt bleibt.

Kosmische Freude

Freude ist ein Zeichen unseres Verbundenseins mit der Wirklichkeit und deutet auf Loslösung vom Körper. Wir empfinden Freude während der Meditation, weil die Lebenskräfte von den Nervenzentren abgezogen sind. Beschwingtheit und Begeisterung erfüllt uns, wenn alle Bindungen von uns abfallen. In der Meditation vertiefte Freude wird zur Ekstase, und in ruhiger Meditation vertiefte Ekstase führt zu Bewußtseins-Seligkeit.

Seligkeit

Seligkeit ist Wahrnehmung der Wirklichkeit mit kaum einem verbliebenen Schatten von Verschleierung. Die zur Selbstverwirklichung fortgeschrittene Seele erlebt Seligkeit, und dies ist ein Zeichen dafür, daß wir mit unseren Übungen auf dem rechten Wege sind. Bewußtsein — Dasein — Seligkeit — diese drei Aspekte des Erlebens der Wirklichkeit sucht bewußt oder unbewußt jedermann.

Absolutes Sein

Wenn wir über die Bewußtseins-Seligkeit hinausschreiten, werden wir selbst zum Gegenstand unserer Kontemplation. Hier ist nur Sein oder die letzte Wirklichkeit. Die Erscheinungen von Licht, unser Fühlen, Verwirklichen und Tun sind immer noch Dinge der sich nach außen hin ausstreckenden Wirklichkeit. Im reinen Sein schwinden alle Gemütstätigkeiten, alle Wahrnehmungen und alle Begriffe, nichts ist geblieben, um die Wirklichkeit anzuschauen. Wir sind ganz in sie eingegangen.

Sehen des inneren Lichtes

Wir werden von selbst das innere Licht wahrnehmen, wenn wir gelernt haben, tief in die Stille einzugehen. Es mag gut sein, mehr darüber zu wissen, möchten doch manche dies Licht vielleicht besser sehen und damit arbeiten. Jedem — der mit Ausdauer übt — wird dies Licht erscheinen. Ruhelosigkeit des Gemütes und Spannungen im Körper hindern uns allerdings, das Licht zu sehen, darum müssen wir zuerst unsere Gemütstätigkeit zur Ruhe bringen und lernen, den Körper vollkommen zu entspannen. Sobald sich die Lebenskräfte durch unsere fest auf das Dritte Auge gerichtete Aufmerksamkeit dorthin zurückgezogen haben, wird das Licht aufleuchten.

Zuerst mögen die Lichterscheinungen entsprechend dem Schwingungsgrad und der Stufe unseres Bewußtseins unterschiedlich sein. Am Anfang taucht nicht selten eine Reihe genau symmetrisch gestalteter geometrischer Figuren auf, die in lebhaften Farben vor dem inneren Blick schweben. Dies ist ein Zeichen dafür, daß wir uns nach innen öffnen. Wir sollten alles, was auch immer sich unserem inneren Blick zeigt, losgelöst und sachlich betrachten, immer bemüht, dahinter zu sehen; denn solange wir Licht als Erscheinungsform wahrnehmen, werden wir uns der letzten Wirklichkeit noch nicht bewußt. Nehmen wir einfach hin, was wir sehen, doch versuchen wir, es zu durchschauen, und indem wir dies tun, wird uns mehr Licht erscheinen. Dies Licht füllt schließlich unsere Stirn, den Kopf, den ganzen Körper, und wir werden nun wissen, was es heißt, einen Lichtkörper zu haben. Was wir wahrnehmen, ist das Astrallicht, das den Körper erfüllt. Lernen wir, seiner gewahr zu werden, uns mit ihm zu durchtränken, bis wir einen Lichtkörper und ein Lichtgemüt haben.

Wir werden Einblick in viele Dimensionen gewinnen, wenn wir mit dem inneren Licht arbeiten. Wir werden lernen, die Astralwelten zu sehen — und wie das Licht auf dieser Ebene um uns herum alle Körper durchdringt. Niemals sollten wir vor dem erschrecken, was wir sehen; denn Furcht ist es, die unser Bewußtwerden verhindert. Unterscheide, aber fürchte dich nicht, — denken wir daran: alles ist eine Offenbarung des Bewußtseins.

Jeder Schwingungsgrad hat sein für ihn charakteristisches Licht und seinen entsprechenden Ton, und so sind die Lichter, die wir sehen, dem Schwingungsgrad gemäß gefärbt. Durch das als Spiegel wirksame Dritte

Auge werden die Lichter des Körpers reflektiert. Richten wir unsere Augen und Aufmerksamkeit auf diesen Punkt, wird die Energie auf sich selbst zurückgeworfen, anstatt in den Körper hinuntergeleitet zu werden — und offenbart sich nun als Fähigkeit des Sehens nach innen.

Wenn uns das weiße Licht in der Mitte des Gehirnes erscheint, sollten wir ruhig dabei verweilen und uns ganz dahinein vertiefen. Wir sollten fühlen, wie es in den Körper niedersteigt — bis jede Muskel, jeder Nerv, jedes Organ, jedes Gewebe und jede Zelle in Licht gebadet ist. Fühlen wir die Belebung unseres Körpers. Werden wir uns unseres Körpers bewußt. Es wird ihm neue Lebenskräfte zuführen.

Wir können noch auf andere Weise mit dem Licht arbeiten. Wenn wir ganz durchdrungen sind von dem Gefühl, ein Lichtkörper zu sein, entspannen wir und weiten unseren Lichtkörper aus bis in die Unendlichkeit. Wir müssen fühlen, wie wir wachsen und uns ausweiten, bis wir das ganze Universum ausfüllen, — wir durchstoßen die Verschleierungen unseres Bewußtseins, die Dimensionen und Ebenen — und hören nicht auf, bis alles in unseren Körper eingeschlossen ist. Auf diese Weise kommen wir zu kosmischem Bewußtsein. Zwar handelt es sich hier noch nicht um den kosmischen Bewußtseinszustand selbst, aber wir können so die unterbewußten Empfindungen des Klein- und Geringseins auslöschen und den Weg freimachen für das wirkliche Erleben.

Haben wir es so weit gebracht, das Licht bewußt hervorzurufen, dann sollten wir jede Gelegenheit wahrnehmen, damit zu arbeiten. Wir werden es als außerordentlich erfrischend und belebend empfinden, ins Licht einzugehen und in ihm zu verweilen. Bevor wir abends einschlafen, können wir — nachdem wir uns niedergelegt haben — dies erquickende weiße Licht in uns, durch uns und um uns fühlen, wir können uns darin einhüllen und in ihm dahintreiben, um in ihm zu schlafen. Wann immer wir dies innere Glühen bemerken, und sei es mitten in der Erfüllung unserer Pflichten, werden wir Ruhe und Frieden fühlen, — und was mehr ist, uns werden Intuitionen zuteil, die uns den rechten Weg führen.

Wenn manche Menschen das Licht nicht sehen, so deshalb, weil sie nicht gelernt haben, sich vollkommen zu entspannen, oder sie haben nicht lange genug in tiefer Stille verweilt. Nehmen wir uns genügend Zeit zum Üben, kommen wir bestimmt zu Erfolgen. Fühle, du kannst es, empfinde es als eine ganz natürliche Erfahrung, — und bei fleißigem Üben wird es sich eines Tages von selbst einstellen.

Der kosmische Ton ist die Schwingung der Atome. Das Schwingen der Atome erzeugt einen Ton, dem man verschiedene Namen beilegte, wie DAS WORT, DER TRÖSTER, DER HEILIGE GEIST, DIE AUM-VIBRATION, AMEN, AMIN, HUM und DER HEILIGE TONSTROM. Alle Bezeichnungen meinen das gleiche und stellen einen Versuch dar, den Ton, der in der Stille gehört wird, entweder zu beschreiben oder nachzuahmen.

Wenn wir den Ton hören, so haben wir Kontakt mit der alles erfüllenden Substanz aufgenommen und den ersten Schritt zur Erweiterung unseres Bewußtseins vom Körpergewahrsein zum universalen Bewußtsein getan. Unsere Entfaltung zu Überbewußtsein (bedingungsloses oder reines Bewußtsein) beginnt mit einer stufenweisen Ausweitung unseres Bewußtseins Schritt um Schritt. Der erste Durchbruch findet auf der Atomebene statt. Wir hören in der Stille die Schwingung des Atoms. — Wie können wir dies erreichen?

Während sich die Lebenskräfte in der Meditation zurückziehen, wenden wir unsere Aufmerksamkeit von den Geräuschen der Außenwelt ab und stellen uns nach und nach auf feinere Töne ein. Das Überwechseln geschieht allmählich. Oft hören wir das Arbeiten des Körpers auf der physischen Ebene, wir nehmen den Atem wahr, wie er in die Lunge ein- und wieder ausströmt, und hören das Blut, wie es durch den Körper zirkuliert. Gehen wir dann tiefer nach innen und bemühen uns, die Hintergründe des physischen Geschehens wahrzunehmen, so fangen wir an, astrale Töne zu hören. Diese astralen Töne gehen von den Lebenszentren im Rückgrat (und von denen im ganzen Körper) aus. Oft kommen wir gleichzeitig zum Hören des Tones und zum Sehen des Lichtes. Je nach dem Schwingungsgrad sind die Töne verschieden, und das im Dritten Auge reflektierte Licht entspricht genau dem Ton.

Manchmal können wir uns dadurch helfen, daß wir die Ohren mit den Daumen verschließen, während wir die Ellbogen auf den vor uns stehenden Tisch stützen. Wir schließen uns dadurch von den störenden Geräuschen der Umgebung ab und gewinnen ein stärkeres Gefühl des Innenseins. Genau wie beim Erscheinen des Lichtes sollten wir auch beim Hören des Tones nicht dabei verweilen, sondern darüber hinauskommen wollen und daran denken, daß es sich bei jedem Laut um die Äußerung einer dahinterliegenden Bewußtseinsebene handelt. Indem wir die Ebenen der Töne eine nach der anderen durchdringen, werden wir in immer tiefere Bewußtseinsbereiche gelenkt und nach und nach ins Zentrum aller Dinge zurückgeführt. Darin liegt der eigentliche Sinn, wenn wir dem Tonstrom folgen, der in Spiralen vom Zentrum ausgeht, um die Schöpfung zu gestalten. Wir schreiten damit fort von Form zu Formlosigkeit, vom Handgreiflichen zur Ursache.

Oft erscheinen Licht und Ton zusammen, obgleich im allgemeinen das Licht zuerst zu sehen ist. Aber da beide immer wieder auch zugleich wahrgenommen werden, ist es gut, mit ihnen zusammen arbeiten zu können. Hören wir das Brausen der Atome im rechten Ohr (wenn wir Rechtshänder sind) oder im linken (wenn wir Linkshänder sind), dann vereinigen wir die Schwingung im Kopf mit dem Licht, fühlen die Schwingung im Kopf, das Rückenmark hinuntergehend und sich im ganzen Körper ausbreitend, ihn ganz durchtränkend. In Wirklichkeit bringen wir die Schwingung nicht hinunter, sondern kommen nur zum Gewahrsein der Schwingung, weil wir unsere Aufmerksamkeit darauf lenken. Sitze lange Zeit in dieser Schwingung, höre das Brausen des Aum, sieh das Licht und fühle Schwingung und Licht. Es hat eine große reinigende Wirkung auf unsere gesamte psychologische Verfassung. Gelingt es uns, in dieser Schwingung zu verweilen, dann können wir unser Gewahrsein — von den Schwingungswellen getragen — ausweiten, bis unser Bewußtsein die unmittelbare Umgebung umfaßt und schließlich noch weiter hinausgreift. Damit erleben wir eine zweite Geburt, denn nun sind wir imstande, die Welt der feineren Lebenskräfte und Elektrizitäten zu erfassen. Eingestimmt auf die kosmische Substanz lernen wir, sie nach unserem Willen zu formen. Dann werden wir erkennen, daß dies Universum nicht starr ist, sondern sich nach mentalen Eindrücken formt, wenn das Bild lange genug festgehalten wird.

Zuweilen kann ein hörbares Nachahmen des kosmischen Lautes der Kontaktaufnahme mit ihm dienlich sein. Wenn die Weisen sagen „Denke und singe den Ton", meinen sie nicht, man solle ihn unaufhörlich singen, sondern wieder aufhören und dann in die wirkliche Schwingung eintauchen. Man kann folgendermaßen vorgehen: Nimm zuerst die Meditationshaltung ein, mit geschlossenen Ohren, die Aufmerksamkeit auf den Punkt zwischen den Augenbrauen gerichtet. Dann singe leise den Aum-Ton und fühle die Schwingung im Kopf und durch den Körper. Es wirkt beruhigend. Dann vertiefe die Konzentration mehr und mehr nach innen und singe leise dabei. Je tiefer die Konzentration, umso leiser der Gesang, bis es zu einer nur noch gedanklichen Wiederholung kommt, — dann stelle die Gemütstätigkeit ein und werde eins mit der Aum-Schwingung. Zuerst also hörbares Singen, dann leiser, dann summen, dann nur noch gedankliche Wiederholung — und schließlich zur Schwingung werden. Auf diese Weise lenken wir die Aufmerksamkeit von der Außenwelt in die Innenwelt. Wenn es uns dann durch regelmäßiges Üben ein leichtes geworden ist, die Schwingung wahrzunehmen und in dieser Wahrnehmung zu verbleiben, können wir uns ihrer zu jeder beliebigen Zeit bewußt werden auch ohne die Ohren zu schließen. Diese Verwirklichung oder Einstimmung auf die universale Lebenssubstanz ist ein sehr beglückendes Erleben, das uns zu höchsten Verwirklichungen führt.

Die Methode der Selbst-Verwirklichung

Eine der bedeutsamsten, strebenden Menschen je bekannt gewordenen Methoden des Fortschreitens ist die des Kriya-Yoga. Im Mittelpunkt jeder religiös-philosophischen Lehre stehen verschiedene Anleitungen als Hilfsmittel, das Gemüt bewußt kontrollieren und die inneren Tore dem Einströmen kosmischer Macht öffnen zu können. Auch Kriya ist ein solches Hilfsmittel zum Freiwerden. Selbst die großen Meister, die das hohe Samadhi erreicht haben, bedienen sich noch der Methode des Kriya, um die feineren Körper rein zu erhalten. Kriya ist eine auf allen Ebenen wirksame Methode, die es jedem Menschen mit durchschnittlicher Intelligenz und überdurchschnittlicher Ausdauer ermöglicht, den Weg ins Unendliche zu beschreiten.

Die Methode beruht auf Gesetzen und ist gut anwendbar. Es ist keine Technik „wie jede andere", die man ausprobiert — und dann wieder vergißt. Ich werde in diesem Abschnitt genau die Zusammenhänge erklären, auf die sie sich gründet. Ich darf hier erwähnen, daß alle in diesem Buch gegebenen Anleitungen mit der Kriya-Praxis im Zusammenhang stehen.*)

---

*) Das Wissen um Kriya ist in der ersten Hälfte dieses Jahrhunderts in der westlichen Welt durch meinen Lehrer Paramhansa Yogananda weit verbreitet worden. Er empfing sie traditionsgemäß von seinem Lehrer Swami Sri Yukteswar, dem sie

Wie wir vorhin sagten, sind die Kriya-Übungen auf allen Ebenen wirksam. Es handelt sich dabei um eine psycho-physiologische Methode, durch die das Blut gereinigt und mit Sauerstoff angereichert wird. Da wir die Aufmerksamkeit bei den Übungen auf die Zentren im Rückgrat und Gehirn lenken, wird der zusätzliche Sauerstoff in Lebensstrom umgewandelt, der diese Bereiche verjüngt. Schließlich wird der ganze Körper in reine Energie und so in einen Lichtkörper umgewandelt.

Beim gewöhnlichen Bewußtsein teilt sich der Lebensstrom zu zweifacher Aktivität: zu positiver und negativer, und fließt im Einklang mit der Atemtätigkeit durch das Nervensystem. Das Fließen des Lebensstromes unterstützt die Ruhelosigkeit des Gemütes. Erst der in Meditation geübte Mensch vermag den Fluß des Lebensstromes zu neutralisieren und zum Stillstand zu bringen, indem er ihn im Rückgrat nach oben zieht. Dadurch kommt die Gemütstätigkeit zur Ruhe. Der Körper wird dann durch Energie erhalten, — und damit eine bewußte Verschmelzung mit dem Unendlichen erlebt.

Solange die Lebensströme durch den Körper zirkulieren und durch die linken und rechten (negativen und positiven) voneinander unabhängigen Nervenstränge entlang dem Rückgrat fließen (wo eine gegenseitige Durchdringung mit den Kraftzentren stattfindet), behält der Mensch seine dualistische Anschauungsweise. Kommen aber diese Ströme zum Ausgleich, fließt die Lebenskraft durch die Mitte des Rückgrats und wird in den Kopf hinaufgehoben, dann erlebt der Mensch die mystische Vereinigung. Das Fließen der Lebenskraft kann in jedem nachgewiesen werden, der tatsächlich eine mystische Erfahrung hat. Indem wir uns auf diesen Bereich konzentrieren, wird das Nervensystem empfindsamer gemacht und der Weg für das Fließen der Kraft

---

wiederum von Lahiri Mahasaya überliefert worden war. Lahiri wurde vom Meister Babaji in diese Lehren eingeführt, der ihm auftrug, die bisherige Art der Übermittlung, die im dunklen Zeitalter wegen des getrübten Massen-Bewußtseins nötig war, zu lockern. Durch Vermittlung dieser Linie von Meistern wollte das universale Gemüt die exakte Methode des Kriya in die westliche Welt einführen, weil der westliche Mensch im neuen aufsteigenden Zyklus durch jahrzehntelange wissenschaftliche Schulung und das Bestreben, den Geheimnissen des Lebens auf die Spur zu kommen, vorbereitet ist und Verständnis für diese Methode aufzubringen vermag. Ich wurde von Paramhansa Yogananda selbst eingeweiht und ermächtigt, die Weitergabe der Übungen fortzusetzen. Außer mir waren auch andere Schüler auf diese Arbeit vorbereitet, die sie im gleichen Geiste weiterführen, wie ihnen angewiesen worden war.

vorbereitet. Ein hoch eingestimmter Körper kann den Fluß der Lebenskraft besser in sich einsaugen als ein schwerfälliger und grober Körper.

Die verschiedenen Körper des Menschen sind miteinander verbunden, so daß er hier und jetzt über einen Lichtkörper, einen Körper der Mentalmodelle und einen Körper feineren Bewußtseins verfügt. Aus diesem Grunde überlebt er den Tod seines physischen Körpers. Er lebt in seinem Lichtkörper weiter. Löst sich dieser auf, so verbleibt er in seinem feineren Mentalkörper, und schwindet dieser, lebt er immer noch in seinem zarteren Bewußtseinskörper weiter. Es sind diese Körper — vom Zentrum ausgehend einer hinter dem anderen — durch die Kriya-Übungen auf allen Ebenen wirksam werden können. Wir wissen, daß durch das Rückenmark Energieströme fließen. In der Mitte des Rückenmarkes findet sich — als Lichtröhre — das astrale Rückenmark, — in der Mitte dieser Lichtröhre ein Strahl von Gedanken — und im Zentrum des Gedankenstrahles Bewußtsein.

Wenn wir nun Kriya üben, zirkuliert die Lebenskraft im Rückgrat durch immer tiefere Schichten, eine nach der anderen erschließend. Am Anfang ist die Energie einfache Lebenskraft, die durch das mittlere Rückenmark fließt. Sie verfeinert das Rückenmark und vermittelt ein Gefühl der Freude. Auch beleben sich die Zentren im Rückgrat durch diese Tätigkeit. Wir empfinden Beruhigung und Erfrischung.

Nach einiger Zeit jedoch macht sich das astrale Rückgrat oder der Energiestrahl bemerkbar: wir bekommen Zugang zu den astralen Welten und können, — wenn wir es vermögen uns auf die Vision einzustellen —, ganz nach Wunsch und Willen durch das Dritte Auge, es als Fenster benutzend, in die verschiedenen Astralebenen hineinsehen. Wir kommen in Kontakt mit astralen Wesen und können uns auf telepathische Weise mit ihnen unterhalten. Wer diese Stufe erklommen hat, geht im Moment, da er den Körper verläßt, entsprechend der Art seiner Einstellung bewußt in die Astralebene ein.

Durch weiter fortgesetztes Üben im Kriya wird die tieferliegende Schicht erschlossen, und wir erhalten Zugang zur mentalen Welt. Wir erfahren immer tiefere und tiefere Einsichten. Das innere Licht ergießt sich nach allen Seiten und läßt uns die vielen Wunder der Schöpfung der aufeinander folgenden Bewußtseinsebenen schauen. Wir sehen hier in die mentale Welt, die hinter der astralen und physischen Welt liegt, und wir erkennen, daß sie viel realer ist, als wir es uns je vorzustellen vermochten. Je tiefer wir eingehen ins Zentrum, umso realere Dinge scheint es zu geben. Wer den Körper auf dieser Stufe verläßt, geht sofort ein in das Reich der Ursachen, die astrale Ebene ziemlich schnell durchschreitend.

Schließlich vertieft sich die Verwirklichung — das Zentrum ist erreicht und reines Bewußtsein verwirklicht. Wenn ein Mensch so weit gekommen ist noch während er in seinem Körper weilt, wird er ein „frei Lebender" genannt. Er lebt zwar in dieser Welt, aber er weiß um ihren Sinn und Zweck und sieht sie als Schattenwurf der Wirklichkeit, projiziert durch das Modell der mentalen Welt auf den Bildschirm von Raum und Zeit. Ein solcher Mensch nimmt freiwillig einen Körper an und vermag sich nach Belieben vom Gewahrsein fester Materie zu reinem Bewußtsein zu erheben. Vielleicht vermeidet er es, über sein Vermögen zu sprechen, aber er ist sich selbst dessen bewußt. Es wäre unsinnig, wollte man von einem Menschen, der sich selbst verwirklicht hat, annehmen, er selbst wüßte nicht darum. Auch ein guter Maler, Schriftsteller oder Dichter weiß um seine Leistung. Manche mögen dies äußern, andere nicht.

Es gab und gibt auch heute eine Anzahl großer geistiger Persönlichkeiten in dieser Welt, die in der Erkenntnis des reinen Bewußtseins leben. Zuweilen spielen sie eine große Rolle in der Geschichte, zu anderen Zeiten wiederum nicht, je nach dem Auftrag, den sie zu erfüllen haben, und je nach Zeit und Ort. Sie tun, was sie vermögen, und geben der Menschheitskultur neuen Auftrieb.

Für unsere Zeit eignet sich die Methode des Kriya besonders deshalb, weil der Körper des Menschen jetzt höhere Schwingungsgrade erreicht hat; und da dies auf kosmische Einflüsse zurückzuführen ist, unterstützt Kriya diesen kosmischen Prozeß. Die kosmischen Energien schießen durch den Körper, dringen in die Lebenszentren im Rückgrat und strömen von dort aus durch den ganzen Körper, obgleich es gerade die Zentren im Rückgrat sind, auf die der Mensch selbst am meisten Einfluß nehmen kann. Der Mensch auf unserem Planeten — in unserem Sonnensystem — erfährt in regelmäßigen Zeitabständen alle paar Jahre einen Auftrieb, der eine Verfeinerung seines Körpers bewirkt. Die sechs Haupt-Zentren im Rückgrat (zwölf durch die Polarität) stehen in Beziehung zu den zwölf Tierkreiszeichen, und aus diesem Zusammenhang erklärt sich auch das Auftreten der vorwärtstreibenden Kraft. Theoretisch gesehen würde ein Mensch, wenn er eine Million Jahre lang unter natürlichen, normalen Bedingungen in einem Körper leben könnte, durch diesen immer wiederkehrenden Auftrieb schließlich eine derartige Verfeinerung seiner Gehirnsubstanz erfahren, daß ihm die Verwirklichung des kosmischen Bewußtseins möglich wird. Der Durchschnittsmensch ist nicht imstande, diesen Vorgang zu beschleunigen. Die Kriya-Übungen geben ihm die Möglichkeit an die Hand, selbst etwas dazu beizutragen. Der Mensch muß nicht eine Million Jahre lang in einem oder einer Reihe aufeinanderfolgender Körper warten. Sobald er eine bestimmte Bewußtseinsstufe erreicht hat, erkennt er, daß er für seine Entfaltung etwas tun kann, und wenn er sich dazu entschließt, kommt er schneller voran und wird je nach dem Feuer seiner Begeisterung und seiner Bereitwilligkeit, nach bestimmten Methoden zu arbeiten, die ihm auf seinem Wege weiterzuhelfen vermögen, eine Ausweitung seines Bewußtseins erfahren.

Wenn Kriya richtig ausgeführt und der Strom durch das Rückenmark (durch alle Ebenen) aufwärts und über und durch das Gehirn und Rückenmark wieder abwärts gelenkt wird, dann entspricht — was die Verfeinerung betrifft — eine halbe Minute Üben einem ganzen Jahr natürlicher Erfahrungen. Wir sehen, wer die Übungen regelmäßig macht und es mit der Zeit auf eine Million bringt, hat den Körper für das höchste Bewußtsein vorbereitet. Es handelt sich nicht um eine Erschaffung des Bewußtseins, sondern darum, den Weg freizumachen, damit es in Erscheinung treten kann.

Im Anfang sollte man ein Jahr lang die Übung nur zweimal am Tage je vierzehnmal vornehmen. Dann kann man die Anzahl erhöhen und zweimal am Tage fünfundzwanzigmal üben. Weniger aber gründliches Üben bringt uns weiter als viele oberflächliche Wiederholungen. Genaue konzentrierte Ausführung wird uns zu überraschenden Erfolgen führen. Nach zwei bis drei Jahren können wir die Übung jeweils hundertmal vornehmen. Haben wir die Übungen richtig ausgeführt, müßten wir zu dieser Zeit die ersten Stufen des Samadhi erleben.

Wenn der Strom hinaufgeführt wird, sollte er die Zentren der Lebenskraft eines nach dem anderen durchstoßen bis er das Dritte Auge erreicht. Dann kann er über und durch das Gehirn und das Rückgrat wieder hinuntergelassen werden. Damit haben wir die Übung einmal ausgeführt. Sie sollte ohne Unterbrechung wiederholt werden, bis die erforderliche Anzahl erreicht ist. Dann verweile sitzend noch lange Zeit in der Stille. Geh ein ins Licht, in die Seligkeit, in die kosmische Schwingung. Kriya verfeinert das Nervensystem und bereitet es auf den Strom der Lebenskräfte vor. Es befreit das Gemüt von der Ruhelosigkeit und führt zur Verwirklichung des inneren Lichtes. Haben wir es einmal erreicht, sollten wir so lange wie möglich darin verweilen. Kriya ist ein Weg zum Erleben des reinen Bewußtseins.

Im allgemeinen hat man am Anfang das Gefühl eines kühlen aufsteigenden und warmen absteigenden Stromes. Dies ist ein äußerst angenehmes Empfinden im Rückgrat, wenn nun die Energien fließen und die freigewordenen Energien zusätzlich dorthin gezogen werden. Dies Empfinden vertieft sich bis zu einer die ganze Länge des Rückgrats emporsteigenden und den ganzen Körper erfüllenden Seligkeit, bis sich der Körper selbst wie ein einziger Strahl von Licht und Seligkeit empfindet. Die Seligkeit bleibt und begleitet sogar unsere gewöhnlichen Bewußtseinszustände und unser alltägliches Tun. Vergegenwärtigen wir uns: dies ist ein physisches Erlebnis, ein astrales Erlebnis, ein Erlebnis unseres Kausal- bzw. Ursachenkörpers und eine Bewußtseinserfahrung.

Niemand kann die Methode beurteilen, wenn er nicht selbst die Übungen gemacht hat und zu eigenen Erfahrungen gekommen ist. Ich weiß, daß sich die Übungen ausführen lassen und zu Ergebnissen führen. Ich habe gesehen, wie sie das Leben ernst zu nehmender Menschen verwandelt haben, und ich habe alles, wovon ich hier spreche, selbst erfahren. Es handelt sich um keine Theorien, sondern um erprobte und bewiesene Tatsachen, um Übungen, die Wunder zu wirken vermögen, wenn wir sie in unser eigenes Leben einbeziehen.

Durch vernünftige Anwendung dieser und anderer Techniken können wir unseren Körper auf allen Ebenen umwandeln, bis er fähig ist, die reinsten Energien der ersten Offenbarung des Geistes zu empfangen.

Anleitung zur Erweckung der Energie im Rückgrat

Damit wir lernen, die Energie zu fühlen, mag es nützlich sein, die Wahrnehmung durch eine einfache Übung wachzurufen. In unserer Meditationshaltung, die Aufmerksamkeit nach innen gerichtet, spannen wir sachte den Schließmuskel an und ziehen gleichzeitig den Lebensstrom schnell — wie in der Kriya-Übung — das Rückgrat eine Strecke hinauf. Dann entspannen wir. Dies vollführen wir dreimal hintereinander. Es wird die Energien im Rückgrat in milder Weise anregen und uns helfen, sie zu fühlen.

Danach üben wir — in uns versunken bleibend — Kriya, indem wir die Kehle weiten und den kühlen Strom durch die Mitte des Rückgrats hinaufziehen, die Lebenszentren eines nach dem anderen durchstoßend, bis das Dritte Auge erreicht ist. Dann entspannen wir die Halsmuskeln und lassen den Strom abwärts durch das Gehirn und das Rückgrat mit einem Gefühl der Wärme wieder hinunterfließen. Dabei müssen wir auf Gründlichkeit und Genauigkeit der Ausführung Wert legen. Dann ergreifen wir die Energie in der Basis des Rückgrats und heben sie direkt hinauf ins Dritte Auge. Wir müssen dies fühlen. Wir ziehen sie hinauf und lassen sie wieder hinunter.

Alles Gerede über ein verfrühtes Erwecken von Kräften und die Gefahr eines Gleichgewichtsverlustes durch solche Übungen ist nur leeres Geschwätz und entstammt der Furcht kleinmütiger Geister. Sind Körper und Gemüt geläutert und die Gemütsbewegungen zum Ausgleich gekommen, so braucht man nichts zu befürchten. Schließlich muß der Mensch zur Verwirklichung seiner wahren Natur kommen.

Kriya-Übungen sollten nur ausgeführt werden, wenn sie durch Einweihung als eine Methode gegeben wurden, die sich entfaltenden Erfahrungen fortzusetzen. Ohne Einweihung sind sie nicht brauchbar. Der Sinn der Einweihung ist es, einen beschleunigenden Impuls zu erfahren, ohne den die Übungen keine große Wirkung haben können. Auch hat der wirklich Eingeweihte dann Kontakt mit seinem Lehrer, der ihm von Zeit zu Zeit Rat erteilt, wie er zu einem schnelleren Fortschritt kommt. Wir sollten uns immer an Menschen halten, die durch ihr Üben vorwärtskommen und niemals jemanden um Rat ansprechen, der keine Übungen macht und dessen Rat darum nur von Furcht und Unwissenheit diktiert sein kann.

Für den Fortschritt notwendige Grundhaltung

Die im 2. und 3. Kapitel gegebenen Ratschläge wird jeder als die nützlichsten empfinden. Eignen wir uns in allen Angelegenheiten unseres Lebens die höherführenden Eigenschaften (siehe Tabelle) an und üben regelmäßig.

Anleitung zum Öffnen des Dritten Auges

Am sichersten erreichen wir eine Belebung der Lebenskrafttätigkeit im Bereich des Dritten Auges bzw. des Willens-Zentrums auf folgende Weise:

Nach der Kriya-Übung nehmen wir die gleiche Haltung ein, wie wenn wir dem kosmischen Ton lauschen oder das Licht sehen wollten: wir schließen die Ohren mit den Daumen und legen die anderen Finger über die Augen. Dann ziehen wir den Strom zum Dritten Auge, halten ihn dort fünfzehn bis fünfundzwanzig (in Gedanken gezählte) Sekunden fest und entspannen. Während die Energie und Aufmerksamkeit im Willenszentrum festgehalten wird, bohren wir tief hinein. Diese Kombination von Energie, Konzentration, Willensakt und angehaltenem Atem regt die Aktivität der Lebenskraft in diesem Bereich an. Es handelt sich hier nicht um einen Versuch, den Atem lange anzuhalten. Dadurch soll nur die Aufmerksamkeit und Energie an diesem Punkt festgehalten werden. Haben wir ausgeatmet und unsere Aufmerksamkeit gelöst, wiederholen wir es. Im ganzen üben wir dies dreimal, jedesmal tiefer und tiefer gehend. Haben wir diese Übung nur eine Zeit lang ausgeführt, werden große Lichtwolken vor unserem inneren Blick erscheinen, und üben wir länger und gründlicher, so kommen wir an einen Punkt, da wir das Licht ganz nach Belieben sehen können. Dann sollten wir diese Übung lassen. Denken wir daran: entspannte Aufmerksamkeit ist immer die beste.

Wenn wir das Licht sehen, sollten wir damit so arbeiten, wie es bei der früheren Anleitung beschrieben wurde. Wir wollen zu Licht werden. Sind wir Licht, dann können wir uns mit jeder Ebene der Schöpfung identifizieren.

Wir sollten lernen, unsere Aufmerksamkeit auf das Dritte Auge zu richten, sowie wir zu meditieren beginnen. Es läßt sich wie ein Schalter bedienen, und wir können von einem beliebigen Bewußtseinszustand ohne weiteres auf einen Zustand tiefer Meditation umschalten, wenn wir wissen, wie dies zu machen ist. Es muß keine Zeit kosten, in Meditation zu gehen. Wir müssen nur unsere Aufmerksamkeit ausrichten können, und arbeiten wir nach den Anleitungen, so machen wir es richtig und es wird uns leicht fallen.

Das Dritte Auge kann wie ein Spiegel gebraucht werden, in dem wir jeden Gegenstand an jedem Ort im Raum zu sehen vermögen. Schauen wir hinein und möchten etwas über unsere Körperverfassung erfahren, so werden wir mit einiger Übung die Innenteile des Körpers dort widergespiegelt finden. Das gleiche gilt auch für die Körper anderer. Möchten wir uns auf irgendjemanden an irgendeinem Ort im Raum einschalten, sei es in der physischen Welt oder drüben, so entspannen wir uns, schauen ins Dritte Auge und empfinden die Gegenwart des Betreffenden so deutlich, als wäre er da. Dadurch stellen wir uns besser auf seinen Schwingungsgrad ein. Auf diese Weise wird es uns mit der Zeit gelingen, ihn in unser Blickfeld zu ziehen, ihn zu sehen wie er ist und alles über ihn wissen: seine gedankliche Einstellung, seinen Gesundheitszustand, seine Bewußtseinsstufe — überhaupt alles. Wir tun dies ganz unpersönlich, und ohne daß wir uns innerlich einmischen.

Während wir so die Menschen sehen, bemerken sie dies nicht immer. Manchmal können wir sie sehen, gedanklich Kontakt mit ihnen aufnehmen und sie wissen darum und sprechen in Gedanken mit uns wie wir mit ihnen. Diese Methode astralen Fernsehens ist eine gute Möglichkeit, um die Verbindung mit anderen aufrechtzuerhalten, sei es auf unserer Erde, mit astralen oder anderen Dimensionen oder anderen Planeten. Die Menschen der Zukunft werden sich auf diese Weise verständigen. Auf dieser Ebene der Tätigkeit spielen räumliche Entfernungen keine Rolle. Das einzige Hindernis ist unsere Unfähigkeit, uns auf die richtige Bewußtseinsebene einzustellen.

Zum Beispiel ist es in der Regel nicht schwer für einen Menschen, sich auf einen anderen und dessen Bewußtseinsverfassung einzustellen, ob dieser andere auf der Erde lebt oder sogar in der astralen Welt, wo das Bewußtsein kaum geläuterter ist als bei uns. Wenn wir aber versuchen, mit einem Weisen in Kontakt zu kommen, so müssen wir den gleichen oder doch wenigstens einen ähnlichen Schwingungsgrad annehmen wie dieser, wenn wir es fertigbringen wollen. Manche nicht geläuterte Medien glauben, sie ständen mit Weisen in Verbindung. In Wirklichkeit aber haben sie entweder mit noch nicht erwachten Wesen der astralen Welt Kontakt aufgenommen oder mit Mentalmodellen aus ihrem eigenen Unterbewußtsein. Wären sie tatsächlich mit Weisen verbunden, so würde sie diese Verbindung wandeln; denn die Berührung mit reinem Bewußtsein hat läuternde Wirkung; Wunschbilder und latente Erinnerungen auf der astralen Ebene würden ausgelöscht, und sie würden fortlaufend zu weiteren Stufen der Erleuchtung geführt.

Um in Berührung mit Weisen zu kommen, die — laufend vom Geist beseelt — auf den Stufen der Seligkeit des Samadhi verweilen, müssen wir selbst diesem Schwingungsgrad nahe sein, sonst ist der Abstand zwischen den Bewußtseinsebenen zu groß. Die Meister haben Schüler, um ihr Werk auf dieser Erde weiterzuführen, und wer weiterkommen möchte, kann Verbindung mit ihnen aufnehmen und die Prinzipien des Lebens kennenlernen.

Da sich in tiefer Meditation die entspannten Energien vom Körper zurückziehen, werden sie durch das Dritte Auge in die Unendlichkeit zurückgeworfen, und da dies in nach innen gehenden Spiralen geschieht, wird der Mensch, der diesen Vorgang bewußt verfolgt, in die Quelle des Lichts geführt. Darin liegt das Geheimnis des Nach-Innen-Gehens. Es genügt nicht, nur Frieden des Gemütes und seelisches Gleichgewicht zu suchen. Wir alle müssen den Weg des Wissens gehen und erkennen, was dies überhaupt bedeutet. Wenn wir unser Bewußtsein veranlassen, dem Fluß des Lebensstromes zu folgen, so können wir dadurch die Befreiung des Bewußtseins erleben. Während wir dem Licht entgegengehen, fallen ganze Berge von Energien von uns ab, die den Gebundenheiten dienten und nun vom Feuer der Meditation verzehrt werden. Dabei kommt es für gewöhnlich von selbst zur Erkenntnis des Vorganges, wie die MACHT sich in Lebenskräfte umwandelt, jede mit einer ihr eigenen Aufgabe auf einer bestimmten Ebene der Aktivität. Wir dürfen jedoch nicht vergessen, daß man diese Kräfte nicht personifizieren kann; denn sie sind nichts als Äußerungen der einen MACHT. Glaube an viele Mächte und Intelligenzen führt nur zur Verwirrung über diesen Punkt. Wir haben es mit der MACHT zu tun. Wir werden uns des Bewußtseins in der Schöpfung, durch die Schöpfung und als Schöpfung bewußt. In Wirklichkeit gibt es keine Teilung.

Wenn die verschiedenen Schichten der Bedingtheiten vom Bewußtsein durchbrochen und seine tieferliegenden Ebenen — gerade durch die Kriya-Übungen und die dazugehörigen Arbeitsweisen — aufgedeckt werden, wird es immer deutlicher, daß alle Verwirklichungen, die den ganzen Raum und Kosmos zu umgreifen scheinen, in Wirklichkeit im Individuum selbst vollbracht werden. Wir müssen nicht irgendwohin gehen in Raum und Zeit, es ist vielmehr eine Reise nach innen.

Der Körper ist um das Rückenmark herum aufgebaut, — innen im Rückenmark ist die astrale Kraft, — innerhalb dieser das Gedanken-Modell, — und im Zentrum von allem ist Bewußtsein. Mit diesem Bewußtsein arbeiten wir in Wirklichkeit. Das Bewußtsein ist es, das in der Einweihung gelöst wird und während der Übungen nach und nach an die Oberfläche tritt. Bei jeder bewußten Bemühung geht es darum, die Hüllen des Bewußtseins: die mentalen Eindrücke und gefühlshaften Beeinträchtigungen zu entfernen, damit es sich frei ausbreiten kann. Das innere Licht muß durch die Form hindurchscheinen können. Nicht wir selbst erzeugen das Licht. Wir stellen keinen Bewußtseinszustand her, und wir konstruieren uns auch kein großartiges Gemüt. Wir bereiten nur den Weg, damit das innere LEBEN hervortreten und sich selbst erfüllen kann.

WEITERE INSTRUKTIONEN ÜBER KRIYA

Die gesamten Kriya-Übungen, die vier aufeinanderfolgende Stufen umfassen, dienen dem Ziel der Selbst-Verwirklichung. Der Einfachheit halber ist hier auf das Arbeiten mit der Lebenskraft im Rückgrat eingegangen worden. Bei der ersten Einweihung wird die Technik des Kriya — wie oben beschrieben — gegeben, um den Lebensstrom im Rückgrat zu erwecken und das innere Licht zusammen mit dem inneren Ton wahrzunehmen. Die übrigen drei Kriya-Einweihungen vermitteln Variationen der Grundübungen. Da Sie dies Buch lesen, ist anzunehmen, daß Ihnen Kriya-Einweihungen zuteil wurden, oder daß Sie wenigstens mit der Sache genügend vertraut sind, um die Bedeutung dieser Arbeitsweisen zu begreifen. So will ich die drei verbleibenden Schritte skizzieren.

ZWEITE STUFE

Nachdem wir lange in der Stille gesessen und Kriya-Übungen gemacht haben, und wenn wir entschlossen sind, den Kriya-Weg weiter fortzusetzen, gehen wir zur nächsten Stufe der Übungen weiter.

Wir schließen die Ohren mit den Daumen, legen die Finger bequem auf die Stirn und lenken unser Bewußtsein auf Rückgrat und Gehirn. Dann beginnen wir am Grunde des Rückgrats und spannen mit einem schnellen Ruck die Muskeln dort. Wir spannen — und entspannen, und schauen während der ganzen Zeit ins Dritte Auge. Wir empfinden die Energie, die an der Basis des Rückgrats aktiviert wird. Wir fühlen, wie der Steißbein-Plexus (Nervengeflecht am Steißbein, Muladhara,

Wurzelchakra) lebendig wird und vibriert. Dann steigen wir aufwärts zum Kreuzbein-Plexus (Nervengeflecht am Kreuzbein, Svadhisthana, Nabelchakra), spannen schnell die Muskeln in diesem Gebiet an — und entspannen wieder. Wir fühlen, wie in diesem Zentrum Leben erwacht und wie es vibriert. Dabei schauen wir immer ins Dritte Auge, das Licht zu sehen, das dort reflektiert wird. Wir fühlen das Zentrum vibrieren. Danach gehen wir weiter zum Lenden-Zentrum (Manipurka, Sonnengeflecht) und wiederholen den Vorgang. Auf diese Weise gehen wir das Rückgrat ganz hinauf bis zum höchsten Punkt im Kopf, beginnend mit dem Steißbein-Plexus und gerade aufwärts durch den Kreuzbein-, Lenden-, Rücken- und Hals-Plexus, dann durch das verlängerte Rückenmarks-Zentrum, durch das Dritte Auge zum Mittelhirn. Danach gehen wir in umgekehrter Reihenfolge wieder abwärts, legen eine Pause ein und beginnen von vorne. Dies tun wir sechsmal. Wir entspannen und fühlen, wie das ganze Rückgrat und Gehirn lebendig werden. Dies ist die geheimnisvolle und wichtige Methode des Erweckens der Zentren. Während der Übungen mögen wir vielleicht verschiedene Farben im Dritten Auge sehen, die den Zentren entsprechen, die wir gerade berühren. Auch hören wir vielleicht verschiedene Töne und schließlich die Aum-Schwingung. Diese Technik löst und befreit die Energien im Rückgrat, wir werden dadurch in der Kriya-Praxis gewandter werden — und es leichter haben, das innere Licht zu sehen und den kosmischen Ton zu hören.

DRITTE STUFE

Nach ungefähr drei Jahren regelmäßiger Kriya-Praxis können wir mit der dritten Stufe beginnen. Es handelt sich um eine Technik, die dazu dient, größere innere Erleuchtung herbeizuführen. Nachdem wir lange Zeit in der Stille gesessen haben, werden wir uns des Rückgrats und Gehirns bewußt. Wir ziehen den Strom im Rückgrat nach oben wie in der gewöhnlichen Kriya-Praxis, und wenn er am höchsten Punkt angelangt ist, halten wir ihn hier für einen Augenblick an, lassen den Kopf auf die linke Seite fallen — und fühlen dabei einen leichten Energie-Schlag im Dritten Auge, dann lassen wir den Kopf nach rechts fallen — und fühlen einen leichten Energieschlag im Hals- oder Kehlkopf-Zentrum, — darauf lassen wir den Kopf auf die Brust fallen — und fühlen einen Energieschlag auf das Rückenzentrum. Wir richten den

Kopf auf — und fühlen den Strom im Dritten Auge. Danach atmen wir aus und senden den Strom das Rückgrat hinunter. Wenn wir bei dieser Übung die Zentren fühlen, sollten wir jedesmal die Empfindung haben, als würde man sie mit einem kleinen, leichten Hammerschlag berühren.

Die Übung wird dreimal gemacht. Dann ruhen wir aus im Licht. Dies ist eine Übung für Fortgeschrittene, um den Strom in die Gehirnzentren zu ziehen und aus dem Gehirn heraus in den Raum um den Kopf herum. Wenn das Bewußtsein diesem Fließen der Lebenskraft folgt, erleben wir ein vorübergehendes Aufgehen im Licht, ein Einssein mit dem Licht. Man nennt dies Erleben das astrale oder Licht-Samadhi.

Es hat eine mächtige Wirkung auf das Nervensystem und führt zu einer großartigen Verwirklichung kosmischer Macht. Verbleibe lange Zeit in dieser Lichterfahrung, fühle dich erfrischt und bereit, immer neuen Erfahrungen entgegenzugehen.

VIERTE STUFE

Die letzte Stufe des Kriya ist genau wie die dritte, nur daß wir mit dem Kopf nicht einmal rundum gehen, sondern dreimal — und jedesmal den Schlag im Dritten Auge, im Hals- oder Kehlkopf- und Rükkenzentrum nacheinander empfinden. Erst dann lassen wir den Strom im Rückgrat hinunterfließen, während wir in einem erhobenen Zustand des Bewußtseins verweilen.

WIE GEDANKENBILDER MATERIALISIERT WERDEN

Für den Emporstrebenden ist es von großer Bedeutung, Gedankenbilder materialisieren zu können. Er muß lernen, frei verfügbare Substanz entsprechend seinem Wunsch Form annehmen zu lassen. Dabei empfängt oder nimmt er nicht irgendetwas, sondern bedient sich nur der verfügbaren Substanz. Manche scheuen sich, dergleichen zu tun. Wenn wir aber zu vollkommener Verwirklichung kommen wollen, müssen wir bereit sein, durch schöpferisches Gestalten Verantwortung auf uns zu nehmen. Wir können nur Meister werden, wenn wir auch wie ein Meister handeln.

1. Wir müssen wissen und uns vollkommen darüber im klaren sein, was wir gerne materialisiert sehen möchten und es genau umgrenzen. Die Form, den Stoff, die Farbe müssen wir deutlich vor uns sehen. Dabei brauchen wir uns keine Grenzen zu setzen. Was es auch sein mag, das uns lebendig vor Augen steht, es kann sichtbar gemacht werden. Licht kann in jede beliebige Form gebracht werden.

2. Wir beginnen zu fühlen, daß das Gewünschte schon Form angenommen hat. Tatsächlich existiert es auf der mentalen Ebene, wenn wir dies zu fühlen vermögen, nachdem wir es in unsere Gedanken aufgenommen haben. Dies ist der wichtigste Schritt des ganzen Vorganges: das Festhalten des Gedankenmodells auf der mentalen Ebene. Hat es hier Fuß gefaßt und geben wir unsere bewußten Gedankenanstrengungen auf mit dem festen Vertrauen, daß unser Wunsch Erfüllung findet, so beginnt die Macht des Universums sich zu regen, um die Materialisation Wirklichkeit werden zu lassen, eine Wirklichkeit, die wir mit unseren physischen Sinnen wahrzunehmen vermögen.

3. Wo wir gehen und stehen richten wir unsere Gefühle, Gedanken (unsere gedanklichen Vorstellungen) und Handlungen auf unser Wunschbild aus, auf den Gegenstand, die Situation, die Bewußtseinsebene etc., mit anderen Worten, wir tun, als sei unser Wunsch schon in Erfüllung gegangen. Ein solches sicheres inneres Verhalten, als ob der Traum schon Wirklichkeit sei, bringt automatisch alle Hebel zur Erfüllung in Bewegung. Darauf möchte ich ganz besonders hinweisen: die Bejahung des Traumes, als hätte er schon Verwirklichung gefunden, ist entscheidend für die Erfüllung und wird sie herbeiführen, selbst wenn wir im persönlichen Sinne sonst nichts dazu tun. Das Universum sorgt dafür, daß es geschieht. Das ist Gesetz. Unsere persönliche Beteiligung am Schöpfungsvorgang hört auf, wenn wir eine anschauliche Vorstellung von unserem Wunschbild hegen und es als bereits erfüllt ansehen.

4. Nachdem wir die Verwirklichung unseres Wunsches erreicht haben, müssen wir bereit sein, Verantwortung dafür zu übernehmen. Wir können das Erreichte — ganz wie wir wollen — entweder aufrechterhalten, es verändern oder auflösen. Da wir selbst es zur Materialisation brachten, können wir nach Belieben damit verfahren.
Vergessen wir aber nicht, stets unpersönlich vorzugehen. Das heißt,

wir stellen uns eben etwas vor und betrachten es als bereits verwirklicht. Niemals aber sollten wir versuchen, anderen unseren Willen aufzuzwingen. Wir dürfen andere, die ihren eigenen Lebensmodellen nachzugehen haben, nicht beherrschen wollen. Lassen wir die Menschen, die zu unserem Schicksal gehören, selbst auf der Bildfläche erscheinen. Auch wenn wir selbst nicht zu begreifen vermögen, wie es möglich ist, daß unser Traum Wirklichkeit wird, so werden wir ihn Form annehmen sehen, wenn wir in ihm leben, als sei er schon zur greifbaren Tatsache geworden. Auf diese einzigartige Weise bringen Meister Ideen zur Verwirklichung. Natürlich benutzten wir die SCHÖPFERISCHE KRAFT nicht zu selbstsüchtigen Zwecken. Inzwischen wissen wir genug, um allein der inneren Führung zu folgen, so daß unsere Wünsche stets in Einklang stehen mit dem universalen Prinzip.

SCHLAF, TRÄUME UND VISIONEN

Der Schlaf ist eine Angewohnheit des Körpers, und da die meisten Menschen ihn in diesem Leben noch brauchen werden, so können sie doch lernen, in den Stunden des Schlafes in tiefere Regionen einzudringen und so ihre Erkenntnisse zu vermehren. Der Schlaf kann zu einem Tor in eine bedeutsame Welt werden. In diesem Abschnitt möchte ich einige Anleitungen bringen, die uns zeigen, was wir tun können, um uns den Schlaf nutzbar zu machen.

DAS GEHEIMNIS BEWUSSTEN TRÄUMENS

Wenn wir einzuschlafen beginnen, verankern wir unsere Aufmerksamkeit im Dritten Auge und versuchen wahrzunehmen, was vor sich geht. Dabei wollen wir den Vorgang nicht irgendwie beeinflussen oder lenken, sondern ihn lediglich beobachten. Unserem Unterbewußtsein befehlen wir, die Traumerlebnisse ins Bewußtsein zu heben.

Wir werden es nicht in der ersten Nacht fertigbringen; wenn wir aber weiterüben, wird es uns schließlich gelingen, bewußt durch unsere Träume zu gehen. Wir träumen wie gewöhnlich, aber wir werden uns der Vorgänge bewußt. Vielleicht weilen wir im Traum in unserem Körper und erleben den Traum, oder wir sehen, was unser Körper im

Traum tut. Wenn es uns gelingt, den Traum bewußt zu dirigieren, ihn aufzuhalten, in Gang zu setzen und seinen Verlauf zu bestimmen, aus ihm herauszutreten und wieder in ihn einzugehen ganz nach Belieben, dann haben wir gelernt, was Leben wirklich ist. Wir können dann die Freiheit des bewußten Traumerlebens mit der Wachtraumerfahrung vergleichen und in dieser Welt genauso frei wirken wie auf der Traumebene. Wir werden erkennen, daß diese Welt genauso biegsam ist und sich unserem Willen beugt wie die Traumwelt. Wenn wir dies begreifen, sind wir frei.

Übergang in andere Dimensionen

Wenn wir uns unserer Träume bewußt werden, heften wir unsere Aufmerksamkeit auf irgendeinen festen Gegenstand des Traumes, z. B. auf einen Baum, und befehlen uns zu erwachen. Während des Erwachens, — und während wir dabei unsere Aufmerksamkeit auf das Zentrum der Konzentration gerichtet halten, bemerken wir, wie wir durch Schichten des Bewußtseins aufsteigen und schließlich erwachen, aber in einer neuen Welt. Gelingt es uns nicht, unsere Aufmerksamkeit an einem festen Gegenstand festzuhalten wie an einem Anker, so erwachen wir auf normale Art. Dies Erlebnis vermittelt uns die Erkenntnis von der Existenz zahlreicher Welten und Dimensionen und wird dazu beitragen, unser Bewußtsein zu erweitern.

Bewusste Erfahrung der Unsterblichkeit

Während wir vom Schlaf fortgespült werden, beobachten wir diesen Vorgang Schritt um Schritt, ohne unsere bewußte Wahrnehmung zu verlieren. Wir überlassen unseren Körper dem mechanischen unterbewußten Ablauf des Schlafprozesses, aber wir bleiben wach. Dies bedeutet nicht, daß wir denken sollen. Wir können gewahr werden ohne zu denken, und gelingt uns dies, so sind wir nachher erfrischt und nicht angestrengt. Während der Körper ruht und die Sinne ihre Tätigkeit eingestellt haben, wir aber hell-wach bleiben, können wir uns darin üben, in diesem Zustand des reinen Gewahrseins zu verweilen. Wir wissen um unsere Existenz — mit oder ohne Körper. Auch wenn der Körper von uns abfällt werden wir weiter existieren und uns unseres Seins voll bewußt bleiben. Diese Übung läßt uns die Tendenz überwinden, abwechselnd in stärkerer und schwächerer Bewußtheit zu leben. Die meisten Menschen sind glücklich, wenn alles gut geht, und sie werden sich dann der Vorgänge auch ziemlich deutlich bewußt. Wenn es ihnen aber schlecht ergeht, dann sind sie deprimiert und nehmen kaum noch etwas wahr. Dies Verhüllen des Bewußtseins ist eine Flucht vor einer vermeintlichen harten Wirklichkeit und zeugt von geistiger Blindheit. Wollen wir sie überwinden, so müssen wir die einhüllenden Wolken um unser Bewußtsein herum entfernen und sehen, was das Leben zu bedeuten hat.

Manche Menschen erhalten Führung während ihres Schlafes. Entweder zeigt sich ihnen das Bild der Zukunft oder sie sehen etwas in Symbolen. Solche Menschen haben auch zuweilen Visionen. Visionen sind bewußte Träume. Wir haben nur darum Träume und Visionen, weil unser Wahrnehmungsvermögen noch nicht ausreicht, die Wahrheit direkt zu erkennen. Wir müssen sie so annehmen, wie sie sich — entsprechend unserer Bewußtseinsstufe — zu uns hindurchfindet. Doch sollten wir nicht unglücklich sein, wenn uns keine Visionen oder bedeutungsvollen Träume zuteil werden. Vermögen wir die Wirklichkeit des Lebens direkt aufzufassen, so sind wir umso besser daran.

Alles ist in Ordnung, solange die Visionen etwas Aufbauendes und Förderliches an sich haben. Doch dürfen wir nicht vergessen, daß sie schließlich überwunden werden müssen. Warum sollten wir die Wahrheit aus zweiter Hand empfangen? Warum nicht auf direktem Wege? Letztenendes sind selbst die in Visionen erscheinenden lichtvollen Wesen nur Gedankenformen, — unsere Wünsche, die Form annehmen. Viele in Träumen und Visionen erscheinende Dinge haben keinerlei Bedeutung für unser Wohlergehen. Oft sind sie das Produkt unterbewußter Gedankenverbindungen, die aufgerührt wurden und nun auf dem Bildschirm des Gemütes erscheinen. Nichts ist in sich selbst wirklich, alles geht aus vom Zentrum des Bewußtseins. Bemühen wir uns, die formlose Wirklichkeit hinter jeder Form zu erkennen, so werden wir nie mehr dem Selbstbetrug verfallen zu meinen, Träume oder Visionen seien göttliche Offenbarungen.

176

Der in seinem Erkenntnisvermögen begrenzte Durchschnittsmensch sieht diese Welt als die einzige Welt. Wer über ein wenig okkultes Wissen verfügt meint, mit der physischen, astralen und geistigen Welt sei das Bild abgeschlossen. Selten denkt man daran, daß es noch andere Welten innerhalb dieser Welten geben könnte, und daß die Reihen der Welten ins Endlose gehen, die zu fassen über das Begriffsvermögen der meisten Menschen hinausgeht.

Wenn dies wahr ist, wie können wir zur Erkenntnis dieser Welten kommen? Und was können wir tun, um diesem Ziel näher zu kommen? Um die letzte Frage zuerst zu beantworten, das einzige, was wir zu tun vermögen, ist dies: wir können unser Gemüt auf die Möglichkeit eines zukünftigen Hineinsehens in eine neue Welt vorbereiten. Dazu möchte ich einige Anleitungen geben.

1. Wir setzen uns bequem hin und schauen uns um. Befinden wir uns in einem Raum, so wählen wir ein an der Wand hängendes Bild aus, schauen es an — und sehen auch hinein. Wir versuchen hineinzugehen, als ob es Tiefe hätte. Weilen wir zum Ausruhen draußen und beobachten die Natur, so konzentrieren wir uns auf einen bestimmten Ausschnitt und versuchen, hineinzutreten. Was wir auch als Gegenstand unserer Konzentration nehmen, in den wir versuchen uns hineinziehen zu lassen, wenn wir genug üben werden wir finden, daß wir in eine andere Dimension gezogen werden, die genauso real ist wie die unsrige.

2. Eine andere Methode ist folgende: Wir entspannen mit geschlossenen Augen und versuchen, unser Bewußtsein von innen heraus zu erweitern. Wir suchen mehr und mehr mit unserem Begriffsvermögen zu erfassen und beziehen alles ein, was uns gerade einfällt. Es geht nicht darum, daß wir uns Vorstellungen machen und etwas ausmalen. Wir weiten uns lediglich aus und nehmen an was kommt. Dabei werden wir bemerken, daß die Ausweitung unseres Bewußtseins weitergeht, solange wir bei der Übung die innere Ruhe zu bewahren vermögen.

Wie fangen wir an?

Vorschläge für die praktische Ausführung der gegebenen Übungen

Es mag zu Anfang nicht ganz leicht erscheinen, die vielen hier gebotenen Übungen systematisch so zu ordnen, daß man danach arbeiten kann. Irgendwo müssen wir beginnen, und so wollen wir uns einen Plan machen, der es uns ermöglicht, in der uns zur Verfügung stehenden Zeit das möglichste aus den Übungen herauszuholen.

Für jeden Menschen sind Meditationsübungen von größter Bedeutung. Nach folgendem Plan ließe sich sicher gut arbeiten:

1. Wir nehmen die rechte Meditationshaltung ein und füllen Körper und Gemüt mit der freudigen Erwartung erhebenden Erlebens.

2. Wir beobachten den Atem und gehen dabei tiefer und tiefer nach innen, bis wir ruhig geworden sind — und sehr wach und aufmerksam.

3. Wir üben zwölfmal Kriya, gründlich und mit Einfühlung.

4. Wir ruhen im Schweigen und tauchen ins Gewahrsein des Lebens.

5. Wenn Gedankentätigkeit sich zu regen beginnt, so üben wir eine Weile lang mit dem Licht und dem Ton, während wir die Meditation vertiefen.

6. Wir verweilen im Schweigen. Wir üben uns in der Kontemplation des Absoluten. Wir ruhen im Gewahrsein der Allgegenwart, der Allwissenheit, Allmacht, Seligkeit, Freude, Liebe — und im SEIN.

7. Wir beenden die Meditation. Wir fühlen unseren Körper, unsere Umgebung und unsere Welt — und bringen Schaffensfreude, kraftgeladene Entschlossenheit und Klarheit mit aus unserer Meditation.

Wenn uns die erste Stufe des Kriya geläufig geworden ist, hätten wir vielleicht Lust, mit der zweiten zu beginnen. Doch darf nicht vergessen werden, daß wir ein bis zwei Jahre lang die erste Stufe zu üben haben, bis wir die zweite vornehmen. Dann üben wir nochmals ein Jahr lang die erste und zweite Stufe zusammen, bis wir mit der dritten anfangen usw. Wenn wir so weit sind, daß wir alle drei Stufen üben, wechseln wir damit von Woche zu Woche. Mit dem Licht und dem kosmischen

Tonstrom dürfen wir üben so lange wir wollen, und je mehr wir üben, umso besser werden wir uns entfalten.

Was die Länge der Meditationsübungen betrifft, so genügt zu Anfang eine halbe Stunde. Mit der Zeit können wir zu einer Stunde am Tag übergehen. An Wochenenden und wann immer wir Zeit dazu finden sollten wir uns noch längere Zeit dafür nehmen, — zwei, drei oder noch mehr Stunden sind nur von Vorteil. Kurze Meditationen erhalten uns in innerer Harmonie, während uns längere Meditationen zu Erkenntnissen führen. Stets sollten wir beim Meditieren daran denken, daß wir eine ewige Seele sind. Gehen wir diesen Weg, so werden wir mehr und mehr das Wesen des Unendlichen erkennen. Es ist ein Prozeß des Werdens, — wenn wir auch letztendes immer in der Natur des SEINS ruhen.

WORTERKLÄRUNGEN

Einleitend darf darauf hingewiesen werden, daß es auf dem Gebiet des Seelisch-Geistigen, in das unser Buch einzudringen sucht, noch kaum ganz fest-
stehende Begriffe gibt. Selbst in der akademischen Psychologie schwanken
noch manche Begriffe oder sind entsprechend dem Fortschritt der Forschungs-
ergebnisse erst im Werden. Wenn wir dann außerdem bedenken, daß das
Leben Eines ist, wie es ganz besonders in unserem Buch zum Ausdruck gebracht wird, und daß sich nach der Auffassung des Autors in der gesamten
Schöpfung auf allen Ebenen nur die verschiedenen Stufen und Formen des
einen Bewußtseins offenbaren, so werden wir begreifen, wie schwierig es ist,
Begriffe eindeutig zu umreißen und sie mit einem einzigen gültigen Wort zu
bezeichnen. Im alltäglichen Sprachgebrauch wechseln die Bedeutungen besonders auffällig. Was der eine Seele nennt, ist für den anderen Geist, Gefühl
oder Gemüt. Die hier vom Autor selbst gegebenen Worterklärungen sollten
in Verbindung mit dem Text gelesen werden und werden dann zum besseren
Verständnis wesentlich beitragen (d. Übers.).

Das Absolute – die Wirklichkeit – das, was ist. Reines, keinerlei Bedingungen
   unterworfenes Bewußtsein. Das Absolute bleibt immer unberührt, selbst
   mitten in der Tätigkeit. – [Nach dem philosophischen Wörterbuch (Krö-
   ners Taschenausgabe): absolut (lat. „abgelöst"), frei von allen Beziehungen, Bedingungen; unabhängig, unbedingt, uneingeschränkt, vollkommen, schlechthin, rein. – Gegensatz: relativ. Philosophisch am wichtigsten ist das metaphysisch Absolute, das gefaßt wird u. a. als: absolutes
   Sein, bzw. das Absolute, d. h. letzte Wirklichkeit (d. Übers.)].

begreifen – den rechten Begriff von etwas haben.

Begriff – Idee oder mentales Bild. Das Schicksal des Menschen ist die Gesamtsumme seiner Begriffe (Ideen), die seiner Bewußtseinsstufe entsprechen.

Bejahung – In rechter Weise bedienen wir uns der Bejahungen nur dann,
   wenn wir die Wahrheit und Wirklichkeit des Lebens zum Gegenstand

unserer Kontemplation wählen und eine Aussage bejahen, die unsere Gedanken in diese Richtung lenkt. Es ist nicht der Zweck der Bejahung, durch bewußte Beeinflussung eine bestimmte Gemütsverfassung hervorzurufen, sondern unsere Bewußtheit so zu steigern, daß die Wahrheit erkannt werden kann.

Bewußtsein – Sprechen wir vom Bewußtsein als der einzigen Substanz, der einzigen Ursache und Wesenheit, so ist es dasselbe, was die meisten Menschen Gott nennen. Meinen wir mit Bewußtsein ein Gewahrwerden, so nennen wir es hier Bewußtheit oder Gewahrsein. Wir haben die Möglichkeit, und wir sollten sie nutzen, uns unseres Bewußtseins bewußt, des Lebens gewahr zu werden.

Das Bewußtsein nimmt drei Aspekte an, um zum Ausdruck gelangen zu können (auch Dreieinigkeit oder Dreifaltigkeit genannt). Der erste Aspekt ist die unbewegte, schwingungslose Wirklichkeit, jenseits aller Eigenschaften. Dann setzt Bewegung ein. Diese Bewegung oder Bewußtseinstätigkeit äußert sich in Offenbarung von Intelligenz. Ist dies Aussich-Heraustreten vollzogen, so treten Zeit, Raum, Energie und Materie in Erscheinung. Die Atomvibration ist der dritte Aspekt der Dreifaltigkeit. Die Reihenfolge der drei Aspekte ist also folgende: unbewegtes Bewußtsein, – – wirksam werdendes (tätiges) Bewußtsein oder kosmische Intelligenz – – und Schwingung, die sich in Gestaltungen offenbart. Bewußtsein breitet sich vom Zentrum her aus, um zur Schöpfung zu werden. Die drei Aspekte sind keine Wesenheiten für sich selbst.

Die erste Ausstrahlung vom Zentrum her wird auch *Christus-Bewußtsein* genannt. Das unbewegte Bewußtsein fing an, aus sich herauszutreten, und als erste Tätigkeit brachte es Intelligenz aus sich oder in sich hervor, mit der es sich durchwob. In diesem Sinne ist das Christus-Bewußtsein der „einzige, eingeborene Sohn" oder die Uroffenbarung des Absoluten. Das Christus-Bewußtsein steht über allem Persönlichen. Jeder, der sich mit dieser Bewußtseinsebene identifiziert, vermag von ihr aus schöpferisch zu wirken, und alle so eingestimmten Seelen sind wesensgleich, genau wie Menschen derselben Erkenntnisstufe einander gleichen. Die Tiefe des Erlebens mag bei den einzelnen verschieden sein; doch der grundsätzliche Bewußtseinszustand ist der gleiche und zeigt bestimmte Merkmale. Menschen miteinander zu vergleichen, die das Christus-Bewußtsein erreicht haben, und den einen höher, den anderen niederer einzuschätzen, ist genauso unsinnig, wie Menschen der dreidimensionalen Bewußtseinsstufe gegeneinander abzuschätzen. In beiden Fällen handelt es sich lediglich um verschiedene Erfahrungen und einen Unterschied in der Tiefe des Erlebens.

Kosmisches Bewußtsein meint Erleuchtung, intuitive Erkenntnis und

Anerkenntnis des Lebens und die Verwirklichung der umfassenden Ganzheit des Seins. Beginnende Erleuchtung führt zu einer Zunahme an Bewußtheit, die wiederum zu kosmischem Bewußtsein, zum Gewahrwerden des Kosmos führt.

Was in Erscheinung tritt, ist *sich offenbarendes Bewußtsein*. Wir brauchen nichts in unsere Gedanken und in unser Leben einzulassen, das sich nicht mit dem höchsten Ziel unseres Lebens vereinbaren läßt. Was uns begegnet tritt darum in unser Leben ein, weil wir dementsprechenden feinstofflichen Bildern oder Modellen in uns Raum geben. Möchten wir andere Erfahrungen verwirklicht sehen, so haben wir nur die Bilder auf der persönlichen Gemütsebene zu ändern.

Das Bewußtsein offenbart sich in verschiedenen Eigenschaften. Im eigentlichen Sinne ist es nicht richtig zu sagen, „Gott (Bewußtsein) ist Liebe, Friede, Freude, Segnung und Glückseligkeit", denn dies alles sind Eigenschaften des Bewußtseins. Richtig formuliert müßte es heißen: „Bewußtsein offenbart sich als Liebe, Friede, Freude, Segnung und Glückseligkeit". Genausogut aber kann man auch sagen: „Bewußtsein offenbart sich als Finsternis, Disharmonie, Unwissenheit und Täuschung". Wollten wir letzteres leugnen, so verneinen wir damit die Allheit des Bewußtseins. Viele Menschen können nicht begreifen, daß Bewußtsein sich in jeder Gestalt, in die es sich eingießt, zu offenbaren vermag. Uns ist es gegeben, Bewußtsein unseren Wünschen und unserer inneren Führung entsprechend zu formen.

Dimension – Etwas, das ausgemessen werden kann; gedachte Linien oder Flächen, durch die sich das Bewußtsein in verschiedene Abschnitte oder Ebenen einteilen läßt. Man kann nicht sagen, eine Dimension sei höher oder niederer als eine andere, sie sind nur verschieden. Wir steigen auch nicht von niederen zu höheren Dimensionen auf im Verlaufe unserer Befreiung. Wir erweitern lediglich unsere Bewußtheit, um sämtliche Dimensionen und Ebenen zu umgreifen. Wollen wir kosmisches Bewußtsein erreichen, so müssen wir alles einschließen in unser Bewußtsein.

Dualität – Unsere Überzeugung, mit zweierlei Mächten rechnen zu müssen, bereitet uns alle unsere Schwierigkeiten. Solange wir glauben, Unglück, Armut, Unwissenheit, Krankheit und Tod seien dem Guten, der Fülle, dem Wissen, der Gesundheit und dem Tod entgegengesetzt, werden wir uns bemühen, das eine zu überwinden, um das andere zu erreichen. (Damit bleiben wir an der dreidimensionalen Ebene haften und streben lediglich andere Formen an.) Frei handeln wir nur, wenn wir lernen, in der Erkenntnis des Lebens zu ruhen, so wie es ist.

Ebenen – In unserer Abhandlung hier sind damit die Ebenen oder Stufen des Bewußtseins als Ganzes gemeint. Sie ergeben sich aus dem Schwingungsgrad und dem Umfang der Bewußtheit.

Ego (oder Ich) – ein Gefühl des Getrenntseins vom allumfassenden, alles durchdringenden Bewußtsein, das im Menschen den Dualitätsgedanken hervorruft. Sobald dies Ego bzw. dies Gefühl des Getrenntseins verschwindet, kommt der Mensch zu größerer Bewußtheit.

Energie – Kraft in bestimmter Form. Es gibt nur eine Kraft, die auf verschiedene Weise wirksam wird, z.B. als Elektrizität, als Wärme, in chemischen Vorgängen etc.

Erleuchtung – das Erleben vollkommenen Überbewußtseins, reine Bewußtheit. Für gewöhnlich gehen dem reineren Erleben Teilerleuchtungen voraus.

Erlösung – bezeichnet eine Bewußtseinsstufe, auf der der Mensch frei ist von zwanghaften Wünschen und falschen Vorstellungen. Wer seinen Intuitionen ohne unterbewußte Beeinflussung zu folgen vermag, ist frei. Hier entscheidet nicht der Glaube des Menschen, sondern seine Verwirklichung.

Esoterisch – bedeutet „innerlich" (im Gegensatz zu exoterisch = äußerlich). Unter einer esoterischen Belehrung versteht man Instruktionen für Eingeweihte. Dies Buch enthält viel Esoterisches. Da wir einem neuen Zeitalter entgegengehen und die Bewußtheit aller Menschen im Zunehmen begriffen ist, können diese Lehren einem größeren Kreis von Menschen zugänglich gemacht werden.

Evolution – der Vorgang des sich in einer Reihe von Stufen entfaltenden Bewußtseins.

Form (Körper, Gestaltung) – das sich in Zeit und Raum darstellende Bewußtsein. Das Bewußtsein nimmt ständig Form an. Der gesamte Raum ist von Formen erfüllt, da Bewußtsein fortlaufend auf sich selber einwirkt.

Gedächtnis – Erinnerung an vergangene Begebenheiten und Erfahrungen. Jeder kann über ein gutes Gedächtnis verfügen. Voraussetzung dafür ist seine Bereitwilligkeit, Verantwortung zu übernehmen. Wer ein schlechtes Gedächtnis hat, möchte sich vor seiner Vergangenheit verstecken.

Gedanke – ein im Bewußtsein wirksames Modell (Muster, Schema, Bild).

Geist – ein anderes Wort für Bewußtsein. Im allgemeinen spricht man dann von einem geistigen Bewußtsein, wenn es sich seiner selbst bewußt geworden ist und dadurch intuitiv nach dem Schöpfungsplan zu handeln vermag. Individualisierter Geist ist Seele, die zuweilen auch als Geist des Menschen bezeichnet wird.

geistig – ist das, was in irgendeiner Beziehung steht zum bedingungslosen Bewußtsein. Ein geistiger Mensch ist sich der Wirklichkeit bewußt. Dabei spielt es keine Rolle, ob sein Gemüt einer Religion zugeneigt ist oder nicht.

Gemüt – der wahrnehmende und denkende Teil des Bewußtseins. Man spricht oft vom absoluten Bewußtsein als dem göttlichen Gemüt. Diese Bezeichnung ist unrichtig. Das tätige Gemüt ist weder rein noch unbewegt. – Mit dem bewußten Gemüt ist jene Schicht des Gemütes gemeint, die gegebene Tatsachen auswertet und Schlußfolgerungen zieht. Es gibt nur ein Gemüt, das kosmische Gemüt, das sich im Menschen individualisiert widerspiegelt. Um zum Ausdruck zu gelangen, wirkt es auf sich selber ein, und dies erweckt den Anschein, als bestände es aus verschiedenen Teilen. – Die unterbewußte Schicht des Gemütes ist der aufnehmende Teil, in dem auch Bilder (Modelle) festgehalten werden. Noch tiefer liegt die unbewußte Schicht, in der die Bilder (Modelle) der Rassen- und Familieneigenheiten bewahrt liegen. Das Überbewußtsein ist jene Gemütsebene, die wir uns erschließen, wenn alle Verwirrung schwindet und das Gemüt reines Bewußtsein widerspiegelt. Das Gemüt ist das Medium, durch das Bewußtsein seinen Weg nimmt. Dringt es unbehindert hindurch, so wirken wir von einer hohen Bewußtseinsebene aus, – stellen sich ihm Hindernisse in den Weg, so irren wir in Täuschungen umher.

Gemütsbewegung – durch ein erwachtes Gefühl in Bewegung gebrachte Energie. Beherrscht gelenkte Gemütsbewegung befähigt den Menschen, den Anforderungen des Lebens gerecht zu werden. Zwanghafte bzw. unkontrollierte Gemütsbewegungen bringen ihn in Abhängigkeit. Stellt der Mensch seine Gemütsbewegungen ganz ab, so neigt er zu Unrecht und Ungerechtigkeiten.

Gesetz – Die Tendenz zu richtigem Handeln ist ein Gesetz des Lebens. Im Universum herrscht Ausgleich, Ordnung und Harmonie. Sobald uns die Erkenntnis dieser Tatsache aufgeht, kommen wir in Einklang mit dem Gesetz.

Glaube – eine von einem Gefühl getragene Auffassung. Ein Glaube kann insofern falsch sein, als er nicht die ganze Wahrheit einbezieht. Unser Glaube an irgendetwas gibt uns ein Gefühl der Sicherheit, doch sollte er uns zur Verwirklichung führen.

Gnade – Ein Mensch lebt in der Gnade, wenn er in allen Dingen aus der bewußten Erkenntnis der Gesetze des Lebens handelt.

Gott – Für die meisten Menschen ist Gott dasselbe, was sie auch Wirklichkeit nennen. Es ist begreiflich, wenn unpersönliche Prinzipien vermenschlicht werden. Ein Gott ist ein himmlisches Wesen. Ein seiner letzten Befreiung nahegekommener Mensch lebt in Reichen des Lichtes, und man spricht wohl von ihm als einem Gott. Im allgemeinen machen sich die Menschen ihre eigenen Vorstellungen von einem Gott, – um eines Tages darüber hinauszuwachsen. Dann suchen sie nach neuen Bildern, um etwas zu haben, zu dem sie emporschauen können. Eines Tages kommen sie in ihrer Entfaltung an einen Punkt, da sie nicht mehr der Vorstellung eines persönlichen Gottes bedürfen. Sie erreichen das kosmische Bewußtsein und werden zu dem, was ihnen vorher nur Gegenstand ihrer Kontemplation war.

Heilung – Das Gesetz der Heilung ist das Gesetz der Ganzheit bzw. Vollkommenheit. Schließlich gelangen wir alle zu einer derartigen Verwirklichung der Fülle des Lebens, daß wir – für uns selbst – keiner Heilung bedürfen. Wenn wir uns allzusehr mit der Heilung von Krankheiten beschäftigen, so ist das ein Zeichen unseres dualistischen Denkens.

Himmel – nennen wir einen Zustand des Bewußtseins, in dem die höherführenden Eigenschaften vorherrschend sind: Friede, Liebe, Harmonie, Freude, Glückseligkeit etc.

Hypnose – eine Beeinflussung von Zentren, die das Gemüt steuern. Wenn Hypnose auch für bestimmte therapeutische Zwecke angewandt werden kann, so wird doch ein nach Bewußtseinserleuchtung strebender Mensch keinen Gebrauch von ihr machen.

Ich Bin – Das „Ich-Bin"-Bewußtsein ist das absolute Bewußtsein, das „Meister-Bewußtsein".

Illusion – Unsere übliche Auffassung von der Erscheinungswelt beruht auf einer Illusion. Mit Erreichen des kosmischen Bewußtseins schwinden alle Illusionen. Diese Welt ist eine Realität, sie ist geformtes Bewußtsein. Nur versteht dies der Mensch im allgemeinen nicht richtig. Nicht die Welt muß vervollkommnet werden, sondern die Bewußtheit des Menschen bedarf einer größeren Klarheit.

Intellekt – eine mit Bewußtheit verbundene mentale Fähigkeit.
Intuition – direkte Wahrnehmung. Die Wahrheit wird direkt bzw. intuitiv erkannt.

Involution – Involution ist der Vorgang, währenddessen sich Bewußtsein in die Formen ergießt bzw. den Weg nimmt von der Formlosigkeit zur Offenbarung als Körper.

Karma – im allgemeinen als Gesetz von Ursache und Wirkung bekannt. Jede Gemütsverfassung führt zu einer entsprechenden Verwirklichung, d. h. sie hat die Tendenz, eine ihr entsprechende Situation herbeizuführen. Die einzige Ursache ist das im Gemüt existierende Modell (Bild) bzw. unsere Auffassungsart. Die Auswirkung ist das Sichtbarwerden dieser unserer Überzeugung. Es gibt keine Vergeltung, und wir werden auch nicht für unsere Handlungen auf der physischen Ebene bestraft. Doch werden wir das erfahren, was wir auf der mentalen Ebene als unser Schicksal annehmen. Die Ursache liegt also nicht in unserem äußeren Verhalten, sondern in unserer Gemütshaltung und in unseren Auffassungen. Daraus erklärt es sich, warum manche Menschen sich bemühen, Gutes zu tun (wobei sie evtl. nicht einmal das sich ihnen bietende Glück annehmen), – und keinerlei Lohn dafür zu erhalten scheinen. „Leiden müssen für Vergangenes" ist eine Entschuldigung willensschwacher Menschen. Wir müssen nur unsere gegenwärtige Gemütshaltung ändern, wenn wir zu anderen Erfahrungen kommen wollen.

Kompensation (Ausgleich) – Ursache und Wirkung auf der mentalen Ebene. Jedes mentale Bild (Modell) spiegelt sich auf der physischen Ebene als Erfahrung oder Begebenheit. Das Modell (Bild) ist die Ursache – und die Spiegelung im Leben des Menschen ist die Auswirkung. (Siehe Karma).

Kontemplation – Kontemplation üben wir dann, wenn wir in der Stille nach innen gehen und die Gemütstätigkeit zur Ruhe bringen; während wir uns unsere Bewußtheit voll erhalten, richten wir unsere Aufmerksamkeit auf die Wahrheit des Lebens. Kontemplation führt zur Identifikation.

Konzentration – die Fähigkeit, die Aufmerksamkeit in einem Punkt festzuhalten. Es ist nicht so, daß durch Konzentration unsere Gedanken an Kraft gewinnen; vielmehr strömen dabei Einheiten der Aufmerksamkeit zusammen, und dies tritt als Kraftvermehrung in Erscheinung.

Körper – jede Offenbarung von Bewußtsein in Form. Sobald Bewußtsein Eigenschaften, Gestalt und Farbe annimmt, sprechen wir von einer Verkörperung des Bewußtseins. Der Körper ist eine Auswirkung und kann verändert werden.

Kosmisches Bewußtsein – siehe Bewußtsein.

Kundalini – Sanskritwort für kosmische Kraft. In Wirklichkeit ist kosmische Kraft nicht an irgendeinen Ort oder an einen Körper gebunden. Wenn sie auch bei zunehmender Bewußtwerdung in bestimmten Partien des Körpers wahrgenommen wird, so durchdringt sie doch alles. Beim sogenannten Erwachen der kosmischen Kraft werden wir uns nur ihrer bewußt, wenn wir unsere Aufmerksamkeit auf die Vorstellung von ihrem Vorhandensein lenken.

Leben – Leben ist Ausdruck der einen Macht, die aus sich heraus die Schöpfung gebiert und durch sich selbst bewegt. Leben kennt keinen Anfang und kein Ende. Bestimmte Gestaltungen mögen nach unserer Denkungsart beseelt sein, doch ist keine von ihnen weniger lebendig als die anderen. Durch alle tritt Bewußtsein in Erscheinung, ob sie uns nun beseelt vorkommen oder nicht.

Licht – eine der ersten Offenbarungen des Bewußtseins zu Beginn des Schöpfungsvorganges. Hätten wir ein Organ dafür, so würde uns alles als schimmerndes Licht erscheinen.

Meditation – Bei der Meditation nehmen wir Eigenschaften des Bewußtseins zum Gegenstand unserer Kontemplation – mit dem Ziel schließlicher Indentifikation (Einswerdung).

Meister – Zum Meister wird jeder, der sich auf das „Meister-Bewußtsein" bzw. das absolute Bewußtsein einstimmt.

Mensch – Im Menschen vereinigen sich fünfunddreißig kosmische Grundideen zum Individuum. Neunzehn dieser Ideen spiegeln sich im Astralkörper des Menschen als Intelligenz, Ego, Fühlen und Sinnesbewußtsein; – als fünf Werkzeuge des Wissens (die Modelle hinter den Sinnen des Sehens, Riechens, Schmeckens, Tastens und Hörens); – als fünf Werkzeuge des Handelns (die Modelle der Fähigkeiten des Mitteilens, des Sich-Bewegens, des schöpferischen Hervorbringens, des Aussonderns und der bewußten Körperbeherrschung); – und als fünf Modelle, welche die Lebenskraft einteilen, damit sie die Funktionen der Formgebung, der Assimilation, der Abstoßung, des Stoffwechsels und der Zirkulation besorgen. Die übrigen sechzehn Ideen spiegeln sich im physischen Körper. Das Modell des Menschen existiert im gesamten Universum.

mentale Ebene – die Ebene feiner Tätigkeiten, die sich gerade aus dem unbewegten Zustand heraus entwickelt haben; der Punkt, an dem die Schöpfung hinunter zu steigen beginnt in die Gestaltwerdung.

Metaphysik – die Wissenschaft von den grundlegenden Gesetzen und Vorgängen. Die Metaphysik gewährt uns Einblicke in die Ursachen der Vorgänge in der Erscheinungswelt.

Mystiker – ein Mensch, der intuitiv mit der Wahrheit des Lebens in Einklang lebt. Ein wahrer Mystiker ist ein wohltuender, ausgeglichener Mensch.

Neues Denken – (Neugeist) – nennt sich eine Bewegung, die sich für geistige Heilung und Gedankenumstellung einsetzt. (Oft hört man in diesem Zusammenhang das Wort „Demonstration", und viele verstehen darunter ein Herbeiführen von äußeren Veränderungen. Im wirklichen Sinne aber bedeutet Demonstration eine innere Umwandlung, das Aufgeben eines irrigen Gesichtspunktes, um einen neuen einzunehmen, der mit den Gesetzen des Lebens in Einklang steht.) Die Bewegung „Neues Denken" (Neugeist – NEW THOUGHT) ebnet den Weg für wahres mystisches Erleben, d. h. für ein intuitives Erkennen und Befolgen der Gesetze des Lebens.

okkulte Lehre – geheime bzw. innere Unterweisung. Dem wahren Mystiker bleibt nichts verborgen; doch werden viele Dinge nicht öffentlich diskutiert, weil die meisten Menschen kein Verständnis dafür haben.

Persönlichkeit – die Gesamtsumme der Bedingtheiten eines Menschen. In ihr ist alles enthalten, was der Mensch je für wirklich gehalten, was er getan, gefühlt, gedacht und erfahren hat, und auch das, was er sich dank seiner Existenz in einem physischen Körper aneignen konnte.

Psychische Phänomene – Erscheinungen subtilerer Art. Wenn wir auch beim Übertritt von einer Bewußtseinsebene in eine andere psychische Erscheinungen beobachten können, so dürfen wir doch nicht glauben, daß wir auf unserem Wege zu Wahrheitsbewußtsein vorankommen können, wenn wir diesen Dingen nachgehen.

Raum – Der Raum entsteht durch dimensionale Linien, die das Bewußtsein aufteilen, damit Lebenseinheiten wirksam werden können. Es muß ein Wirkungsfeld geben. Die Seele wird wirksam in Raum und Zeit. Beide müssen angenommen werden, damit die Seele tätig werden kann. Dadurch kommt es zu einer leichten Selbsttäuschung.

Realität – die Wahrheit des Lebens.

Reinkarnation – (Wiederverkörperung) – das Wiedereingehen der Seele in einen Körper von Fleisch und Blut (oder in einen Körper auf irgendeiner anderen Ebene), um auf dieser Ebene Erfahrungen sammeln zu können.

Religion – die Vorstellung eines Menschen von Gott und dessen Beziehung zur Schöpfung. Im allgemeinen nimmt der Mensch eine Religion an, weil sie seiner eigenen Vorstellung entspricht und ihm ein Gefühl der Sicherheit gibt, oder weil er dadurch die Möglichkeit hat, einer Gruppe von Menschen ähnlicher Denkungsart zuzugehören. Durchweg braucht der Mensch eine Religion. Doch ist sein religiöses Denken entsprechend der Entfaltung seiner Bewußtwerdung einem ständigen Wandel unterworfen.

Schicksal (Fatum) – eine vorbestimmte Reihe von Ereignissen. Unser Lebensmodell ist entsprechend unserem gegenwärtigen Bewußtseinszustand (der uns eine bestimmte Art von Vorstellungen festhalten läßt) vorherbestimmt. Wir können dem Lauf der Ereignisse eine andere Richtung geben, wenn wir unseren Bewußtseinszustand – und damit unsere Vorstellungsweise – ändern.

Schöpfer – Der Mensch glaubt an das Dasein einer ersten Ursache. Damit versucht er, das Unendliche mit seiner beschränkten Bewußtheit zu begreifen. Das Universum bewegt sich aus einer grundlosen Notwendigkeit, aber alles Geschehen zeugt von höchster Intelligenz.

Schöpfung – Wenn formlose Substanz geformt wird, kommt es zur Schöpfung. Gemütseindrücke veranlassen die Substanz, Form anzunehmen. Sie sind die Ursache schöpferischen Werdens. Im Grunde handelt es sich also nicht um eine Neu-Schöpfung. Bewußtsein *ist*. Es wird geformt und wiederum umgestaltet. Es nimmt weder ab noch zu – noch wird es seinem Wesen nach verändert.

Tod – Bewußtsein nimmt weder zu noch ab, es verändert sich nicht – noch wird es in einer bestimmten Form festgehalten. Es gibt keinen Tod, sondern lediglich einen Wandel in der Erscheinungsform.

Ursache – das, was eine Wirkung hervorruft. Der Entschluß zur Offenbarung ist die erste Ursache. Entschlüsse gehen allen Wirkungen voran. Daher kommt es, daß Menschen, die sich nicht entschließen können, ihr Lebensmodell nicht selbst zu gestalten vermögen. Die einzige Ursache ist das Fassen eines Entschlusses.

Vertrauen (Glaube) – Vertrauen läßt uns an der Vorstellung bzw. dem gemüthaften Bild dessen, was wir verwirklicht sehen möchten, festhalten.

Vorstellung (Imagination) – Fähigkeit der Formung gedanklicher Bilder von Dingen und Situationen. Sobald wir uns andere Situationen oder Erfahrungen vorzustellen vermögen als die bisher erlebten, werden wir in sie hineinwachsen. Auch hier handelt es sich nicht um das Herbeiführen von Geschehnissen, sondern um eine innere Veränderung des Gesichtspunktes.

Wahrheit – intuitiv wahrgenommene Wirklichkeit.

Wünsche – Im Menschen lebt das Sehnen nach Allgegenwart, Allmacht und und Allwissenheit. Während es dieser innere Impuls ist, der ihn zur Tätigkeit antreibt, scheint es so, als ob er selbst nach Bewußtheit, Macht und Wissen streben würde. Wir können alle unsere Wünsche vergeistigen, wenn wir erkennen, warum wir sie hegen. Wünsche zu haben ist keineswegs falsch, denn sie können ein Weg für uns sein, kosmisches Bewußtsein zu erleben. Nur zwanghafte, verdrehte Wünsche bringen uns in Schwierigkeiten.

Yoga – ein Sanskritwort für eine Methode, die dem Menschen hilft, zur Verwirklichung der Wahrheit zu finden. Yoga umfaßt vielerlei Richtungen; doch halte ich die in diesem Buch gebotene Methode für den modernen Menschen des rapide aufsteigenden neuen Zeitalters am geeignetsten. Es ist das Ziel aller Yoga-Übungen, die Bewußtheit des Menschen so zu erweitern, daß er seine Verhaftung an Gedankentätigkeit überwindet und die Wirklichkeit zu erfassen vermag.

Zeit – Wie Raum ist auch Zeit ein Begriff, der die Wahrnehmung des Neben- und Nacheinander ermöglicht. Wir unterteilen das Bewußtsein, um Erfahrungen machen zu können. Lernen wir die Zeit richtig sehen, so leben wir in der Zeitlosigkeit.

Der Autor

Roy Eugene Davis

Roy Eugene Davis lehrt seit 35 Jahren höhere Meditationsmethoden und die Grundlagen für spirituelle, mentale, emotionale und körperliche Gesundheit. Er begann 1949 seine spirituelle Schulung unter Paramahansa Yogananda und war später in Kontakt mit den großen Lehrern der Bewegung des Neuen Denkens, wie Ernest Holmes, Joel S. Goldsmith, Walter C. Lanyon, Neville Goddard u.a. Seit 1971 leitet Davis das „Center for Spiritual Awareness" in Lakemont/Georgia, USA.

Davis' Bestreben ist es, die allen Religionen und Weisheitslehren zugrundeliegenden Wahrheiten aufzuzeigen und den Menschen auf ihrem Weg der Befreiung praktisch anwendbare Methoden zu vermitteln. Seine universelle und undogmatische Einstellung findet Ausdruck in seinen zahlreichen, in meherere Sprachen übersetzten Bücher, in seiner weltumspannenden Lehrtätigkeit sowie seiner Freundschaft und Zusammenarbeit mit spirituellen Lehrern unterschiedlicher Tradition. Davis hält Vorträge und Seminare in USA, Japan und Europa in den verschiedensten Zentren und Lehreinrichtungen. Er ist Vortandsmitglied von INTA, der Internationalen Allianz des Neuen Denkens.

„Es gibt eine Kraft, die das Universum lenkt, und wir können lernen, mit ihr zu kooperieren."

193

Bücher von Roy Eugene Davis im Verlag CSA

So kannst Du Deine Träume verwirklichen
Die Technik der
SCHÖPFERISCHEN IMAGINATION

Träume und Ziele geben unserem Leben eine Richtung. Ihre Verwirklichung schenkt uns Erfüllung. Mit diesem Buch lernst Du, Deine schöpferischen Gedanken- und Vorstellungskräfte anzuwenden, um dadurch Deine Verhältnisse und Dein Leben zu verbessern. Die erweiterte Ausgabe eines der populärsten und hilfreichsten Bücher auf dem Markt. Seit vielen Jahren in den USA und in Japan ein Bestseller, und seit acht Jahren auch in Deutschland.
112 Seiten, Pbck., DM 16.80

Einfache Einführung in die Meditation

Der Autor vermittelt eine einfache Methode, die dazu hilft, sich von Spannung und Streß zu befreien, Bewußtsein zu entfalten und sich besser zu konzentrieren. Der Leser findet in diesem Buch Methoden, einführende und weiterleitende Technicken und praktische Anleitungen, der Mensch zu sein, zu dem er bestimmt ist.
88 Seiten, Pbck., DM 12

Wahrheitsstudien

Dieses Buch gibt eine umfassende Anleitung, die metaphysischen Gesetzmäßigkeiten im täglichen Leben mit Erfolg anzuwenden. Es ist für den neuen Wahrheitssucher ebenso verständlich und hilfreich wie für den fortgeschrittenen, der von nun an im Meisterbewußtsein leben möchte. In ihm beschreibt Davis Schritt für Schritt den geistigen Weg vom Beginn des Suchens bis zur höchsten Ebene der Erkenntnis. Die hier beschriebenen Antworten und Methoden sind bereits tausendfach erprobt, und die dargelegte Philosophie bildet die Grundlage aller Lebenslehren.
144 Seiten, Pbck., DM 19.80

Bücher von Roy Eugene Davis im Verlag CSA

Entfalte Dein inneres Potential

Was würdest Du mit Deinem Leben anfangen, wenn Du wüßtest, daß alle Dinge möglich sind? Der Autor zeigt Dir in diesem Buch die Schritte, wie Du Dein Potential erkennen und erwecken kannst. Du lernst, unbegrenzte Möglichkeiten zu sehen und auch zu verwirklichen.
192 Seiten, Pbck., DM 26.00

Gesundheit, Heilung und erfülltes Leben

Dieses Buch gibt Anleitungen für richtiges Atmen, gesunde Ernährung und für einfache Entspannungs- und Hatha-Yoga-Übungen. Der Autor stellt dar, wie Du in Harmonie mit der äußeren Umgebung, den kosmischen Elementen leben und Deine inneren Heilkräfte aktivieren kannst.
144 Seiten, Pbck., DM 19.80

So erlangst Du Erfüllung. Ein persönliches Arbeitsbuch

Mit diesem praktischen Arbeitsbuch und seinen Anleitungen und Fragen kannst Du Dein Leben in allen Bereichen klären. Wenn Du bereit bist, Entscheidungen zu treffen und in einen inneren Wandlungsprozeß einzutreten, ist jeder der Schritte dieses Buches ein Schritt der Erfüllung für Dich.
80 Seiten, Pbck., DM 14.80

Bewußte Unsterblichkeit. Erleuchtung als reale Erfahrung

Was bedeutet es für Dich zu erfahren, daß Dein wahres Wesen unsterblich ist und Du zu dieser Unsterblichkeit, zum ewigen Leben, nur zu erwachen brauchst? Die Schritte zu diesem Erwachen und ein Leben aus dem höchsten Bewußtsein sind der Inhalt dieses Buches.
176 Seiten, Pbck., DM 24.80

Bhagavad-Gita. Einführung und Kommentar

Die Bhagavad-Gita ist eine universale Heilige Schrift mit einer zeitlosen Offenbarung. Sie gibt Aufschluß über das wahre Wesen der Seele, über die Ursache der Identifikation des Menschen mit der Welt und den Weg zu vollkommener Freiheit.
156 Seiten, Pbck., DM 22.00

Standardwerke von Ernest Holmes im Verlag CSA

Der Schlüssel zu Deinem wahren Wesen

In diesem einführenden Werk zeigt Ernest Holmes mit vielen praktischen Beispielen und Erläuterungen die einfache Methode der Bejahung, durch die der Leser sofort in allen Lebensbereichen gute Ergebnisse erzielen kann. Der Autor erklärt die Gesetzmäßigkeit des Glaubens und Vertrauens und verhilft zu deren erfolgreichen Anwendung.

160 Seiten, Pbck., DM 22.00

Der Schlüssel zum wahren Leben

Wahres Leben bedeutet Harmonie und Freiheit. Wahres Leben heißt, nicht Opfer und Sklave von Umständen zu sein, sondern seine eigene Bestimmung in freier Weise zum eigenen Wohle und zum Wohle anderer zu erfüllen.

Ernest Holmes (1887 - 1960) war einer der großen Väter der Bewegung und der Wissenschaft des positiven und schöpferischen Denkens. Durch die von ihm formulierte Methode der Bejahung hat er unzähligen Menschen geholfen, zu einem Leben in Gesundheit und Wohlergehen zu finden.

160 Seiten, Pbck., DM 22.00

Die Vollkommenheitslehre.

Das SCIENCE of MIND-Textbuch

Die Vollkommensheitslehre gibt praktische Methoden zur Hand, um spirituelle Behandlungen zur Befreiung von Hindernissen, Krankheiten, Sorgen und Leid durchzuführen. In den USA hat dieser Klassiker von Ernest Holmes Millionenauflage erreicht. Er ist die Grundlage zum SCIENCE of MIND-Lehrgang.

550 Seiten, Leinen, DM 64.00

Der Lehrgang „SCIENCE of MIND" von Ernest Holmes, der seit Jahrzehnten in den USA millionenfach studiert und erfolgreich praktiziert wird, ist nun auch in deutscher Sprache erschienen. Bitte kostenlose Broschüre über den Lehrgang „SCIENCE of MIND" beim Verlag CSA anfordern.

Wunderwirkende Gedanken

Aphorismen von J. Sig Paulson

Die Aphorismen dieses Buches stammen aus der Erkenntnis des Ursprungs allen Lebens und zeigen die grundlegenden Gesetze unseres menschlichen Daseins auf. Sie wirken in ihrer Einfachheit und sprachlichen Brillanz wie Blitzlichter, in denen der Leser klar die tieferen Zusammenhänge des Lebens erkennt. Daher steckt in diesen Gedanken unermeßliche Kraft, eine Kraft, die im täglichen Leben Wunder wirken kann.

Paulsons Aphorismen sind Anstoß und Erkenntnisschritte auf dem Wege der Selbstfindung. Sie sind Wegweisungen für ein Leben in Freiheit und wahrer Erfüllung.

Ein Buch, voller Schönheit und Tiefe. Ein Buch, das man immer wieder gerne zur Hand nimmt und verschenkt. Ein Geschenkband voller Kostbarkeiten.

J. Sig Paulson ist ein weltweit anerkannter Autor und Lebenslehrer. Seine Lebensweisheit sammelte er in vielen Jahren des Dienstes am Nächsten.

96 Seiten, Paperback, DM 16,80

Die Bücher und Kassetten aus dem Verlag CSA sind im Buchhandel erhältlich oder direkt beim

Verlag CSA · Rosemarie Schneider
Kaiser-Friedrich-Promenade 87

D-6380 Bad Homburg
Telefon (06172) 26034

In Österreich:

CSA Buchversand
Lotte Riese
Steinbruchstr. 13/10
A-3004 Ollern-Riederberg
Tel. (02271) 8455

In der Schweiz:

CSA Schweiz
Heinz und Marianne Stöckli
Wilstraße 33
CH-6370 Stans-Oberdorf
Tel. (041) 614761

Kassetten von Rosemarie Schneider im Verlag CSA

Rosemarie Schneider ist Gründerin und Leiterin des *Centrums für Selbst-Aktivierung e.V.* Die Kassetten vermitteln wesentliche Inhalte ihrer langjährigen Vortrags- und Seminartätigkeit.

Kassette	Themen
1	Zielgerichtete Selbstdisziplin. Schöpferischer und lebensbejahender Umgang mit Gedanken und Worten
2	Die Natur des Bewußtseins und die Gesetzmäßigkeit des Gemüts. Einführung in die Meditation. Harmonieübung und Bejahungen
3	Das Gefühl des Getrenntseins und des Einsseins. Vergeben und Loslassen
4	Harmonische Beziehungen und Partnerschaft. Polarität und Ganzheit. Klärung des Gemüts
5	Schöpferische Imagination. Erweckung der Intuition

Als Set sind die fünf Kassetten zum Sonderpreis von DM/sfr 110.—/ÖS 825 erhältlich. Einzelpreis einer Kassette (C 90) DM/sfr 25.—/ ÖS 188

Rosemarie Schneider ging selbst durch eine Lebenskrise. Sie war von Leid und Krankheit sehr betroffen und hat durch geschulte *Selbst-Aktivierung* und durch Einsicht in die tiefen Zusammenhänge des Daseins zu einem gesunden und erfüllten Leben gefunden.

Im Austausch und in Zusammenarbeit mit Ärzten, Psychologen, Psychotherapeuten und Lebenslehrern rief sie 1977 die Arbeit von CSA ins Leben mit dem Ziel, ihren Mitmenschen, die zu einem besseren Leben für sich und andere *selbst* etwas tun wollen, einen *aktiven* Weg aufzuzeigen.

Rosemarie Schneider fand mit ihrer Arbeit und als Gastreferentin bei verschiedenen Organisationen und Kongressen Anerkennung in Europa und den USA. Sie ist Autorin und Herausgeberin des CSA Magazins und anderer Schriften zur Lebenshilfe.

Centrum für Selbst-Aktivierung e. V.

Unsere Ziele:

... Wege aufzuzeigen, wie die im Menschen schlummernden Fähigkeiten geweckt und zur vollen Entfaltung gebracht werden können

... erprobte Informationen und praktisch anwendbare Anleitungen zur Gesundung und Aktivierung aller Lebensbereiche zu vermitteln

... Schritte aufzuzeigen, die zu einem erfüllten Leben führen, zu Harmonie mit sich und anderen auf geistiger, emotionaler, körperlicher, sozialer und wirtschaftlicher Ebene

Wir helfen Ihnen ...

... sich von Streß zu befreien und Ihre Konflikte zu lösen
... Ihre Beziehungen zu verbessern und zu innerer Harmonie zu finden
... Ihre Heilkräfte zu aktivieren
... zu einer gesunden Lebensweise zu gelangen
... Ihr wahres Wesen zu erkennen
... Ihr inneres Potential zur Entfaltung zu bringen

Wir führen durch ...

... Vorträge, Seminare, Aktiv-Urlaube, Lehrgänge und Intensiv-Workshops
... Meditationsabende und Gesprächskreise in Bad Homburg (Taunus Therme, Stadt- bzw. Kurhaus) und anderen Städten

Bei uns können Sie u. a. erlernen ...

... Entspannungs- und Lebenskraftübungen
... Atemübungen, verschiedene Meditationsmethoden und Hatha-Yoga
... Konzentrations- und Willensschulung, Erweckung der Intuition
... Anwendung der schöpferischen Imagination
... Bejahungen und Spirituelle Gemütsbehandlung
... Arbeitsmethoden, um konstruktive Ziele für sich und seine Mitmenschen zu setzen und auch zu erreichen

Auf Anfrage erhalten Sie gerne kostenlos:

eine Ausgabe des „CSA Magazins für ein gesundes und erfülltes Leben",
den aktuellen CSA Veranstaltungskalender und weiteres Informationsmaterial

CSA Centrum für Selbst-Aktivierung e.V.
Kaiser-Friedrich-Promenade 87
D-6380 Bad Homburg v.d.H.
Telefon: 06172 - 26034